Les trois morts de Georges Politzer

ISBN : 978-2-0812-8456-2

Michel Politzer

Les trois morts de Georges Politzer

Flammarion

M. Politzer, *Belcrom*, acrylique son bois, 43 × 40 cm.

À mes enfants, mes petits-enfants,
mes arrière-petits-enfants…

à Annie mon épouse, ma première lectrice.

À Cécile, ma demi-sœur, ses enfants, ses neveux.

Prologue

Paris, XIIe arrondissement. Mon territoire.

Le soleil projette à mes pieds devant moi une ombre courte ; il doit être onze heures en cette matinée d'un jour d'été de 1942.

La rue est déserte, la place bordée d'arbres est vide, le boulevard Soult silencieux.

Au bout de la rue une silhouette glisse vers moi ; les roulements à billes des patins à roulettes chantent une musique grisante que je connais bien. Arrivé à ma hauteur, ralentissant en exécutant une volte brève, le copain dont je n'ai jamais pu me remémorer ni le visage ni le nom, me lance d'un trait : « Popol, ils ont dit à Radio Londres que ton père… que Georges Politzer a été fusillé par les Allemands… » J'ai perdu la mémoire ce jour-là.

De ce drame du mois de mai 42, où mon père fut fusillé au mont Valérien, je n'ai gardé que cette ombre de l'été qui s'étire au sol. Rien d'autre.

Chacun des moments de bonheur que j'ai vécus, à coup sûr, depuis ma naissance, toute la mémoire de ces premières années qui ont construit ce petit bonhomme de 9 ans que j'étais ce jour-là, tous les faits advenus dans ma petite enfance sont broyés, balayés, disparus.

Cette scène, je me la suis racontée des centaines de fois, je l'ai reconstruite bribe par bribe. Elle est à la jonction de deux états, elle se joue en boucle sur un écran fermé, sur un monde oublié.

Je ne me souviens même plus du jour où j'ai appris que Maï, ma mère, arrêtée avec Georges, était morte à Auschwitz, dans les premières semaines de février 1943. Mémoire blanche.

Plus tard une photo, image abhorrée, muette ; le froid, la glace, la neige, les rails qui fuient, qui se perdent sous le porche du camp, image mille fois regardée, infranchissable pour moi durant des dizaines d'années ; l'écran est noir, briques sales, fumées de la mort. Indicible.

J'ai tenté souvent, à différents moments de ma vie, de traverser cette toile, de faire parler le silence.

Enfant, j'ai glané des fragments de récits lancés par des adultes ignorant ma présence ; ces mots épars sont toujours là en moi, sédiments bien enfouis en attente de l'archéologue d'une mémoire en débâcle.

J'ai tenu à bonne distance un réel inacceptable. Sans volonté consciente, j'ai mis en place une alternative puissante au manque causé par la disparition de mes parents : j'ai instauré les jeux et les livres comme parade, échappatoire absolue, moyens efficaces de m'accommoder du monde.

Je n'ai pas eu à forcer ma nature.

Les aventures des héros d'Alexandre Dumas, de Jack London, de James Oliver Curwood contribuaient à remplir avec bonheur toute ma vie : j'étais mousquetaire, trappeur ou chercheur d'or à plein temps.

Ce fut la garantie de ma survie. J'avais créé des espaces bien à moi, où je pouvais me construire, tant bien que mal, à l'écart de l'ombre colossale de Georges Politzer, en tenant à distance cet homme, mon père, dont je ne percevais pas bien la réelle dimension.

Jeune enfant, adolescent, je ne savais rien de la grandeur de Georges Politzer, philosophe fécond et professeur admiré, créateur du concept de « drame » et inventeur d'une psychologie « concrète », communiste et résistant, assassiné par les nazis.

Pourtant, les membres du parti des fusillés de l'après-guerre et les professeurs du lycée Marcelin-Berthelot, où Georges fut nommé pour son dernier poste et où l'on m'inscrivit en 1946, n'ont pas épargné leurs efforts pour faire de moi un militant actif et un brillant élève, « le fils de… », digne descendant du héros de la Résistance et du génial philosophe. Mais je ne fus ni l'un ni l'autre.

Je fis donc ma rentrée au lycée, descendant la rue Georges-Politzer, plaque bleue, lettres blanches, « philosophe, communiste, résistant, fusillé par les nazis le 23 mai 1942 ». Je passais sans entrain, j'entrais sans plaisir dans ce lycée, sous le regard du père absent.

La cellule communiste du lycée portait bien entendu le nom de mon père et je fus invité par mon jeune prof de français à me rendre à la première réunion.

À l'heure dite je tournais en rond sur le trottoir, j'observais à bonne distance le local du Parti, contemplant le mur décrépi, ruminant des angoisses insondables, incapable de franchir la porte.

Entrer c'était accepter la ligne tracée pour moi par les camarades du Parti, afficher un signe supplémentaire de distinction – camarade Politzer –, endosser un vêtement trop vaste pour moi, cheminer pour longtemps écrasé à l'ombre de mon père.

Fuir, c'était choisir le vent, les soubresauts, les tempêtes, la belle aventure des images rêvées à colorier, à créer, jouer des tours, jouer toujours. Libre.

Je fis demi-tour.

1.

Brève histoire d'un livre impossible

Comment appeler à mes côtés Georges et Maï Politzer, les redécouvrir, les rendre familiers, comment retrouver le destin tragique de mon père et de ma mère qui ont quitté ma vie en entrant dans l'Histoire.

Beaucoup de choses se sont dressées entre eux et moi dès ma jeunesse : jamais de rupture, mais de l'éloignement, une certaine mise à distance.

Mais, le temps passant, une petite voix lancinante de plus en plus présente en moi s'est mise à me parler de Maï, de Georges, et leur présence s'est imposée.

Un soir la télévision est en marche, je regarde – et j'enregistre – une émission qui dénonce la soumission des intellectuels communistes français au stalinisme, dans les années noires. Brusquement à l'écran, apparaît Georges Politzer. Sévère, pressé, il fixe la caméra ; Maï le suit souriante. Mes parents durant un bref instant passent sous mes yeux… sidéré, je les vois me regarder ! En boucle, fasciné, je vacille. La voix off accuse de soumission aveugle à la Russie soviétique Aragon, Nizan… et Politzer. Vérité choquante, mais en contrepoint concluant le film, la parole de Jean-Toussaint

Desanti intellectuel communiste, intelligence hors norme, égrène avec son accent rocailleux : « Le parti communiste ne pouvait être que vertueux ; il intériorisait toute la substance éthique révolutionnaire depuis Spartacus ; il ne pouvait être que la Vertu. »

Ces mots simples éclairaient le drame de ces hommes et de ces femmes qui au mépris du pire avaient choisi de lutter pour un monde meilleur. Ces mots faisaient écho à la phrase d'Aragon disant qu'il voulait *croire désespérément.* J'ai repris pied.

Dans un monde bipolaire prêt à basculer dans l'horreur pressentie, mes parents avaient engagé ce combat : je me devais de les découvrir, de les comprendre, de les faire vivre.

À période extraordinaire, personnages exceptionnels.

J'ai retrouvé mes parents, deux êtres d'une puissance de travail et d'engagement qui force l'admiration, deux êtres de conviction, de chair et de sentiments, mais ma mémoire d'enfant ne m'est pas revenue.

Une question m'a taraudé longtemps, qui fut aussi une de mes motivations à l'écriture de cette biographie : Pourquoi Georges Politzer, philosophe singulier, dont l'œuvre a marqué les penseurs contemporains les plus éminents, n'occupe-t-il pas une place plus visible dans l'histoire des idées et dans la mémoire de la Résistance ?

Un temps, « l'erreur géniale de Politzer » que me lança en 1969 Raymond Aron, du sommet de son autorité, distilla en moi un doute sur la force de l'œuvre de Georges.

Puis la découverte de Politzer, décrit comme le « valet de Jacques Duclos » par Thorez lui-même, perturba en moi l'image du philosophe combattant maître de ses idées et de ses actes.

Quelle était donc la réalité de mon père ?

Était-ce celle du philosophe créateur du concept de « drame », de la psychologie concrète, celle de l'intellectuel d'avant-garde, du rebelle qui, par sa pensée, voulait changer le monde ?

Ou était-ce celle de l'homme qui en abandonnant sa recherche philosophique se mit au service du Parti afin d'être utile à la classe ouvrière ?

L'évocation qu'en fait Henri Lefebvre dans *La Somme et le Reste* n'était-elle pas très fidèle à ce que fut Georges ? « [...] en ces années 1930-1938, le dogmatisme n'avait pas la même allure qu'aujourd'hui. On découvrait le marxisme sous un angle étroit mais réel : l'économie politique (à la suite de la grande crise économique de 1929-1933 et de la planification soviétique). Et c'était un pas en avant [...] Moyennant quoi, Georges Politzer, un sectaire et un saint capable de subir le martyre, abandonna son œuvre de psychologue et de psychologie pour laquelle il était génialement doué. Il se crut obligé de devenir économiste parce que marxiste militant. »

Mais il fut aussi un des tout premiers intellectuels à s'engager avec une vigilance implacable et dans l'urgence contre le péril nazi ; il voyait en l'URSS, comme tant d'autres, le seul rempart contre la barbarie. On sait aujourd'hui que *la barbarie avait un autre visage.*

Cet homme, cédant la place au philosophe marxiste du manuel des *Principes élémentaires*... thuriféraire de Staline, fut-il condamné à l'oubli par l'opprobre qui frappa le communisme stalinien ?

Oui, sans doute, car le génie philosophique de Georges a été oblitéré par la violence de son engagement politique et la servitude idéologique à laquelle il a adhéré avec son outrance coutumière.

Mais n'est-ce pas avec la résistance à l'occupant et à l'idéologie nazis, avec ses écrits dans *Université libre* et surtout avec ceux de *La Pensée libre*, que Georges en rébellion contre les directives d'Aragon, donc du Parti, va retrouver sa liberté d'esprit ? Car l'enjeu concerne son domaine de compétence : la pensée, l'écrit, et le devoir que Georges et ses amis s'imposent de ne publier que clandestinement.

Liberté recouvrée déjà quand, de sa propre initiative, il écrit son pamphlet contre l'idéologue nazi Rosenberg. L'intellectuel résistant anti-nazi ira alors jusqu'au bout de sa révolte et le payera de sa vie.

Maï, enthousiaste, engagée dans tous les combats à ses côtés, résistante, mourra à Auschwitz.

« Qui vous dit que je ne serai pas fusillé dans quelques semaines ? », dit Politzer à un de ses collègues lors de la victoire du Front populaire en 1936.

C'est en relisant cette phrase que je mesure à quel point la mort, il la connaissait bien : elle chevauchait à ses côtés ; il la retourna contre ses bourreaux dans la dernière seconde de sa vie. « Je vous fusille tous ! » cria-t-il.

En 1919, Georges Politzer a 16 ans, lycéen révolté il participe à la révolution de Béla Kun en Hongrie, la Winchester à la main. Lors de l'écrasement des rouges, sa tête est mise à prix : il échappe de peu à la folie meurtrière des contre-révolutionnaires, mais il sort exsangue de cette lutte.

C'est une première mort, celle des illusions de la jeunesse.

En 1921, il fait ses études à Paris ; en 1928, il entreprend de brillants travaux philosophiques qu'il publie dans *Critique des fondements de la psychologie*. En 1930, il adhère au parti communiste ; il renie alors avec violence ses recherches « bourgeoises » sur la « psychologie concrète », renonce à poursuivre son œuvre philosophique pour se plonger, au service du Parti, dans l'économie marxiste. Il écrit à Nizan : « Et fini l'Avant-Garde ! »

C'est une seconde mort, celle d'une pensée libre.

En 1933, Hitler entreprend d'accomplir son rêve de purification aryenne et d'anéantissement de la pensée des Lumières. En 1940, Politzer crée avec Jacques Decour et Jacques Solomon la revue de résistance à l'occupant *L'Université libre*.

En 1942 il tombe sous les balles nazies.

C'est sa troisième mort.

Au cours de cette quête, bien des personnes que j'ai rencontrées se sont étonnées du silence fait autour de ces deux combattants Maï et Georges Politzer.

Pourtant des municipalités communistes ont célébré auprès de l'opinion la mémoire de mes parents militants et résistants martyrs morts en héros en leur dédiant des lieux, lycées, rues, salles… L'Université a rendu récemment hommage à la pensée de Georges Politzer en inscrivant son œuvre à deux reprises dans les sujets de l'agrégation ; l'édition maintient la présence au public de son ouvrage essentiel *Critique des fondements de la psychologie* [1] ; ses écrits philosophiques et politiques sont aujourd'hui réédités [2], un ouvrage collectif rassemble les interventions d'un colloque à l'École normale consacré à son œuvre ; Michel Onfray lui a consacré plusieurs

1. *Critique des fondements de la psychologie. La psychologie et la psychanalyse,* PUF, 2003.

2. *Contre Bergson et quelques autres. Écrits philosophiques 1924-1939,* Champs-Flammarion, 2013.

pages dans son *Apostille au crépuscule* et l'a inscrit à ses cours de l'Université populaire de Caen [1].

Mais il me fallait rassembler les fragments de leur vie. En raconter l'histoire, mettre en lumière leur personnalité étonnante, leur donner un corps.

Je me suis immergé dans une période complexe, celle des années 20 et 30, travaillée par des forces puissantes, enthousiasmantes, et d'aures, délétères qui allaient basculer dans l'horreur.

J'ai écouté la parole des survivants, j'ai lu les témoignages des morts.

J'ai visité les lieux qui les ont vus s'épanouir ; la maison cossue de Vincennes, premier domicile de Georges en France, les bistrots, librairies et rues du Quartier latin, les lycées en Hongrie où Georges, écolier, a inauguré sa vie d'engagements politiques, le Pays basque de Maï, Paris, les jardins du Luxembourg, mon quartier de Bel-Air et Picpus, la dernière planque clandestine Victoire III, le mont Valérien et le fort de Romainville…

J'ai retracé leurs chemins.

Je me suis appliqué à rester observateur et à ne pas juger avec nos grilles de lecture si nouvelles, très enrichies d'informations récentes, les événements dont nous connaissons aujourd'hui les causes, les secrets, le déroulement et la fin.

Je comprends mieux les enjeux majeurs auxquels Georges et Maï ont dû faire face ; j'ai mesuré l'urgence qui les taraudait.

---

1. Cf. Michel Onfray, *Apostille au crépuscule : pour une psychanalyse non freudienne*, Grasset, 2010 ; Le livre de poche, 2011 ; *Contre-histoire de la philosophie*, vol. 9 : *Les consciences réfractaires*, Grasset, 2013.

J'ai fait lentement surgir leur présence à mes côtés. J'avais pendant si longtemps occulté leur souvenir, ma mémoire enfuie contribuant à cet éloignement, que je suis étonné et heureux d'avoir comblé ce vide.

Ma mère m'accompagne aujourd'hui avec une force apaisante.

Par moments, une envie certaine de manifester mon agacement ou ma réprobation m'a agité, celle du fils incrédule, grondant, sermonnant l'image du père admiré, aimé et respecté qui sort parfois du cadre du héros ; devant ses foucades, ses objurgations, ses renoncements et ses engagements inconditionnels, j'ai toujours souri, « presque toujours ».

Et je me suis laissé envahir par une tendresse immodérée.

Que puis-je faire d'autre devant ces êtres d'une présence exceptionnelle, dont je ne me remets pas d'avoir été privé ?

Dernière séquence. Habillé en costume marin, anglais parce que blanc, donc visible à deux lieues à la ronde, j'effectuais une « promenade » sur le talus qui bordait la forteresse de Romainville, autour de l'enceinte qui servait de prison où Maï fut internée durant quelques mois, j'agitais le bras face au pan de mur de la casemate ; ma maman apercevait à travers les barreaux de sa cellule son enfant roux qu'elle adorait.

Peu de temps après, un jour de 1943, elle fit partie du convoi de 240 femmes que les nazis entassèrent dans des wagons plombés pour le camp d'Auschwitz.

2.

Le territoire de la pensée

Le 28 février 1996, je traverse pour la première fois de ma vie la cour de la Sorbonne, grimpe un escalier sans âge, marches usées écrasées, avachies sous le poids de l'Histoire, de l'intelligence. Je suis empli de respect, très impressionné. Je scrute les lambris, hume l'odeur des boiseries, cherchant des traces. Les images d'une histoire récente s'enchaînent. Mai 68, une peinture à la main, j'approche de la Sorbonne occupée. Les marches sont envahies d'étudiants, je me fraye un chemin dans la rue des Écoles, pleine de curieux, je retrouve un copain peintre, en grande conversation avec des étudiants des Beaux-Arts, on piétine pendant des heures, finalement nos toiles disparaissent absorbées par un collectif habilité à réceptionner les chefs-d'œuvre. Un mouvement de foule, une rumeur, on s'égaye. Qu'est devenue ma peinture offerte au printemps 1968, envolée dans le souffle du joli mois de mai ?

La salle où j'entre aujourd'hui porte le nom d'un sociologue mort en déportation : Maurice Halbwachs. Odeur de cire, atmosphère hors du temps, Roger Bruyeron y accueille quelques auditeurs, étudiants, professeurs, pour sa conférence : « Le drame selon Politzer, élément d'une théorie matérialiste de l'action ». Analyse, questions, débats feutrés, notes : l'œuvre philosophique de Georges, *Critique des fondements de la psychologie*, inscrite deux années successives au concours de l'agrégation de philosophie, force tout à coup mon admiration. Dans cette salle, je suis le seul auditeur à n'avoir aucun des outils conceptuels nécessaires à la compréhension totale du cours magistral. J'aborde le territoire de cette pensée avec mes simples armes, une volonté de comprendre et d'apprendre l'essentiel, le désir d'approcher mon père par son versant le plus abrupt pour moi.

Je commence ici, enfin, à en mesurer l'importance. Et aussi à réaliser que je me prépare un voyage semé de difficultés. Car il ne s'agit plus là, mû par le devoir filial, de parcourir les écrits théoriques de mon père, mais de m'y plonger vraiment, avec le désir de les comprendre et, grâce aux clés de lecture fournies par ce conférencier qui aime et explique si bien l'œuvre de Georges Politzer, d'en saisir l'importance.

Cette séance du 28 février 1996 est donc, à coup sûr, un autre moment important dans ma décision d'écrire ce livre.

Nous quittons ensemble, Roger Bruyeron et moi, le Quartier latin ; nous traversons Paris d'un bon pas. Il fait froid, mais marcher jusqu'à la gare de l'Est nous réchauffe et nous permet de faire connaissance ; je livre quelques bribes de ma vie d'artiste. Roger continue son propos, m'ouvrant généreusement son savoir. Il reformule pour moi le duel Politzer-Bergson, le rendez-vous manqué entre ces deux philosophes. Il apparaît que Georges a rangé un peu vite Bergson dans l'irrationalisme, alors que le vieux maître est, parmi ses pairs, celui qui a le mieux compris les sciences de son temps.

Georges semble avoir méconnu l'auteur de *Matière et mémoire*. Je mesure la violence des débats d'idées.

Roger me parle aussi de Kant. Je comprends que Georges, à partir de Kant, se posera la question de la science du singulier : la genèse du concret est en marche. Je retiens enfin que, pour Politzer, la philosophie doit se nourrir de matière réelle, doit placer l'homme au premier plan et déboucher sur l'action, sur la révolution. Roger conclut son propos et notre balade sur le sujet même de sa conférence : le drame chez Politzer, synonyme d'existence, l'idée du concret, l'action, la liberté – « Le drame c'est le geste éclairé par le récit, donc par le langage. »

J'ai déjà fréquenté quelques textes de philosophes, chez qui je découvre des idées qui accompagnent ou éclairent un moment de ma peinture. Deleuze avec *Le Pli* fut une rencontre épatante ; j'aime aussi suivre la pensée fluide de Clément Rosset, découvrir sous sa plume Schopenhauer, Nietzsche ou Spinoza. Je grappille, mais je n'engrange pas.

Les livres sont des poupées gigognes. Une note de bas de page, un auteur, une citation me renvoient à un autre ouvrage et ainsi de suite. Le champ s'élargit ; je me retrouve bientôt dans Lucrèce et Hume, Jean Meslier et le baron d'Holbach ; j'entreprends sur le tard de faire mes humanités. Mais avec un handicap sérieux : malgré l'intérêt que je trouve à ces rencontres de choix, ma mémoire se refuse ; l'esprit me gagne, mais la lettre s'esquive ; pas capable d'une citation, pas plus que d'un développement sérieux ; si comprendre c'est prendre avec soi, j'ai bien peur de ne pas engranger grand-chose dans ma besace. Et pourtant je dois continuer, tenter d'approcher ces pensées fortes, ruser, prendre des notes, souligner, écrire dans les marges, imager les concepts, me servir de mes armes.

Georges Politzer va prendre une place privilégiée dans ce combat auquel je me livre.

Sur ces trottoirs parisiens, en ce jour d'hiver 1996, j'ai le sentiment d'avoir trouvé en Roger Bruyeron un guide chaleureux pour m'accompagner dans l'aventure, puisque cet homme s'est donné pour devoir immédiat de porter au grand jour la pensée de Politzer.

Une autre conférence sera donnée par Roger Bruyeron, au même endroit, dans le cadre du séminaire de professeur Olivier Bloch, « Les philosophes sous l'occupation », sur le thème : « Combattre en philosophie : les écrits clandestins de Georges Politzer (1939-1942) ». Cette fois-ci Bruyeron analyse l'autre versant de l'œuvre de Politzer, qui poursuit son travail de philosophe dans le combat contre l'envahisseur et à travers, entre autres articles, le pamphlet qu'il publie clandestinement sous la signature de « Rameau » en décembre 1940. Intitulé *L'Obscurantisme au XXe siècle*, ce texte répond à la conférence tenue par l'idéologue nazi Rosenberg à l'Assemblée nationale, en novembre 1940, devant un parterre d'officiers et de représentants du régime hitlérien.

Ce jour-là, mon fils Francis m'accompagne ; il aborde la planète Politzer avec passion.

Pour mes trois enfants, Catherine, Francis et Patrice, l'histoire de leurs grands-parents a longtemps été un peu floue, même s'ils connaissaient les grandes lignes de leur vie, leur combat et leur mort, admirables, des pans entiers restaient pour eux des zones de mystère, sur lesquelles ils brodaient au gré de leur imagination.

Je répondais à leurs questions, je lâchais des bribes, quelques images, des anecdotes, mais mon épouse était plus diserte que moi sur ce sujet sensible. Il eût fallu peut-être tout leur dire et par le menu, mais je n'avais pas le courage de plonger dans cette tragédie avec eux. Et puis c'eût été leur faire porter un poids qui était d'abord le mien, le poids d'une histoire dans laquelle je me débats encore. C'est si vrai que le jour où, il n'y a pas si longtemps, je dus prendre la parole lors de l'inauguration de la rue Georges-et-Maï-Politzer, dans le XIIe arrondissement de Paris, devant ma famille, quelques représentants d'associations d'anciens déportés et des amis de mes parents, je me suis retrouvé totalement tétanisé, articulant chaque mot d'une voix blanche, secoué de sanglots refoulés à grand-peine.

Je n'ai pas voulu charger mes enfants de ce glorieux fardeau, je les ai tenus à distance de l'image des héros, de la stature réelle de mes parents, de leur martyre. Protection inutile ? Contre-productive même ? Sans doute. Car ils n'ont pas échappé aux injonctions, aux apostrophes, aux sous-entendus ravageurs de certains professeurs, militants communistes indélicats, leur rendant difficile parfois de porter ce nom. Je l'ai appris récemment.

Ils ont dû aborder ce continent familial quasi inconnu sans beaucoup d'aide de ma part.

Le 26 septembre 2002, plus de cinquante ans ont passé. Je suis de nouveau devant le lycée Marcelin-Berthelot, celui où mon père occupa son dernier poste de professeur, où je fus élève de la sixième à la seconde.

Face à la porte d'entrée principale, solennelle, je franchis la lourde grille et l'escalier monumental. Je suis invité par un jeune professeur de philosophie à prendre la parole le jour de l'inauguration d'une salle Georges-Politzer.

Dans cette cour de récréation, devant les élèves de philosophie, regards braqués sur « le fils », j'ai une sensation d'irréalité, de monde renversé. Me voilà revenu au cœur de ce que j'ai toujours fui – curieux malaise. Je dois affronter cette situation inattendue ; j'ai passé l'âge de l'esquive. Mais, là encore, j'ai du mal à articuler : je me trouve à deux pas des carreaux que je cassais en jouant à la pelote basque des dizaines d'années plus tôt. J'entends la voix rauque du « surgé » Samadet, autoritaire, le doigt levé au ciel : « Politzer, si ton père... » Pourtant, je lis un texte que j'ai voulu léger, qui montre du professeur Georges Politzer, grand intellectuel, une autre face, l'homme farceur, drôle, potache... Je prononce ces quelques mots avec la conscience très nette que ce n'est pas cela que l'auditoire attend ; où sont Kant, Hegel, Marx ? l'engagement politique, la Résistance, la mort ? Moi je leur parle de l'homme concret, énergique, facétieux, plein de vie...

Solitude ; je mesure le mur que j'ai dressé entre mon père et moi. Georges m'est toujours aussi inconnu, inaccessible. Je me sens tout à coup inaccessible à moi-même. Quelques jours plus tard, je donne une interview, par l'intermédiaire de ce même professeur de philosophie, pigiste à *L'Humanité*. J'y annonce la mise en œuvre de la biographie de mes parents. La chose est donc dite, imprimée, gravée dans le marbre, je ne peux plus revenir en arrière.

Comment vais-je mener à bien tout ce travail ?

3.

Esquisse d'un opéra

Retour en Bretagne, dans l'atelier les toiles m'attendent, plusieurs sont en cours : des petits formats.

Sur la toile, abstraite ou pas, dans l'espace du tableau, chaque élément graphique, chaque tache de couleur, chaque rature, biffure ou effacement constituent mes liens immédiats avec la vie ; je sais les assembler selon une alchimie qui m'est propre ; j'estompe, je mets en lumière, je hiérarchise, je contrôle à vue chaque fragment, enfin presque, ils sont présents, visibles, même leur trace la plus ténue ne peut m'échapper ; je peux les embrasser d'un seul regard ; je peux les faire disparaître ou réapparaître.

Le peintre maîtrise l'espace, à tout le moins la surface, le territoire ; le spectateur, lui, instaure le temps du tableau.

Mais dans ce travail d'écriture que j'entreprends, moi, le visuel, le peintre entouré de bouts de croquis, de toiles, d'esquisses, de pochades, comment, avec quels outils vais-je maîtriser près de cinquante années d'histoire ? Comment esquisser le portrait de mes parents, comment brosser le décor, rassembler photos, documents, anecdotes, lettres, comment combler les vides, les blancs, comment maîtriser les sentiments, l'émotion… Presque tout est à découvrir, répertorier, classer, mettre en forme, et faire advenir.

Dans la forêt de ma mémoire, il n'y a point de petits cailloux blancs sur le chemin de mon enfance pour me conduire au-devant de mes parents, pour me guider dans les strates du temps.

Partie prenante de ce récit, témoin sans souvenir, j'aborde ce pan d'histoire contemporaine comme un archéologue téméraire qui s'inviterait sur un chantier de fouilles dont les vestiges mis au jour témoignent d'une époque qui échapperait à son champ de compétence ; cependant, il en connaîtrait les grandes lignes, les heurts, les zones d'ombre, les éclats bien sûr, suffisamment pour savoir qu'elle va lui offrir un espace de découvertes vertigineuses.

La première moitié du XXe siècle constitue pour moi ce chantier à défricher.

Illustrateur, je me suis saoulé de dessins de châteaux forts, de tipis, de drakkars… cette production m'a fait plonger avec délices dans l'étude de siècles plus lointains. Sur le vide de ma mémoire, je me suis construit une mémoire fraîche, m'arrêtant d'instinct au seuil de l'histoire contemporaine. Pour ce monde-ci, je n'ai pas développé de goût suffisant pour l'explorer, en dessiner les hauts faits, les méfaits. J'ai développé cette passion pour l'histoire en remontant plus loin encore ; j'ai dessiné, modelé les traces de nos ancêtres : foyers, silex taillés, tessons de poteries… j'en ait fait un métier parallèle. Je me suis donc construit un champ d'activités dont le XXe siècle était toujours absent.

En envisageant de raconter la vie de mes parents, j'accepte enfin d'entrer dans l'histoire de ce siècle, m'obligeant à en pénétrer les couches profondes.

Quelle posture, quelle position prendre alors face à cette masse d'informations ? Quel rôle dois-je tenir, d'où vais-je parler pour rendre compte de l'histoire de ces deux êtres exceptionnels, histoire dont une partie recouvre la mienne ? J'ai très vite découvert une évidence : il s'avère que la terre brûlée de ma mémoire fait de moi, malgré les liens filiaux, malgré l'émotion qui affleure toujours, un observateur relativement distancié ; j'aborde mes parents comme des « objets » d'étude, au même titre que tous les documents, tous les personnages et tous les événement de cette tragédie.

Sans souvenir propre, je ne peux donc en aucun cas être un témoin ; pas plus, pour des raisons évidentes, que je ne suis un historien ou un philosophe ; la place que je revendique est celle d'un conteur. Un conteur en mouvement, en action, qui recherche des indices, qui se doit à lui-même d'abord, aux lecteurs ensuite, de dresser le portrait d'une époque ; qui a obligation de comprendre et de faire comprendre au mieux les enjeux philosophiques, sociaux, politiques de ces quelques années. Pas de posture donc, ni philosophe ni historien, mais plutôt librettiste d'un opéra contemporain ; il doit être plein de sève, de rage et de sang.

Au moment d'aborder ce monde dans lequel Georges et Maï prennent place, de plonger dans ce début du XXe siècle, je me remémore la façon que j'avais, durant une période déjà ancienne, de faire coexister sur de grands panneaux de bois des fragments de dessins abstraits, gestes, croquis, pochades peintes, morceaux de réel apparemment inconciliables que j'accompagnais de notes, de segments de discours, de citations, de graffitis, de titres de quatuors de Beethoven ou de Bartók, que j'écoutais alors en boucle. Ça tenait tout à la fois du carnet de croquis, de la liste d'achats programmés et du journal intime… Mais ces traces juxtaposées finissaient par tisser des liens entre elles et proposaient au spectateur des aventures singulières, dans lesquelles je me reconnaissais assez bien, sortes d'autoportraits livrés avec quelques clés pour y accéder. J'étais, je crois, déjà très proche de l'opéra.

Un opéra ? Oui, pour le foisonnement, les entrées, les sorties, les rebondissements, les multiples tableaux, les décors, les niveaux de discours, les voix, les chœurs, les ballets, la musique…

Logique, donc, pour commencer, d'essayer l'opéra comme forme de récit.

Le temps structure le récit ; impossible de fixer le temps sur une toile, mais les lieux, tous les lieux successifs du récit, ces bornes temporelles, je peux les saisir, en dresser la carte, les rendre visibles d'un seul coup d'œil.

Je retourne à l'atelier.

En maîtrisant l'espace, en dressant le décor unique de mon opéra, l'Europe, je vais tenter de maîtriser le temps, et pour cela devenir le spectateur de mon propre tableau.

Sur les six mètres de long d'un mur de mon atelier, je déroule le fond blanc immaculé de la toile ; grand atlas à la main, je dessine à la brosse, à grands traits, les contours de l'Europe, carte en relief, vaste panorama ; c'est le territoire du drame.

Je vais aux points essentiels : les Pyrénées, ça je connais bien ; les Carpates, dont l'arc de cercle enserre dans sa pince la Puszta, la grande plaine hongroise ; je découvre.

Un trait bleu ondulant légèrement d'ouest en est, je remonte le Danube ; je voyage à peu de frais ; je bute dans une boucle du Rhin. Je glisse à droite, en un point précis de la frontière entre la Hongrie et la Roumanie, je peins à grosses touches de couleurs vives des façades baroques, une ville, j'écris : Nagyvárad ; je m'y attarde un peu ; j'esquisse les silhouettes de minuscules personnages, costumes d'époque, début du XXe siècle ; l'un d'entre eux domine la foule, plus grand, bien campé, je brosse une tache rousse sur le crâne, c'est le héros : Georges Politzer.

Il ouvre l'aventure. Premières didascalies : notes manuscrites au crayon Conté, antisèches, post-it…

Je mène mon héros du bout du pinceau sur la carte, de ville en ville, ici écolier, là étudiant brillant, et partout révolutionnaire enthousiaste… Ma carte de l'Europe se noircit bientôt de poudre à canon, fusain balayé de la paume de la main, se déchire d'éclats d'obus, biffures, se fissure des tranchées de 1914… Je monte au nord : pour mémoire, 1905, 1917, Russie, Saint-Pétersbourg, Moscou, dessin noir et blanc, neige, drapeaux rouges flottant sur des autochenilles où sont agglutinés des ouvriers, je siffle l'Internationale, je reviens en pays magyar, j'écris : 1919, Budapest, Szeged, je dessine des ombres, craies Conté écrasées au pouce, entassements de corps, de la fumée, des poutres, des ruines, entrelacs de traits, graffitis jetés qui déchirent le support.

Mon personnage roux évolue dans le décor ; sur la scène, des livres, beaucoup de livres – je note en marge : chants tristes, pleureuses, chœur antique –, mon héros fuit… Il a dix-huit ans, je lui trouve une place dans le Trans-Europe Express pour Vienne et Paris – bruitage, sifflets de loco. Sortie côté cour.

À l'autre bout de la carte, au pied des Pyrénées, au milieu des joueurs de pelote basque, dans un décor romantique, je croque le rocher de la Vierge à Biarritz, pochade de la Rhune façon Cézanne, ma Sainte-Victoire, bergers, contrebandiers, Ramuntcho n'est pas loin ; je dessine une belle jeune fille blonde qui fait tourner la tête de tous les jeunes gens… C'est Maï, ma mère, l'héroïne, elle entrera au deuxième acte. D'un trait rouge, je relie Bayonne à Paris. Elle aussi vient faire de brillantes études dans la capitale…

Les années 20 et 30, Paris, dessiné à la façon d'une vue perspective de Sauvé de 1630 ; là je m'applique, le graveur qui sommeille en moi reprend burin, plume d'acier et encre de Chine.

Paris, effet de loupe sur le Quartier latin, ma main tournoie, dessine des volutes, je brosse la foule du bout des doigts, des rehauts de craie bistre, sépia, effet de mouvement, d'agitation, je trace des flèches, je relie, j'annote. La Sorbonne, un amphi, la rue Monsieur-le-Prince, j'élargis à l'hôpital Sainte-Anne, au château de Vincennes… J'esquisse dans les marges des croquis de ces lieux, en forme de pense-bête. Je colle des photos et encore des photos… Stop ! Cinq pas en arrière.

Mon mur m'offre une accumulation de fragments, des strates, des empâtements, des collages, des lacérations, des surimpressions, des biffures, j'ai sous les yeux une peinture : d'un type nouveau ? sûrement pas ! Rauschenberg [1] dans les années 1950, déjà… Mais le décor qui devait m'aider à y voir clair pour écrire mon livret a laissé la place à un désordre absolu, hallucinant.

J'arrête. Impossible d'aller plus loin aujourd'hui !

Mais avant de quitter les lieux, je trace un fil rouge, le train Paris-Bayonne, je dessine une boîte sur des roulettes et dans ce wagon mes deux héros, mes parents. Coup de foudre entre l'ogre roux des Carpates et l'ange blond du Pays basque. Plus besoin d'annoter les marges, de toute façon tout cela je le connais par cœur.

De leur amour, je suis le fils.

Fin du deuxième tableau.

Le lendemain, le désordre prend du sens, je maîtrise mieux, j'enchaîne ; le décor est le même : 1939-1940, Paris vit sous les couleurs brun, noir et rouge. Je plaque une feuille de calque sur le Paris des années 20 et 30, brosse le dessin avec un jus sale, dégoulinant, je colle sur tous les monuments des drapeaux nazis. J'ai retrouvé la photo d'Hitler devant la tour Eiffel avec ses sbires ; je la maroufle sur mon dessin de la Ville lumière. Je dessine une dernière fois mes héros, combattants, ombres, ardents feux follets, emportés dans la tourmente ; nouveaux lieux sur ma carte : les planques, la Conciergerie, la Santé, le mont Valérien, Romainville, puis la Pologne, le camp de la mort, j'ai

1. Robert Rauschenberg (1925-2008) : peintre et plasticien américain, il développe à partir de 1953 la pratique du « collage » dans ses « *combine paintings* », toiles qui présentent un mélange d'éléments graphiques et d'objets piochés dans la vie quotidienne, de photographies, d'articles de presse…

du mal à dessiner Auschwitz, je repense à l'exposition Anselm Kiefer vue à New York…

Fin du troisième tableau.

Esquisse du quatrième :

Journal d'un amnésique, archéologue de sa propre vie : le fils de…

Je note dans une marge : « 1933/1942 : mémoire détruite. Enfouie ? »

Plus besoin de décor. Le rideau tombe, j'entre en scène.

Je tourne le dos à la fresque monstrueuse, face au public.

Monologue : Je nais à l'âge de 9 ans. L'orphelin que je suis joue, s'invente une vie, dans les livres, avec les copains, se projette au plus loin de l'ombre envahissante de ses parents. Puis jouet lui-même… manipulé, blessé, écrasé par le rôle de fils de héros ; pour me sauver, je creuse la distance au père, à la mère, à l'Histoire, à leur histoire.

En tant que récitant, je reprends le cours de cette « découverte » et j'en livre les secrets, raconte les accidents de parcours, les rencontres, les personnages qui m'ont accompagné, les rendez-vous manqués, les documents inédits, les voyages ; la face cachée de ces recherches.

La lumière s'éteint sur des rebondissements inattendus, comme l'Histoire en fait peu.

Rideau !

OPÉRA, dis-je ? oui, mais…

Dans ce décor, j'ai inséré tous les matériaux ; tous les événements, tous les personnages, ils coexistent dans le même temps du regard.

L'esquisse est devenue peinture, palimpseste presque indéchiffrable.

Cette carte des passions, des grandeurs, des fureurs et des horreurs de ce début du XXe siècle, cette fresque ne peut pas constituer un plan d'ouvrage. Elle saisit l'espace, elle compresse le temps figé en une multitude de points ; il faut que je mette des mots sur cette carte foisonnante, ce télescopage de signes, ce brouillon suspendu.

Interroger ces images, les déchiffrer, leur faire cracher du sens. Mettre des mots, dévider le temps du récit.

C'est le chantier qui m'attend.

Une évidence aussi, fondamentale : c'est le jeune garçon, l'adolescent, l'homme à tous les âges de sa vie qui doit mener le bal. Du début à la fin.

4.

Fantômes de l'enfance

Plongée dans le temps donc, j'essaye tout d'abord de saisir, de fixer un des lieux qui pourrait me parler de mon enfance, une chambre d'échos.

Pas facile, ça refuse ; toute image soudain se dérobe au profit d'un son inattendu. J'entends, ténue, la rengaine plaintive de l'harmonium portée par un coulis de vent dans une rue étroite du quartier Picpus, à deux pas des colonnes de la Nation surmontées des statues de Philippe Auguste et de Saint Louis.

Jour-nuit d'une éclipse solaire, je reviens de l'école communale, la neige est grise, le ciel jaunit, s'obscurcit, gris vert presque noir.

L'organiste, son accoutrement de berger corse ou de bandit calabrais, les cartes perforées qui ondulent et s'entassent, le son criard, me fascinent ; je suis le Rémi de ce Vitalis. Lentement, durant deux heures, je l'accompagne, à chaque pause les piécettes pleuvent, je les recueille pour le vieil homme ; sa musique me ramène chez moi, au quartier Bel-Air.

Mes parents, quelle musique, quels chanteurs écoutaient-ils ? Trenet, j'en suis sûr.

À la maison, je revois aussi un disque d'Édith Piaf en cire, lourd, rayé, usé, pochette en papier ocre, *La Voix de son maître*, le chien blanc, la petite boîte métallique qui contient les aiguilles du phonographe, la manivelle.

Où sont donc passés tous leurs disques ? Des chants russes me reviennent à l'oreille, des voix de basse, Chaliapine dans *Boris Godounov*. Georges et Maï l'ont-ils vu dans le *Don Quichotte* de Pabst sorti sur les écrans l'année de ma naissance ? Deux ans plus tôt en tout cas, j'ai la certitude qu'ils ont vu *À nous la liberté* et fredonné la rengaine du film de René Clair.

Je sais que « Politzer rigole scandaleusement quand il voit Charlot, sur un écran de cinéma », comme l'écrit Michel Leiris, soulignant au passage : « Il est certain qu'à côté de Politzer tous les gens ont l'air de fantoches [1]. » Georges vouait une admiration sans réserve à Chaplin.

Ma grand-mère me transmit le flambeau en ajoutant au panthéon Buster Keaton, dont elle me racontait tous les films. Je connus presque tous les gags de ces deux génies, bien longtemps avant de voir enfin leurs chefs-d'œuvre dans une salle obscure, où je m'empressais quelques années plus tard d'entraîner mes très jeunes fils, fille, nièce et neveux.

J'essaye encore de saisir d'autres fantômes. Des effluves flottent, une vapeur chaude, enivrante m'environne, faisant danser les formes, rendant le paysage incertain. C'est un matin d'été, dans ce même quartier porte de Saint-Mandé-Bel-Air. Je respire l'odeur du goudron brûlant qui coule de la machine noire. Des

1. Michel Leiris, *Journal 1922-1959*, Gallimard, 1992.

hommes ruisselants étalent le liquide visqueux, brillant, avec de larges spatules sur le trottoir de mon immeuble. Et avant qu'il ne durcisse, je le marque au fer de mon empreinte. J'ai 8 ans alors. Quatre ans plus tard, une plaque commémorative en hommage à mes parents sera fixée à cet endroit même, sur le mur de l'immeuble. Une cérémonie aura lieu sous les fenêtres de mes copains.

Ils ne me parlaient jamais de mes parents, mes potes, de leur absence, de la Résistance, de leur mort. En tout cas, je n'arrive pas à me souvenir qu'une seule phrase de compassion ou de curiosité fût jamais prononcée. Pudeur ou discrétion de leur part ? Je ne suis sûr de rien dans cette brume où flotte ma mémoire.

Longtemps après, très récemment en fait, un vandale d'extrême droite a brisé cette plaque.

Je ne quitte pas ce quartier, je refais mentalement les chemins de mon enfance ; des visages, des éclats de rire, la gouaille, le bruit des galoches à semelles de bois articulées, chaussettes en tire-bouchon sur des mollets maigrichons.

J'entrevois brusquement une image, sans doute la plus lointaine dans ma mémoire de gosse. Je rentre de l'école avec un copain, remontant l'avenue Courteline vers le boulevard Soult. Dans la pente raide du caniveau où l'eau coule à vive allure, le grand jeu consiste à remonter le courant, à pas saccadés, en faisant bouillonner le ruisseau urbain, s'inondant jusqu'aux genoux, dans des gerbes d'éclaboussures, chaussures et chaussettes trempées. Nous pataugeons dans ce cours d'eau, rigolant avec bonheur, quand tout à coup une voiture stoppe à notre hauteur. Une Citroën 11 CV légère, me semble-t-il, noire. Une main vigoureuse nous empoigne, nous jette au fond de l'auto et redémarre en trombe. Le tout a duré quelques secondes.

Je saisis quelques détails précis dans cette scène : une lueur fugitive, une image familière, le tailleur pied-de-poule de ma mère. Hélas, une photo, que je connais bien, joue à contrarier ma mémoire de cet événement. Elle se superpose à l'image fragile, rétinienne : c'est Maï en veste en cuir qui m'apparaît, qui s'impose. Elle est à vélo, jupe plissée, souriant à l'objectif ; cette image oblitère mon souvenir, lui confère un statut d'incertitude.

En me remémorant cette scène de l'enfance, je ne vois pas le visage de Maï, c'est un vide terrible ; je vois la brillance de l'eau vive, la masse sombre de l'auto à ma gauche. L'action brève s'inscrit à peine en moi : clap de fin.

Mais cette scène s'est réactivée il y a quelques jours avec les retrouvailles inattendues, bouleversantes, de mon copain d'enfance Gérard Weil et de sa sœur Françoise ; Gérard me donne en cadeau sa mémoire presque intacte ; le copain dans le caniveau c'était lui et, précise-t-il, l'auto était une Matford ! bleue ! Quelle bagnole !

Rencontre donc de mon plus ancien copain ; nous avions 6 ans, nous entrions ensemble au CE1 de l'école communale rue Michel-Bizot, façade en briques, couloir qui débouche sur une première cour plantée d'arbres puis une seconde cour où sont installés, provisoirement, deux bâtiments préfabriqués qui abritent les deux classes de cours moyen.

Mlle Trassoudaine puis M. Estival, deux noms dont je me souviens, mais Gérard me rappelle le nom du bâton de flic blanc, « Rosalie », avec lequel Estival instaurait une discipline de fer, dont le bout de nos doigts portait la marque.

Rentrée scolaire au CP en 1939, puis en juin 1940 l'exode vide l'école, étire les vacances ; en octobre, nous reprenons le chemin des classes.

Le 7 juin 1942, le père de Gérard et Françoise Weil se présente au commissariat du XIIe arrondissement ; il vient librement déclarer sa judéité et repart avec des étoiles jaunes en tissu marquées du mot « Juif », que sa femme va coudre sur leurs vêtements.

Gérard et Françoise, durant quelques jours, admirent cet insigne stellaire qui illumine le firmament noir de leur cape en drap.

À la rentrée 1941-1942, ma petite grand-mère qui vient de me conduire à l'école croise Gérard et Françoise ; elle se fige, bouleversée, devant l'étoile jaune qu'ils arborent ; elle ne peut retenir ses larmes et murmure : « Mes pauvres enfants ! » La cape sur les épaules s'alourdit. J'imagine, non, je vois, la grimace de Gérard, le geste furtif, il remet ses lunettes sur le bout de son nez, relève une épaule, tire la cape de sa sœur discrètement ; ils s'en vont, ruminant les questions qui se bousculent…

Les arrestations commencent dès 1941, et les 16 et 17 juillet 1942, la rafle du Vel' d'Hiv a lieu. Discrétion de la presse, peu de gens en sont informés. Mais depuis quelque temps, quand nous rentrons de l'école, Gérard et moi, nous nous arrêtons sur la place ; assis sous le gros arbre, face à nos immeubles, nous fixons les fenêtres du premier étage ; Gérard, envahi d'angoisse, me demande d'aller voir, d'écouter surtout, si les policiers ne sont pas chez lui en train d'arrêter ses parents ; là, prudemment, je tends l'oreille dans le hall, lentement, je monte à pas feutrés jusqu'à la porte de son appartement et, ne décelant aucun bruit, je retourne le chercher. Rassuré, il s'engouffre chez lui.

Ce quartier, ces blocs d'immeubles conservèrent durant l'Occupation, d'une certaine façon, leur qualité de havre protecteur ; ma voisine Jeanne Courcelles m'a signalé en effet deux personnages qui s'appliquèrent très discrètement, mais efficacement, à éviter aux familles juives d'être arrêtées et déportées dans des camps d'extermination : je ne connais pas leur nom ; ils anticipaient toujours la moindre descente de police, prévenant telle famille d'aller faire un petit séjour à la campagne. Gérard Weil me parle des risques que prenait un autre personnage, M. Defrançais, commissaire adjoint de police au commissariat de la rue du Rendez-Vous, qui décourageait ses hommes de toute initiative à l'encontre des Juifs.

Malgré cela, depuis la menace que les nazis ont faite à Georges avant son exécution de m'envoyer en Allemagne pour faire de moi un parfait petit nazi, ma grand-mère a demandé et obtenu du directeur de mon école que l'on me cache dans les combles à la moindre irruption d'un policier dans l'établissement ; le gardien sert de vigile. Situation dangereuse et intenable à long terme ; bien vite, je partirai en planque pour des périodes plus ou moins longues chez des militants dans la campagne française et belge. Fort heureusement, avant ces vacances forcées, j'ai eu loisir d'apprendre mes tables de multiplication, quelques accords de verbes, de plonger dans de grandes pages d'histoire, et de mettre en couleurs la carte illustrée de nos colonies d'Afrique.

Gérard est bien ma mémoire vive ; si je n'ai aucun souvenir des réactions de mes copains concernant la mort de mes parents, lui n'a rien oublié d'une discussion que nous avons eue, perchés dans notre refuge de prédilection, les branches hautes d'un arbre au fond du jardin de nos immeubles, hors d'atteinte, presque hors du temps.

« Mon grand-père savait que mon père avait été fusillé au mont Valérien ; il l'avait entendu à la BBC... Mon père a demandé trois choses avant de mourir : voir sa femme, pendant vingt minutes, manger un steak-frites, et fumer une cigarette...

– Moi, à sa place, me répond Gérard, j'aurais tout fait pour garder la vie, j'aurais dit que j'étais d'accord avec eux, les nazis, la vie, tu te rends compte !

– Non, Georges, lui, ne pouvait pas faire cela », avais-je répondu.

Nous avions 10 ans. Je me rends compte que j'avais déjà une claire conscience de la dimension de cet homme exceptionnel qu'était Georges Politzer.

Versant souriant : Gérard se rappelle très bien Maï et Georges, à mes côtés ; je suis ému et ravi quand il m'offre ainsi une preuve de la présence attentive de mes parents ; il s'en souvient, le bougre : moi pas !

Nous jouions dans la cour avec mon vélo, le rouge, pas le violet-rouge, précise Gérard – mémoire d'enfer –, quand mes parents s'approchent, ils viennent me chercher pour aller à la piscine ; je confie mon précieux vélo à Gérard qui n'en revient pas, se gonfle de fierté... et je file avec eux.

Je tiens là un témoignage vécu qui me permet de construire une scène de mon enfance heureuse, une bouleversante image animée. Au-delà de tous les supports photographiques que j'interroge vainement, ce moment évoqué par mon copain déclenche en moi une projection de séquences, non pas de souvenirs, mais de création de souvenirs, de détails, peut-être la pâleur de la peau de rouquin de Georges, Maï cachant une mèche de cheveux blonds sous son bonnet de bain en caoutchouc, Maï me tenant les mains dans le grand bain de la piscine des Tourelles, le soleil qui éblouit…

Je viens là de vivre au plus près ce que dut être la réalité de cette superbe journée passée avec mes parents.

Depuis quelques mois dans l'atelier, les peintures ont bougé. Je regarde les toutes premières qui ont inauguré cette nouvelle série : sur des fonds blancs, scarifiés, à peine teintés d'ocre, des formes douces, ourlées d'un rose pâle, éclosent ; des présences ont le mouvement lent d'un déferlement de vagues, elles déconstruisent avec obstination une architecture sous-jacente, obsolète, évanescente. J'installe les panneaux, côte à côte, autour de l'atelier.

Pour la première fois je parcours le chemin, je me regarde dans ces fragments assemblés, je mesure le temps, la ruse, la force des éclosions et je vois qu'est apparu, dans chaque espace pictural, subreptice, une sorte de personnage, fluide, que j'ai accepté, d'emblée, comme un visiteur inconnu. Bienvenu.

Mais ce personnage refuse de s'accomplir, d'éclore sur la toile en tant que représentation humaine. Cette forme échappe à la réalité. Elle m'intrigue. En fait, elle ressemble de plus en plus à une poupée.

À cette figurine se superpose tout de suite le souvenir d'une poupée de chiffon, bien réelle celle-là, précieux cadeau de Maï. Difficile de trouver les mots. Il s'agit d'une poupée dont j'ai du mal à cerner les contours, le volume, la taille. Oh, elle n'était pas bien grande ! Mais quelle destinée…

Et voilà qu'elle est réapparue au cœur de ma peinture ; elle est là, la poupée, rien d'autre qu'un fantôme.

Je joue avec cette forme pendant plusieurs mois. Je l'invite, je l'anéantis dans le nombre, je la dissimule dans des multiples, je lui offre des postures dans de nouveaux espaces, clos, enfin presque clos, couffin, berceau, arène, théâtre, agora, clairière, cavernes surtout ! Ces poupées fantômes n'y trouvent pas leur place, elles tentent de s'en échapper, mais le peuvent-elles, veulent-elles vraiment s'arracher à ces architectures intimes quasi consubstantielles ? Elles investissent maintenant, inéluctablement, l'espace, s'organisent en groupes, les forts, les faibles ; des discours s'ébauchent. Tentation du phylactère… non, retour à l'espace peint, seul.

Dans le même temps que j'accomplis ce voyage dans la mémoire perdue de mon enfance, je décrypte aujourd'hui mes tableaux comme je ne l'ai jamais fait auparavant, sans doute pour des raisons identiques à celles qui m'ont tenu à distance de mes parents. Je laisse advenir, je contemple et j'accepte des formes qui parlent peut-être de la mort, du supplice et de bien d'autres choses, peut-être bien de la poupée de Maï, la « poupée de Staline » ; j'ai encore du mal à en parler.

J'essaye une autre stratégie de réminiscence : je rassemble les quelques objets ayant appartenu à mes parents : je les contemple, les effleure, les soupèse.

Ils sont froids. Je lis bien quelques messages du passé, taches, usure, griffures, cassures recollées, parfois de rares signes d'appartenance qui lient l'objet à un lointain propriétaire : initiales, dessin ; ces traces, qui les distinguent, je peux les activer, mais il m'est bien difficile de les faire parler sans m'envoler dans un imaginaire délirant.

Leurs livres, les rares qu'il me reste, c'est autre chose. Je les ai visités, parfois, mais pas assez attentivement sans doute, puisque j'y découvre encore, je crois y découvrir, des traces de mes parents. Par exemple, des mots, des phrases, des paragraphes entiers soulignés au crayon rouge bien gras par Georges, dans les *Nouvelles conférences sur la psychanalyse* de Freud, parues en 1936. « Surmoi », « Pédagogie », « tout inachevée qu'elle puisse encore être, la psychanalyse forme un tout dont il est impossible de soustraire quelque élément ». Ou des annotations de Maï, au crayon d'une extrême finesse, à la limite de la lisibilité, en marge de son exemplaire des *Pensées* de Pascal : « Aux yeux de Pascal la connaissance de soi-même est le point de départ de la connaissance de Dieu. Refuserait-on de l'admettre, on n'en devrait pas moins chercher à se connaître pour apprendre à se conduire conformément aux préceptes socratiques. »

Le dialogue s'engage enfin.

À vrai dire, je ne les découvre pas aujourd'hui ces soulignages et ces textes manuscrits, ils étaient simplement absents de ma conscience. Jusqu'à cet instant, aujourd'hui, où j'ouvre à nouveau le livre et contemple, avec le plus pur émerveillement de l'archéologue, ces traces que je dévore.

Durant des années, ces ouvrages s'étaient glissés épars sur les rayons de ma bibliothèque, parmi les centaines d'autres ; ils s'étaient parés de la tunique des ans, reliure usée, dos voûté, titre effacé ; discrets, ils avaient perdu leur pouvoir d'appel ; souvent caressés du regard, il n'émettaient plus aucun signal.

Un livre de mon père, lui, ne m'a jamais quitté. Il n'y a pas la moindre trace manuscrite, la plus petite note marginale, sur cet exemplaire numéro 809 de la collection « Poivre et Sel » des éditions Kra. Il s'agit de *L'Ingénu*, suivi du *Taureau blanc*, deux contes de Voltaire, volume illustré en couleurs, acheté par mes parents dans les années 30. Ce livre me révéla les secrets coquins de M. de Saint-Pouange et de la belle Saint-Yves ainsi que les délicieux dessins de J. Pruvost.

Les éditions Kra/Le Sagittaire créées par Simon Kra ont eu André Malraux comme premier directeur littéraire et, en 1923, Philippe Soupault le remplace, et publie en 1924 le *Manifeste du surréalisme*. Je conserve mon *Ingénu* avec une tendresse rare ; je découvre aujourd'hui qu'il recèle une bonne charge d'histoire de la littérature et des arts.

Dans la bibliothèque de mon père, je me souviens d'une rangée de livres, dos jaunes, *Les Rougon-Macquart*, ils seront parmi mes premières lectures sérieuses. Je les ai dévorés.

Les fantômes sont peu nombreux, j'en ai vite fait l'inventaire, mais ils sont là, matérialisés.

Comment aller plus loin ?

Je ne suis pas historien mais il est évident que je ne peux faire l'impasse sur les documents officiels, les matériaux de l'Histoire, les archives. Elles sont nombreuses, qui portent la trace des activités de Maï et Georges, mais par où commencer ?

Je décide de me plonger d'abord dans les archives administratives, les archives de la police française, celles qui concernent l'arrestation de mes parents.

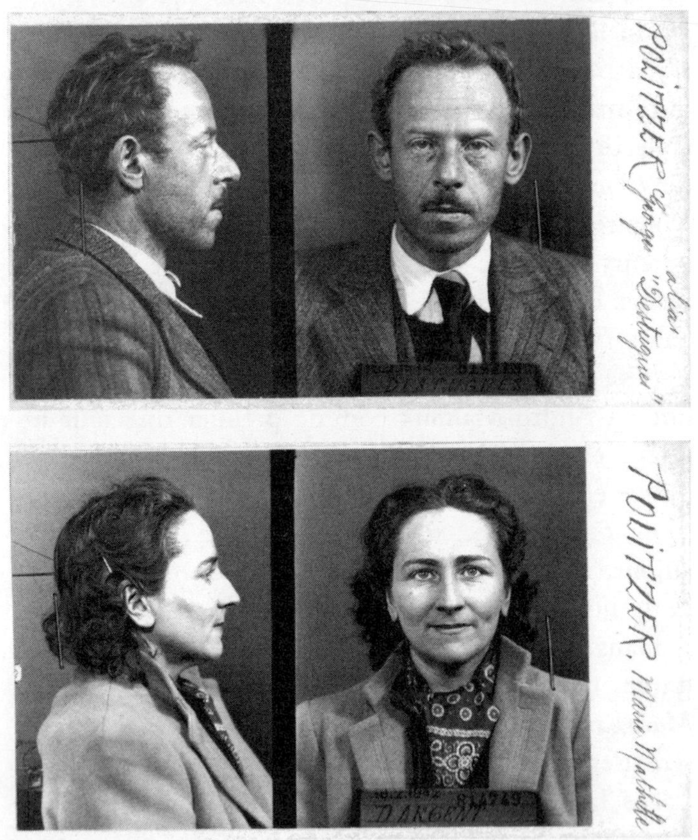

5.

La souricière

Au guichet de la Préfecture de police, je montre patte blanche, en l'occurrence la lettre m'accordant une visite ; on me conduit dans un grand bureau occupé dans toute sa longueur par une table en bois clair.

Local surchauffé, j'attends, le ventre noué.

Le fonctionnaire m'apporte, sans un mot, deux boîtes en carton. C'est tout ce qui reste, comme traces officielles, de mes parents, arrêtés avec plusieurs de leurs amis par la police française aux ordres des nazis, le 15 février 1942 à Paris ; tout est là devant moi.

Je découvre des fiches jaunes, des écritures appliquées, des faits notés scrupuleusement par des fonctionnaires de police zélés, membres des sections spéciales des Renseignements généraux.

« C'étaient des gars qui faisaient parfaitement leur boulot, en professionnels, très bien formés », me dira tout à l'heure le commissaire de police. « Objectivement, bien sûr », conclura-t-il, admiratif. Maudit esprit de corps !

Je lis leurs commentaires dans les marges : « L'individu Politzer peut être violent. » Je consulte le rapport de synthèse des Renseignements généraux parisiens sur « l'affaire Pican, Cadras, Dallidet et autres », établi en mars 1942 :

> Politzer représente le type parfait de l'intellectuel d'extrême gauche. Doué d'un pouvoir de travail considérable, il a toujours joué un rôle extrêmement important comme doctrinaire du Parti communiste. [...] Il est l'auteur principal de toute la littérature communiste éditée et diffusée clandestinement et doit être considéré comme l'un des théoriciens actuels du Parti. En outre, Politzer était le responsable de la propagande faite dans les milieux intellectuels à l'aide de journaux clandestins, tels que *L'Université libre*, *Le Médecin français*, *L'Écrivain français*, etc. [...] L'habileté consommée, la science et les qualités intellectuelles de Politzer, sa foi révolutionnaire en font l'agent de propagande le plus efficace du Parti communiste actuel.

J'apprends le nom de guerre de mes parents, « les époux Destugues », je suis pas à pas l'enchaînement des filatures, l'adresse exacte de leur dernière planque, le déroulement mouvementé de leur arrestation, l'échappée belle de Pican. Mais surtout, au cœur du dossier, je découvre des photos de Maï et de Georges, prises ce même jour par les services de police, ainsi que leurs fiches anthropométriques.

Nous sommes le 19 janvier 2001. En cette fin de matinée, je sors du bâtiment de la Préfecture de police de Paris, je descends les escaliers gelés qui dégringolent sur la petite place en contrebas de la rue de la Montagne-Sainte-Geneviève, à quelques mètres de la place Maubert. J'ai encore les genoux qui tremblent. Je repense à ces photos : Maï, détendue, sourire esquissé, le regard lointain, au-delà de l'instant, Georges… masque de détermination insoutenable, d'une dureté rare. J'ai du mal à m'arracher à son regard. Je pense à cette autre photo où il est seul, très sombre, malheureux, sur la plage à Biarritz, et au dos de laquelle il a écrit pour Maï et dans une langue connue d'eux seuls :

Pépette-Chardon/vilaine Moumoute.
Non, mais :
– je suis grand ; je ne sais que faire de mes mains
Trouve-moi joli quand même… et prends-moi vite dans tes bras ; je suis tout seul sur le sable.

L'orage dans le couple, quelques années auparavant, balayé par la violence de l'Histoire devient dérisoire aujourd'hui.

J'aimerais en parler tout de suite à quelqu'un, mais je suis seul à Paris, sur ce trottoir que je connais bien. Je regarde l'immeuble des années 30 qui sépare la place Maubert de la rue Basse-des-Carmes, plongeant au-dessus des bâtiments de la Préfecture de police. Dans les derniers mois de la guerre et ceux qui ont suivi la Libération, encore marqués par des restrictions alimentaires notables, au huitième étage de cet immeuble cossu, je passais des dimanches privilégiés avec ma grand-mère, chez Mlle Marthe, ma subrogée tutrice. Elle me préparait des repas savoureux avec des produits de la ferme, venus en droite ligne de sa Creuse natale.

Creuse, nom profond, ventre plein.

Sans hésiter je franchis la grille du jardinet, je sonne chez la concierge de l'immeuble ; j'ai peu d'espoir, à près de soixante ans de distance, de trouver la trace de Mlle Marthe. En effet, elle est inconnue, ou partie depuis longtemps. Évasive, la concierge.

Je repars avec mon trésor.

Plus tard, le lendemain peut-être, je longe une rue que je connais bien, elle aussi, pour y avoir porté mes projets graphiques aux éditions Denoël, pendant des années.

Je tourne l'angle et je percute, presque au sens propre, la plaque de rue qui me fait face maintenant : « rue de Grenelle ».

Je réalise tout à coup que je suis dans la rue où mes parents et leurs amis ont été arrêtés.

J'ai tourné cet angle et longé ces immeubles des centaines de fois sans savoir que je passais devant celui où les policiers français avaient installé leur souricière : le 170 bis rue de Grenelle ; ce fut la dernière planque de mes parents ; en cet hiver 1942, il y avait déjà presque deux ans qu'ils avaient quitté la rue Jules-Lemaître.

Numéro 170 bis : j'enregistre la topographie des lieux, la porte et sa grille peinte ; un digicode m'en interdit l'accès. J'attends plusieurs minutes l'arrivée d'un locataire pour essayer d'entrer ; en vain.

Sur le trottoir d'en face, au fond d'un jardin ouvert largement sur la rue, un cloître, une église. Que restait-il à Maï de sa foi en Dieu dans ces moments tragiques ?

Je prends le chemin de la gare Montparnasse – j'ai un train à prendre qui doit me conduire chez moi, en Bretagne – me remémorant cette porte cochère, essayant de me souvenir de l'étage où était l'appartement de mes parents.

C'est dans ce train que j'entrevois, pour la première fois, l'arrestation de Georges, Maï et de leurs compagnons. J'écris d'une traite :

Maï marche à grand pas vers « Victoire III », la planque qu'elle occupe avec Georges depuis octobre 41. C'est elle qui a baptisé leurs planques successives : « Victoire I », « Victoire II »…

Elle quitte l'esplanade des Invalides, prend la rue de Grenelle, s'assure que personne ne la suit, un réflexe, mais, pas plus que ses compagnons du réseau qu'elle va rejoindre, elle n'est préoccupée par cela. Le froid est intense en ce début de soirée de février 1942 ; couvre-feu, peu de gens dans la rue.

Maï longe le jardin du cloître. Elle croise un enfant frisé qui court en faisant résonner sous sa baguette les barreaux de la grille du parc, il varie la musique en changeant d'allure. « Que fait ce gosse dehors, à cette heure, par ce temps de chien ? » Elle sourit, triste. Elle enfonce ses poings dans les poches de sa veste de cuir, ne s'arrête pas, traverse brusquement la rue et s'engouffre dans le couloir de l'immeuble, passe devant la loge de la concierge éclairée par une ampoule pâle.

« Où trouve-t-elle de la cire pour faire les marches de l'escalier ? Et elle a fait aussi les cuivres ! Je suis en retard, Georges doit être déjà là. Danielle aussi. Elle doit apporter du charbon, on gèle dans Victoire III. »

Elle glisse la clé dans la serrure, la porte s'ouvre à toute volée, elle est happée par des mains puissantes, dures, qui serrent ses poignets. Un bref instant, une bouffée de violence la saisit, la traverse tout entière, elle se raidit, la pression des mains augmente, c'est à hurler, sa rage reflue. Georges est devant elle, le visage tuméfié, menotté, ses poignets saignent. Il est encadré par deux inconnus armés. Elle en discerne d'autres dans l'appartement, des flics, des Français. Elle sourit à Georges, elle est à présent d'un calme hors d'atteinte. Georges s'accroche à son regard bleu. Un policier la fouille, trouve une liasse de 16 000 francs, un carnet et une photo de Jacques Decour, jette le tout sur la table…

« D'où sort cet argent ? » Maï reste muette.

Un jeune fonctionnaire de police, en costume sombre, répertorie scrupuleusement le contenu des tiroirs, vide les meubles, les valises et classe leur contenu sur la table en piles distinctes : sous un tas de pommes de terre dans la cuisine, un autre dégage une importante pile de documents : tracts Politzer, tracts Cadras, lettres Pican ; il énonce : une machine à écrire, une machine de sténotypie Grandjean… Soudain, il suspend ses gestes ; il écoute. Près de la porte, le flic plaqué contre le panneau de bois lève le bras, fait un pas de côté, les armes sont pointées à bout touchant sur les prisonniers. Maï cherche Georges des yeux, il projette son menton mal rasé, il va hurler, elle capte à nouveau son regard, articule muette des paroles d'apaisement : non, non. Mais c'est la lueur d'angoisse qu'il saisit au fond de ses yeux qui suspend sa rage, qui tétanise la violence qui monte en lui. Il cesse toute résistance.

La porte est ouverte brutalement. Pican, plaqué au sol, est assommé par de jeunes gaillards bien entraînés.

Le groupe Pican-Politzer vient de tomber.

Durant un mois, ils sont emprisonnés au dépôt central du Palais de justice, la Conciergerie, quai de l'Horloge. Leur transfert à la prison de la Santé arrive le 20 mars. Un autocar de la police les attend dans la cour.

Dans le puits que dessine cette sombre cour du dépôt de la Conciergerie aux fenêtres grillagées, il fait un froid médiéval. Les prisonniers commencent à monter, tour à tour, dans le car. Cadras [1] le premier, suivi de Dallidet [2]. Tout à coup, d'une violente bourrade, Pican bouscule l'agent de garde stupéfait, file à ras de terre vers la sortie. Politzer et le groupe des femmes qui le suivent sont stoppés net, maintenus à l'écart.

Pican disparaît sur le quai poursuivi par les policiers, tourne à droite au pied de l'Horloge et se trouve nez à nez avec une patrouille de soldats de la Wehrmacht qui descend de la place Saint-Michel. Il fait alors demi-tour, quelques pas, enjambe le parapet et plonge dans la Seine. Cent mètres plus loin, au fil du courant, gêné par son lourd manteau, presque mort de froid, il aborde le quai où l'attend un car de police. Il rejoint ses camarades et quand l'autocar s'ébranle, ils entonnent tous la *Marseillaise*.

---

1. Félix Cadras (1906-1942) : membre du PCF (et de sa direction clandestine à partir de début 1941), résistant, il est arrêté en février 1942 et fusillé au Mont-Valérien le 30 mai 1942.

2. Arthur Dallidet (1906-1942) : membre du PCF dont il assure la réorganisation clandestine à partir de septembre 1940, résistant, il est arrêté en février 1942 et fusillé au Mont-Valérien le 28 mai 1942.

Le courage de Pican forcera l'admiration du directeur du dépôt. Les policiers subiront, eux, des sanctions disciplinaires.

J'ai refait le trajet de cette course éperdue de Pican, j'ai tenté d'entrer dans la cour étroite du dépôt, je n'ai pas réussi à amadouer les jeunes policiers de planton dans leur guérite – interdit de photographier, même de loin, les murs sombres, les minuscules fenêtres aux grilles rouillées, pans d'histoire confisqués, inaccessibles ; circulez !

Les hommes qui viennent d'arrêter Georges, Maï et leurs amis sont les sbires de Pierre Pucheu ; ancien Croix-de-Feu, ancien du Parti populaire français (PPF) de Doriot, il est nommé secrétaire d'État à l'Intérieur par le gouvernement de Vichy puis, le 11 août 1941, ministre de l'Intérieur. En octobre de la même année, il crée un « Service de police anticommuniste » (SPAC), un « Service des sociétés secrètes », une « Police aux questions juives » (législation antijuive du *J.O.* du 18 octobre 1940).

Ces « brigades spéciales » des Renseignements généraux, passées sous la direction effective de Baillet, ami de Pierre Laval, secondé par Fernand David, ont été dévolues à la traque des communistes. Les « BS » sont composées d'hommes jeunes, décidés, formés de main de fer, qui deviennent vite d'excellents professionnels. Entraînés à enregistrer chaque visage, notant chaque rencontre, chaque déplacement, doués pour les filatures, utilisant les déguisements les plus banals, pâtissiers en livraison, maçons ou couvreurs au travail, employés de banque en lustrine, ils se fondent dans la ville, s'immergent dans le petit peuple de Paris.

Depuis le 5 janvier 1942, onze inspecteurs de la BS1 [1] traquent André Pican [2]. Ils découvrent à chaque nouvelle rencontre, brève dans un café, furtive sur un trottoir, un nouveau membre du réseau, qui fait lui-même immédiatement l'objet d'une filature. « Femme café Brunet », « femme Balard », « Moustache », « Pont des Arts », « Femme Pyrénées » (Madeleine Laffitte), « Femme Vincennes » (Marie-Claude Vaillant-Couturier). De filature en filature, ils remontent au domicile des Politzer, 170 bis rue de Grenelle. Ils savent que Pican viendra y rejoindre ses « contacts ».

Les rapports tombent les uns après les autres sur le bureau de Fernand David. Quand tous les recoupements sont réunis, la police française met en place les plus grands moyens possibles pour assurer un gigantesque coup de filet.

C'est cette équipe de Pierre Pucheu qui va refermer la nasse sur ce réseau de résistants. L'opération est lancée le 15 février 1942.

Dans cette souricière tomberont durant plusieurs jours un grand nombre de membres de la résistance communiste : Danielle Casanova, Maï et Georges

1. BS1 : une des deux « brigades spéciales » des Renseignements généraux, mises en place en août 1941 dans le cadre de l'action anticommuniste. Dirigée par Fernand David, la BS1 vise en particulier les opposants politiques, tandis que la BS2 lutte contre les résistants de la main-d'œuvre immigrée (MOI).

2. André Pican (1901-1942) : membre du PCF, il est arrêté une première fois en avril 1940 pour son activité de responsable du parti en Seine-Inférieure. Libéré, il est chargé de l'organisation de la résistance en Seine-Inférieure. À nouveau arrêté en février 1942, le même jour que son épouse Germaine Pican, il est fusillé en mai 1942.

Politzer, Félix Cadras, André Pican, Hélène Langevin et Jacques Solomon, Marie-Claude Vaillant-Couturier, Georges Dudach, Arthur Dallidet… Jacques Decour, lui, ignorant les arrestations de ses amis, se rend le 17 au domicile de Maï et Georges pour les prévenir que l'étau se resserre autour d'eux. Sur le palier du troisième étage de la rue de Grenelle, il tombe entre les mains des policiers qui attendent chaque visiteur du couple Politzer. Où va-t-il ? Il prétend rendre visite à Mme Destugues – fausse identité de Maï –, on le fouille et, dans ses poches, on trouve une carte de textile numéro 128 804, ainsi qu'une sommation sans frais, toutes deux établies au nom de Politzer. Daniel Decourdemanche (Jacques Decour) est présenté comme « l'amant de la femme Politzer (Destugues) » ; il est conduit au dépôt.

Les RG, la police jubilent, c'est la plus importante opération réussie contre le Parti communiste : « Les personnalités arrêtées ne semblent pas pouvoir être remplacées aisément… Leur rôle impliquait un idéal révolutionnaire, une maturité d'esprit et un sens des responsabilités tels qu'on peut dire que le Parti n'a pas les moyens de se permettre impunément de semblables pertes », signalent les fiches de police.

Ma grand-mère m'a souvent dit avec indignation : « Tu te rends compte, mon chéri, Georges donnait des leçons de philo gratuites à la fille de la concierge et elle n'a fait aucun geste pour essayer de les prévenir ! Il y avait pourtant une issue de secours », ponctuait-elle, le regard noir.

À côté du 170 bis, à l'angle de la rue Amélie, un marchand de jouets dresse sa vitrine. La boutique est ancienne. J'imagine que Maï ne pouvait s'empêcher de caresser du regard, chaque fois qu'elle passait ici, les jouets qu'elle rêvait de m'offrir. J'entre dans la boutique, j'attends patiemment qu'une cliente paie et sorte. Je regarde le marchand derrière son comptoir envahi de babioles. L'homme aux cheveux blancs est très vieux.

« Bonjour monsieur, est-ce indiscret de vous demander si vous tenez ce commerce depuis longtemps, et si par hasard vous étiez ici durant l'Occupation ? » Le visage se ferme, la bouche se durcit, le bonhomme me lâche sèchement : « Est-ce que cela vous regarde, qu'est-ce que cela peut bien vous faire ? Oui j'étais là, et alors !

– Je sais qu'à deux pas de votre boutique, il y a eu une arrestation de résistants et je… » Il me coupe la parole et tout en me poussant pratiquement dehors, aboie : « Je ne sais rien ! je ne sais rien ! je n'ai rien à vous dire ! » J'ai la sensation qu'il aurait, au contraire, beaucoup de choses à me raconter. Des fantômes lointains ont flotté un instant entre nous ; mais depuis ce jour, quand je repense à cette scène d'arrestation, c'est par les yeux de cet homme que je vois mon père, image d'une précision diabolique, entre le mur des gendarmes, capes noires et képis, Georges, Maï me regardent, regardent cet homme ; muets, ils lancent des messages qui n'arriveront jamais.

6.

Examen de fragments épars

Je possède beaucoup d'images de mes parents qui couvrent tous les âges de leur vie, de mon enfance ; le noir et blanc des photos de famille de ces lointaines époques me les rend finalement très proches : aucune couleur parasite ; rien ne vient perturber l'essentiel : les visages.

Je dois donc plonger sans retenue dans les regards hypnotiques de ces visages de papier, images sans lesquelles je suis incapable de faire advenir dans ma mémoire, blanche, la douceur, le sourire, le chagrin, toutes les émotions de Maï et de Georges.

Ça devrait raconter beaucoup de choses une photo, hélas cette surface brillante, dentelée, n'est pas un vrai lieu de mémoire. C'est seulement une possible voie d'accès au passé, un élément graphique que je dois interroger pour construire des événements, cerner des personnages, oser la gageure de les faire sortir de l'immobilité du plan fixe. Une matière à travailler, à faire parler.

Je n'ai pas le souvenir de ma mère ou de mon père se penchant vers moi ; seuls ces bouts de papier m'offrent des scènes, parfois énigmatiques, dans des lieux souvent inconnus, des gestes arrêtés en plein vol, des sourires sans fin. Parmi ces photos, des images de bonheur, peu nombreuses, où Georges, d'habitude très sérieux, sévère, rigide devant l'objectif, joue avec moi sur la plage, à Biarritz ; j'enrage à chaque fois devant mon impuissance à retrouver la mémoire de ces instants délicieux. Je reste là sur le seuil, devant le miroir glacé, à scruter un reflet, une ombre, à guetter une entrée, un passage ; comment franchir le pas ?

Ces scènes sont-elles définitivement destinées à rester muettes ? Dans l'air chaud de l'été, pas de rire qui éclate ? Sur l'eau, pas de bruit de vague qui se brise ? Aucun écho.

Autre image de mon père qui me couve du regard, me protège d'un geste tendre ; je vois mon regard malicieux, j'imagine nos cheveux roux, lui bien peigné, il va partir travailler, moi ébouriffé, je vais

m'élancer sur mon tricycle ; de ce moment calme, une seule photo prise ; que n'ai-je la séquence toute entière !

J'essayerai à nouveau, je referai le rituel, jusqu'au bout.

J'ai sous les yeux une dizaine de photos de Maï, réduite à d'étranges fragments déchirés, découpés. Par qui ? Pourquoi ces arrachements rageurs d'une précision maniaque ?

Parfois sur un cliché, pris le même jour, au même endroit, une épaule, une main d'intrus apparaissent ; serait-ce l'intrus lui-même, cet homme à moustache sur ce cliché qui a échappé au censeur ? Je tente de découvrir les zones volées à l'histoire de mes parents, en vain. Des ruptures politiques, sentimentales, sont-elles la cause de cette violence ? J'ai quelques pistes.

Heureusement les photos de ma mère abondent ; je les dois à Robert, son jeune frère, qui les réalisa durant toute sa jeunesse.

Je parcours avec Maï les premières décennies d'un siècle où des femmes aux yeux bleus osaient rivaliser d'audace avec la gent masculine, du Tibet aux confins de l'Afrique.

Je découvre aussi Louise Brooks sous les traits de Maï. Et Colette, sous une capeline.

J'observe la mode, qu'elle adopte avec ravissement : bandeau, béret, chapeau cloche, casquette, robe fourreau taille basse, j'admire cette jeune femme, ma mère, qui conduit une voiture, joue au tennis avec le roi du Maroc, escalade les pics des Alpes, prend des notes en sténo, accouche ses patientes dans sa clinique parisienne, s'engage en politique et défile sous les banderoles de l'Union des jeunes filles de France aux côtés de Danielle Casanova et de leurs amies.

La tendresse et l'amour qu'elle me porte illuminent toutes nos photos.

Photographie, encore : celle des héros.

Naissance de l'imagerie officielle.

Premier Noël de l'après-guerre. Mon oncle André, frère aîné de ma mère, travaille comme chef monteur électricien à bord des avions Dassault. Le personnel et la direction des usines ont décidé d'offrir un cadeau au fils des résistants communistes Maï et Georges Politzer.

Marcel Bloch Dassault est arrêté en 1940 ; il est juif et refuse la collaboration économique. À la Libération, le grand avionneur revient du camp de Buchenwald où, interné durant huit mois, il a dû sa survie à un cadre du Parti communiste, Marcel Paul.

Personne chez moi ne me raconte son histoire, ni en cette occasion ni plus tard…

Un cadeau va m'être offert par une usine d'avions ! Durant plusieurs jours j'échafaude des rêves.

Le grand jour arrive, je traverse la salle pleine d'ouvriers, de cadres, de gens inconnus, je me dirige vers la petite estrade où le capitaine d'industrie, Marcel Dassault lui-même, visage maigre, nez fin, lunettes d'écaille, me remet solennellement un double portrait de mes parents aux contours artistiquement flous, encadré, grand format.

J'espérais un vélo et j'eus une icône ; ce jour-là, le jeu a cédé la place à la mémoire.

Ma grand-mère installa cette image sur le mur du salon au-dessus de l'énorme poste de radio ; cet objet jouait le rôle de la cheminée, du foyer qui aux siècles précédents rassemblait la famille autour d'un conteur ; les ondes nous apportaient des informations, des jeux et surtout des pièces de théâtre et des romans radiophoniques. Durant ces soirées culturelles, ma grand-mère tricotait, tandis que je remplissais des feuilles de papier de personnages patibulaires, de caricatures, de paysages fantastiques, de baobabs ; cet arbre me fascinait.

La radio déroulait le fil de ses intrigues policières, craquements de porte, marches vermoulues, raclement de gorge et souffle court de l'assassin, mais il m'arrivait bien souvent de perdre le fil, absorbé par mes dessins. À cette époque, le grand jeu consistait à inventer des rébus historiques ; je noircissais alors des pages entières, mettant en forme des idées délirantes, rayant, effaçant, ciselant les définitions avec application, sous le regard de mes parents qui dans leur cadre semblaient veiller sur nous ; ces rébus à peine dignes de l'almanach Vermot étaient réservés à mon ami Antoine, qui de son côté, à la même heure, en inventait de pires. J'avais dessiné une nappe ornée d'un néon. Et il fallait déchiffrer « Naponéon ». L'empereur corse en avalait son chapeau ! Plus les rébus comportaient d'à-peu-près, plus nous éclations de rire ; le jeu reprenait son pouvoir bienfaisant de diversion.

À nouveau immergé dans les albums photos, je tente de reconstituer le film, j'essaye de découvrir les minutes qui ont précédé et celles qui ont suivi l'instantané de tous ces clichés, posés ou volés, j'essaye de percevoir les orages, les calmes et les tempêtes ; j'arrive parfois à construire le hors-champ.

Deux photos m'intriguent, sur lesquelles Maï me tient sur ses genoux ; je suis incapable de deviner l'origine de la tristesse de ma mère ; ces deux images ont été prises à plusieurs mois de distance ; nous semblons tous les deux partager la même angoisse. Je n'en saurai jamais plus.

Ces matériaux, muets, sont nombreux, mais bien peu sont datés. Je ne peux tenir compte pour établir une chronologie que de détails physiques, minceur, léger embonpoint, style des vêtements.

Outre ces photos, les documents dont je dispose sur leur vie militante sont trop insuffisants pour me permettre de reconstituer ces trajectoires hors du commun.

Je ne possède aucune archive personnelle, brouillon, carnet – excepté une lettre de Georges à Maï et quelques notes manuscrites de Georges sur des articles économiques du *Times* –, aucun texte politique.

Le travail d'écriture, une fois encore repoussé.

Je retourne à l'atelier, je peins. Je reprends le travail interrompu, sur des panneaux en bois préparés, dont le thème s'est installé tout seul sans prévenir.

En fait, depuis le début des années 1980, des épaulements gris fantomatiques poussaient parfois dans mes toiles, faisant irruption, bousculant les formes abstraites avec lesquelles j'aimais jouer ; pas toujours très gaies les formes, ni les couleurs.

En petit, sur la surface lisse, poncée, du bois, elles me paraissent à présent être chargées d'un poids plus fort, qui me convient bien, qui m'ancre dans le monde, me rattache à lui en l'interpellant, en construisant des séquences de temps, fragments ordonnés d'une curieuse mémoire enfuie que je découvre sous la griffure de la craie bistre ; une forme ouverte, demi-ellipse, sert de lien ou dénoue, trou blanc troublant, il s'impose dans chaque composition, geste signature, face cachée, boîte à secrets ; dans le tableau, je me reconnais ; peindre le monde c'est parler de soi. Et vice versa.

Sur ces épaulements, des ombres de crânes, des traces de nuques s'enhardissent, apparaissent pour ce qu'elles sont réellement, je les dote d'un corps, d'esquisses de corps, noirs, troncs sans membre, silhouettes, présences à peine acceptées, mais présences tout de même ; ce ne sont plus les poupées de mes premières ébauches, mes fantômes, mais des corps singuliers. Et toujours cet anneau ouvert ; j'essaye de m'en défaire, mais il s'obstine, il s'impose, il structure fortement la peinture, il en est la matrice.

Sur ces tableaux, la peinture parle à voix basse. Même pas. Silence.

C'est en peignant deux grandes toiles de plus de deux mètres de haut que j'accepte enfin de constater, d'énoncer surtout ce qui explose là sous mes yeux, à l'évidence, et qui sous-tend tout mon travail aujourd'hui : l'apparition, la présence, même fantomatique, surtout fantomatique, des êtres dont je ne peux m'abstraire, que je mets ici en scène, sans volonté de raconter une histoire, celle-ci découle toute seule des gestes, des formes, des traces, des repentirs, des espaces, des vides, des relations des signes entre eux ; même la couleur se fait discrète, le noir et blanc s'impose.

Georges, Maï, le récit est enfoui dans l'écritoire.

Mais dans la fenêtre du tableau une aventure est engagée, un voyage s'accomplit qui précède l'histoire en attente des mots pour la dire, histoire d'une quête impossible.

Mais je ne peux pas fuir sans cesse ce travail d'écriture.

7.

L'HOMME CONCRET

Je reprends alors le dossier majeur, qui va rendre possible ce voyage dans le passé.

C'est un document exceptionnel que je consulte une fois encore ; je le dois à Denis Peschanski, historien du temps présent, que j'avais rencontré lors de mes premières démarches en vue de mettre en forme la vie de mes parents ; à la fin de notre entretien, il avait prononcé quelques mots qui scellèrent, me semble-t-il, entre nous ce que je définis par une « amitié d'enfance tardive » :

« Savez-vous que ma mère fut emprisonnée avec Maï. Un jour, elle fut remontée dans leur cellule alors qu'elle venait de subir des tortures qui l'avaient conduite au bord de la mort ; c'est grâce à la douceur prodiguée sans relâche par votre maman, ses caresses et ses paroles d'apaisement, que la mienne survécut. »

Devant aller consulter à Moscou en 1996 les archives du RGASPI [1], Denis me propose de me rap-

1. Archives d'État russes d'histoire politique et sociale, ouvertes depuis 1992.

Парижс Восток

Autobiographie. 1361 ф Политцер

(1) Жорж

A. Origine et situation sociale

1° Politzer, Georges

284, rue de Noisy-le-Sec, Bagnolet. Pas de pseudonyme.
Je n'ai usé d'un pseudonyme qu'en 1928 pour publier
une brochure contre le philosophe Bergson, pendant mon service
militaire. Je n'étais pas alors membre du parti.–

2: Je suis né le 3 Mai 1903 à Oradea-Mare, anciennement
Hongrie, actuellement (depuis 1918) Roumanie.–

3° Je suis professeur de philosophie au Lycée d'Evreux. –4°
Je n'ai pas eu d'autres professions précédemment. Arrivé à
Paris en 1921, j'ai fait des études à la Faculté des Lettres jusqu'en
1925. Je fus alors nommé délégué au Lycée de Moulins ; puis
ayant passé l'agrégation de philosophie en 1926, je fus nommé
au lycée de Cherbourg. J'ai été, par la suite professeur à Vendôme
(1929-30) et enfin à Evreux, depuis l'année scolaire 1930-31.–

5. En tant que professeur agrégé de 5e classe mon traitement
annuel est de 30.000 francs, – moins la retenue de 6% pour
la "retraite".– Par suite de mon divorce avec ma première
femme, j'ai été condamné à verser une pension alimentaire
de 500 francs par mois, – et, avec les frais et arriérés, pendant
un an environ 800 francs. Je touche actuellement, avec
les indemnités de charges de famille, 2.100 francs par mois.
Mais cette mensualité est réduite à cause de nombreuses
charges que m'a laissé mon procès de divorce. J'ai, ainsi
une "dette" de 7.000 envers l'Enregistrement que
je n'ai pu encore payer entièrement. Je versais 200 francs

porter la copie d'un document exceptionnel : l'exercice imposé aux militants aspirant à devenir des cadres dans tous les partis communistes ; ils étaient invités à répondre à un questionnaire serré en soixante-quatorze points sur leur famille, leur parcours politique et professionnel ; chacun devait donc signaler et expliciter tous les événements qui jalonnent sa vie.

J'ai donc sous les yeux « l'autobiographie » de Georges Politzer, écrite de sa main. Elle porte le numéro 1361. Elle est subdivisée en chapitres :

A/ Origine et situation sociale.

B/ Situation de Parti.

C/ Instruction et développement intellectuel.

D/ Participation à la vie sociale.

E/ Répression subie ; casier judiciaire.

Georges a ajouté, de son propre chef, à cette liste, quelques « renseignements non prévus par le présent schéma ».

Le tout tient en seize pages signées et datées du 26 novembre 1933. Fait à Bagnolet, 284 rue de Noisy-le-Sec.

Ce texte, je l'avais lu, incrédule, dès sa réception. L'écriture claire de Georges me prenait dans ses déliés, mais quelque chose de puissant me tenait à distance de la mise à nu qu'il affichait dans ces pages. L'image que j'avais de mon père ne collait pas parfaitement à l'homme que je découvrais dans ce texte. Je ne cherchais pas à comprendre alors les raisons de ce récit, de ce flot de révélations étalées sans retenue ; cette marque d'une soumission à un questionnaire inquisiteur me perturbait. Pourquoi ce souci féroce de dire toute la vérité, excédant même les questions posées. Pourquoi cette volonté de se livrer tout entier au Parti ? Était-ce vraiment sa vie qu'il étalait avec cette complaisance ou en rajoutait-il pour donner à son adhésion une authenticité indiscutable ?

Abasourdi par ces confidences, je n'étais pas prêt à ce moment-là à découvrir le Georges Politzer de cette autobiographie, ce bloc de militant faisant acte de totale soumission au Parti, acceptant de répondre, sans retenue, à ce que je découvrais comme un interrogatoire de police politique.

Lors de cette première lecture, point d'analyse donc ; en revanche, les fêlures sentimentales que Georges étalait avec précision me percutaient de plein fouet, faisant vaciller l'image du couple de héros unis jusque dans la mort. Durant de longues minutes, je tournais en rond, agitant la liasse de feuillets incongrus, râlant, déversant un chapelet d'injures, secouant la tête pour empêcher à tout prix des images indésirables de se former.

Je replongeais bientôt dans le travail avec, au fond de moi, une petite musique aigrelette, semblable à celles des bombardes bretonnes qui tiennent la note, vrillent le tympan, et précèdent l'orage des binious. Qui éclate.

J'ai consulté, durant ces années passées, à une ou deux reprises ce texte sans pouvoir m'y plonger, enregistrant ici un détail, là un nom de ville, un prénom de femme, une formule assassine.

Remisée une fois encore dans un dossier perché sur une étagère, hors d'atteinte, la « bio » attendait mon bon plaisir, dans sa chemise, à côté des photos de famille, à côté de la boîte à souvenirs, de quelques livres précieux annotés par mes parents, de témoignages rares sur leur fin tragique et de quelques documents officiels.

Aujourd'hui, je fais face.

Me voici à nouveau plongé dans ce texte où Georges déroule sa vie ; je redécouvre avec le même étonnement son récit abondant, concis, heurté – c'est la loi du genre –, ses commentaires sans concession, ses révélations intimes ; cet homme inconnu me raconte des morceaux de sa vie, de sa famille, de la mienne.

Maintenant je l'écoute me parler, je note, je compare chaque événement que je découvre à d'autres informations, je colle des images sur des événements, le film se met en place.

« Je suis né le 3 mai 1903… je suis professeur de philosophie au lycée d'Évreux. »

Il poursuit son itinéraire, ses postes dans divers lycées de province, une mutation, son agrégation, le montant et l'évolution de son salaire, la retenue exercée au profit de sa première épouse Camille Nony et de ses deux enfants, Jean et Cécile, une dette envers le bureau d'enregistrement de son divorce, les poursuites engagées contre lui, une saisie-arrêt… Il décrit tout par le menu, ne fait grâce d'aucun détail…

L'intronisé mis à nu par ses juges, même.

Je découvre, interloqué, ce qu'il dévoile de sa famille hongroise : le portrait qu'il brosse en quelques mots d'un père avec lequel il marque radicalement ses distances, plus encore, dont il décrit les rapports sociaux détestables, comme l'élément déclencheur, l'origine de son basculement dans le camp des défenseurs des opprimés.

Georges poursuit : « Ayant changé de résidence, mon père, continuant sa carrière de médecin de canton, s'établit dans un petit centre industriel non loin de Budapest. Il devint médecin de plusieurs usines (sucrerie, cimenterie, minoterie), d'une grande exploitation agricole, de la Compagnie des chemins de fer et de la Caisse d'assurances sociales. Mes souvenirs me le montrent comme un agent zélé du patronat, autoritaire et brutal, mais par ailleurs inconscient, se mettant mal avec tout le monde, la direction des usines et les ouvriers. Vis-à-vis de ces derniers, il se comportait comme les médecins militaires dans les casernes : brimades avec les règlements, non-reconnaissance, brutalité, etc.

Ces souvenirs sont restés pour moi très vifs. Je pense qu'ils ont eu sur mon développement une influence décisive. Ma chambre était contiguë au cabinet de consultation de mon père et mes premières révoltes à contenu social sont nées du spectacle que me donnait mon père par sa conduite vis-à-vis des paysans, puis vis-à-vis des ouvriers. »

Peut-on voir dans l'engagement communiste de Georges un des éléments de réponse au « besoin de réparation des attitudes familiales défaillantes [1] » ?

Je découvre, en quelques touches mordantes, un portrait de femme d'une rare violence, celui de sa mère Ghisella, abrupt, définitif, qui se clôt par une sentence sans appel : « constitution mentale pas tout à fait normale ».

Dans ces pages, Georges jette pêle-mêle les fragments d'une existence déjà très remplie, fragments qui définissent bien son parcours chaotique, qu'il s'ingénie à ordonner pour faire sens ; tout est en place pour construire le roman de sa vie ; mentir vrai ? Quelques plages manquent, et les interlignes foisonnent de non-dits, d'encre sympathique…

De ce véritable torrent, de cette mise à nu je vois surgir maintenant, par éclairs de flashes, instants fugaces, le rire grinçant de Georges, son front démesuré,

1. I. Gouarné, « Philosoviétisme et rationalisme moderne », Thèse de doctorat.

ses yeux moqueurs, son visage qui me fait face ; pas encore des souvenirs vrais, mais déjà plus que des images sur papier glacé.

Pour ce philosophe aux origines bourgeoises, dans son cas les pires, qui s'engage dans la lutte prolétarienne, le retour au concret, thème qui traverse son œuvre, ne peut en aucune circonstance faire l'économie de la vérité, de l'énoncé du réel. Confession impudique, don de soi, rejet de l'héritage et besoin de réparation, mise en forme du socle de la statue de l'impétrant communiste, cette autobiographie de commande traduit aussi son penchant pour l'auto-analyse, sa passion profonde de traquer le moindre signifiant, l'obsession de tout dire, et surtout, en fin de compte, le devoir qu'il s'impose de ne rien cacher au Parti qui accueille enfin cet intellectuel bourgeois. La vérité, le don, ici, appellent les mots ; par flots.

D'autres militants n'ont répondu guère plus de trois phrases à ce même questionnaire. Je pense à Jacques Decour dont le laconisme fut à l'opposé du dévoilement irrépressible de Georges. En réponse à quelques questions, Decour écrit tout au plus deux ou trois lignes sèches ; pour le reste, il répond par oui ou par non. Gabriel Péri a fait de même.

Mais à travers ce texte terrible, je rends grâce à Georges de cette abondance de faits, de détails, de jugements, d'analyses, qui me permettent aujourd'hui de dresser un portrait assez précis de mon père, mais aussi de ma mère dont il esquisse la vie.

Georges racontant Maï me rappelle sa santé fragile, les arrêts-maladie fréquents et leurs conséquences sur ses activités militantes. Arcueil, Bagnolet, je remonterai ainsi à la source de son action politique.

J'entrevois le jeune Politzer de 15 ans, au cœur de la « commune de Budapest », j'apprends quelques détails sur sa brève appartenance au Parti communiste hongrois, dont il raconte surtout le peu d'enseignement politique qu'il en a tiré ; il ne se ménage guère, à nouveau, dans une autocritique : « Lorsque j'ai décidé de changer de pays, la pensée de me mettre en règle avec le Parti ne m'est jamais venue. Arrivé à Paris j'ai continué à me conduire avec la même inconscience. »

Je reviendrai plus tard sur d'autres aspects de ce texte qui trouveront leur place dans la chronologie du récit.

Georges mentionne plus loin qu'il fut arrêté par la police le 1er août 1931 à l'Exposition coloniale ; pour quel délit ? Où vais-je aller chercher des informations sur cette affaire ? À suivre…

Il signale aussi qu'il passe vingt-quatre heures en prison pour un excès de vitesse, la même année !

De la soixante-huitième à la soixante-douzième question, concernant répression et tortures éventuellement subies, les réponses s'alignent : « néant ».

Enfin, ce document éclaire d'une pâle lueur la place qu'a prise pour mon père le sens du devoir au sein d'un parti stalinien ; en témoigne le dernier paragraphe, reproduit ici *in extenso* :

> Le secrétariat du Parti fut amené à examiner les conditions dans lesquelles certains documents ont pu être prêtés par le Bureau de documentation à des personnes non qualifiées et même suspectes. Je tiens à rappeler ce fait, parce qu'il s'est trouvé lié à mes affaires personnelles. En tant que responsable du Bureau de documentation, j'ai été amené à signaler que l'une des

camarades travaillant au Bureau, la camarade Régine, avait prêté des documents à des camarades polonais. À cette occasion j'ai signalé à Frachon :

1° Que cette camarade avait été la compagne d'un camarade étranger, lequel semble avoir des fréquentations trotskistes.

2° Que ce camarade avait eu une liaison avec ma femme.

3° Que j'avais eu une liaison passagère avec la camarade Régine, à l'époque de la rupture passagère entre ma femme et moi.

Liaison passagère… Rupture ? Sur la photo du couple de résistants qui a trôné sur l'énorme poste de radio de mes grands-parents, Maï sourit tristement, Georges fronce les sourcils…

L'auto-analyse du jeune militant se coule dans un moule inquisiteur ; il faut tout dire ! Expliquer, justifier, dénoncer.

La discipline de parti est une vertu cardinale.

8.

Un bruit de fond insupportable

Sur les photos, Maï est souvent triste, pensive, préoccupée, Georges rarement souriant, voire renfrogné, mécontent, tendu, furieux même. Ça ne respire pas toujours le grand bonheur que la légende instille dans les discours officiels ; quelques exceptions tout de même et des plus belles : celles du début de leurs relations, j'entends les rires, les chuchotements, les mots tendres, dans la cabine de « photomaton », je les vois s'attendrir quand les petites photos sépia glissent dans le bac, Georges est radieux.

Autre cliché pris en 1935 aux Buttes-Chaumont par Robert, le jeune frère de ma mère, et là, les sourires sont crispés ; toujours la tendresse et la sérénité de Maï, mais l'œil de Georges sous le sourcil froncé interroge ; nous sommes ici ramenés sur terre, au concret, ébauche de sourire, la photo est prise ; j'imagine la seconde suivante : « On y va ! vite !… retard… on m'attend ! »

Ne pas se fier totalement aux images.

Je découvre par bribes les accidents, les dérapages dans l'intimité de Maï et de Georges.

Un jour, nous sommes dans la maison chaleureuse de mon jeune fils Patrice et de sa compagne Dominique, lors d'une grande réunion de famille ; je sais que ses parents ont fait de la résistance et que sa maman est rescapée des camps nazis.

Je sais aussi, je l'ai appris il y a peu, qu'un fil rouge nous relie, elle, Maï et moi.

À l'heure du café autour de la cheminée, au moment où les enfants s'égayent en riant, je me rapproche de cette dame. Dans un vaste fauteuil, au bout de la table, elle m'attend, immobile, sculptée dans un bloc de douleur ; son visage blanc s'éclaire d'un sourire ; lentement, elle égrène quelques souvenirs à voix basse, à peine audible, pour moi seul.

Cette femme aux yeux clairs, dont le regard traverse le temps, était, à 16 ans, la plus jeune résistante internée au fort de Romainville, ce qui lui avait valu son surnom : « Bébé ».

Ce matin du 22 janvier 1943, elle remontait du cachot où elle avait été enfermée dans l'obscurité, presque nue, durant plusieurs jours et plusieurs nuits ; elle avait dû sa survie à un geste précis, par elle mille fois répété : elle avait tricoté, détricoté, tricoté à nouveau avec application, sans relâche, des dizaines de fois, à l'aide de deux méchants bouts d'allumettes, ses chaussettes en laine, que les geôliers avaient oublié de lui ôter. Fixant son esprit tout entier sur la seule réalité de ses doigts, en activité permanente, elle avait tenu à distance, au plus loin d'elle, le froid, la faim, la honte, la peur.

Ramenée dans sa cellule, toute la nuit, Maï et elle s'étaient tenu la main, sans se voir, à travers les barreaux de leur geôles contiguës ; Maï lui avait raconté sa vie, ses passions, ses amours, son enfant, et son couple qui s'était brisé.

« Bébé » fut la dernière compagne de captivité de Maï à Romainville. Le lendemain, Maï partait pour Auschwitz, « Bébé » pour Ravensbrück.

J'ai entendu, dans un bruit de fond : « Maï et Georges étaient en train de se séparer. »

À peine capté, j'esquive ce message d'outre-tombe, cette réalité nouvelle, foudroyante, qui fait irruption dans ma vie : Maï et Georges allaient se séparer, s'étaient séparés ? Le couple mythique avait explosé.

Ce discours m'est irrecevable.

Ce murmure, cette ébauche d'information donnée par cette femme meurtrie, avec une infinie douceur, comme pour ne laisser en moi qu'une trace légère, je refuse de l'imprimer dans l'instant. Mais je sais déjà qu'au plus profond de moi les effets seront ravageurs.

Quand je m'approche de « Bébé », plus tard dans la soirée, elle dorlote, ravie, Camille sa petite-fille, notre petite-fille, qui est aussi l'arrière-petite-fille de Maï et de Georges. Elle me sourit mais ne me dit plus rien, gardant pour une autre rencontre, qui ne vint jamais, la suite du récit de cette nuit inoubliable.

Cette réalité, je ne devais pas l'esquiver bien longtemps.

Quelques mois plus tard, je reçois en Bretagne le jeune frère de Maï, mon oncle Robert, le photographe de la famille, devenu un vieux monsieur au regard noir comme sa mère, les yeux enfoncés dans les orbites, basque jusqu'au béret qu'il porte en toutes saisons, à l'accent délicieusement chantant.

Roulent les souvenirs de son enfance, Maï, bien sûr, qu'il idolâtre toujours, l'espièglerie de sa sœur, ses aventures sentimentales, les prétendants, les courtisans, la beauté de Maï et pour clore le chapitre du cœur, « et bien sûr, tu sais, Michel, qu'elle allait refaire sa vie avec Decour, Jacques, ou Daniel, quel était son vrai prénom, déjà ? Son vrai nom, je m'en souviens c'était Decourdemanche, en tout cas, ça n'allait plus avec Georges ».

Je suis abruti, sonné, je n'arrive pas à projeter l'image de ces deux êtres ensemble ; Jacques Decour, l'intrus, visage long, à mes yeux pas très séduisant – Georges, lui non plus, n'était pas un parangon de beauté – et Maï, si belle. Les photos déchirées s'imposent à moi ; je soupçonnais ma grand-mère d'avoir fait le ménage dans les souvenirs sur papier glacé, pour maintenir l'image du couple originel, parfait. J'avais plus de 60 ans, ma famille m'avait caché cela, j'apprenais au dessert entre le café et le chouchen, par hasard, au cours d'un repas qui aurait pu, horreur, n'avoir jamais eu lieu, que Maï aimait Jacques Decour.

J'ai vaguement le souvenir d'avoir fait celui qui savait déjà, m'aidant pour le coup de ce message quasi subliminal que « Bébé » m'avait délivré quelques mois plus tôt.

J'ai eu l'ultime confirmation de cette rupture et du nouvel amour de Maï en novembre 2002. J'ai assisté un soir à la cérémonie, intime, du don des documents personnels de Jacques Decour aux Archives nationales par sa fille Brigitte.

Je découvre cette femme dont je ne connais à ce jour que la voix, récemment entendue au téléphone :

« Ici Brigitte, la fille de Jacques Decour, nous nous sommes croisés quand nous étions enfants, vous en souvenez-vous ? »

Choc ! un instant un blanc :

« Brigitte Decourdemanche ? »

Aucune image ne vient à mon secours, même pas le fantasme, forcément ancien, d'une poupée blonde dont on m'a dit parfois, de cela j'en suis sûr, qu'elle venait à la maison jouer avec moi il y a bien longtemps.

« On se tutoie, veux-tu, dis-je, même si je ne me souviens pas de toi. » Et durant quelques poignées de minutes nos voix ont aboli le temps, nous rendant plus proches peut-être que toute une vie ne l'eût fait ; si la guerre n'avait emporté son père et ma mère dans cette tourmente tragique, Maï et Jacques Decour, devenus amants et couple, nous auraient certainement élevés comme frère et sœur.

Aux Archives nationales, cérémonie émouvante, cocktail, je découvre donc Brigitte, grande femme mince, distinguée, réservée, presque distante.

J'ai encore en mémoire la chaleur des quelques dialogues téléphoniques échangés et je m'attends naturellement à une marque de sympathie.

Brigitte me déconcerte ; un très bref instant timide, tendue et maladroite, elle me serre soudain très fort le bras, me chuchotant à l'oreille un mot, inaudible, puis me tournant le dos semble m'ignorer totalement, croisant plusieurs fois mon regard sans me voir…

Nous n'échangerons pratiquement pas un mot durant le repas qui réunit les participants à la cérémonie. Chacun parlera abondamment de ses préférences littéraires, des derniers succès de librairie. Je ne participe pas à ces échanges. Je rumine dans mon coin de table.

Après cette soirée, qu'a-t-elle pu penser de moi ? Quelle lointaine image de l'enfant roux que je fus a-t-elle essayé de superposer à celle du barbu ronchon que je suis aujourd'hui ?

L'Histoire, lourde, s'impose à nous ; ces parents légers, si légers, nous écrasent encore aujourd'hui : que pouvons nous construire là-dessus ?

Brigitte est retournée à sa solitude, en Savoie où un arbre plusieurs fois centenaire balaye de son ombre la façade de sa belle maison, moi dans ma Bretagne…

Un jour, elle m'invite à Tours où Jean-Pierre Boyer, éditeur de la biographie de Jacques Decour [1] et de ses romans, organise une exposition sur l'œuvre et le militant qui vécut dans cette ville avant la guerre. Daniel Decourdemanche, Jacques Decour de son nom d'écrivain, germaniste passionné, est le fondateur de la toute première maison de la culture dans cette ville et du premier ciné-club. Jeune auteur, édité par Gallimard, ami de Jean Paulhan, ami très proche de mes parents, amoureux, donc, de Maï, il sera fusillé deux jours après mon père.

1. Pierre Favre, *Jacques Decour, l'oublié des lettres françaises*, Farrago, Tours, 2002.

Je décide de me rendre à l'hommage qui lui est rendu sur les bords de la Loire.

Les discours officiels terminés, poignées de main, sourires, murmures ; un couple qui s'est tenu près de moi durant la cérémonie me salue, se présente. Je fais alors la connaissance de Julien Papp et de Claude, son épouse, et cet homme va devenir le trait d'union entre la Hongrie et mon travail. Julien Papp est hongrois, professeur d'histoire, passionné par la vie et l'œuvre de mon père. Il me propose d'emblée d'établir des liens avec le pays d'origine de Georges. Tant de pièces du puzzle me manquent encore sur la jeunesse de mon père que j'accepte avec enthousiasme ; je marque ce jour d'une pierre blanche.

Nous visitons ensemble la très belle exposition consacrée à Decour qui nous réunit dans les salles du château de Tours.

Dans une vitrine, au milieu des ouvrages qui ont accompagné cette vie brève et intense, un exemplaire de l'édition originale des éditions Rieder de la *Critique des fondements de la psychologie* de Georges Politzer. J'en découvre pour la première fois la couverture grise.

Ce livre, Jean-Pierre Boyer me l'offrira bientôt.

Entre Julien Papp et moi se noue une amitié dont j'use et abuse pour découvrir aux sources hongroises articles, lettres, livres se rapportant à Georges, que Julien me traduit au fur et à mesure.

Grâce à son dévouement, mon champ d'investigation est enfin complet, accessible.

Je revois bientôt Brigitte, plus détendue, amène. Elle vient de s'installer en Bretagne à une soixantaine de kilomètres de chez nous. Elle me fait cadeau un jour d'un petit échiquier et d'un étui à cigarettes ayant appartenu à Jacques Decour, ainsi que de ses lunettes. Ces objets me rendent mal à l'aise ; ils ne me concernent pas. J'hésite, pourquoi moi ?

« Jacques Decour et Maï avaient décidé de vivre ensemble, Jacques avait présenté Maï à sa propre mère, me raconte Brigitte. Leur vie commune était tracée ; dans la dernière lettre de Jacques Decour à sa famille, il lègue ces différents objets et des livres, disparus depuis, au petit Michel ; or il y avait un neveu de Decour prénommé Michel ; la famille Decourdemanche a cru, tout d'abord, que ce legs était pour lui, mais force lui fut de constater que le Michel à qui étaient destinés ces objets, c'était bien toi, le fils de Maï, sa bien-aimée. Cela te revient donc, comme mon père l'a voulu. »

Brigitte me donne aussi quelques photos prises par Jacques et Maï lors d'une escapade à vélo dans la vallée de Chevreuse.

Or, de cette série de photos, j'en connais déjà une, celle de Maï assise, seule, souriante, à la table d'un restaurant devant deux tasses et un pot à lait.

J'ai là, maintenant, le contrechamp, plus large, dévoilant la cour d'un hôtel-restaurant : Jacques Decour, souriant, seul, au même endroit, devant les mêmes reliefs d'un petit déjeuner ; ces deux êtres ont passé ici des moments de bonheur.

Lors de cette nouvelle rencontre avec Brigitte, le dernier doute que je me plaisais à entretenir sur leur liaison s'effondre.

Je me rends compte qu'une part de moi traîne les pieds dans cette recherche, je renâcle encore comme si la nécessité de me protéger était toujours aussi présente. Ces objets, ces photos, ces révélations, je voudrais bien les mettre à distance pour quelque temps, mais je dois avancer. Demeure toujours cette question cruciale : comment retisser des liens avec cette petite enfance oubliée peuplée de fantômes ?

9.

Un cocon en hiver

J'ai devant moi la photo qui rassemble tous les professeurs dans l'angle de la cour du lycée Marcelin-Berthelot, là même où je serai photographié à chaque rentrée scolaire avec mes camarades. Debout au deuxième rang, au centre, entre le proviseur et le censeur chapeautés, Georges arbore un petit sourire moqueur. On reconnaît Léopold Sédar Senghor.

Je dénombre quelques professeurs qui me feront classe après la guerre.

Juin 1938, mon père vient d'être nommé professeur de philosophie dans ce tout nouveau lycée de Saint-Maur.

Nous avons quitté le pavillon d'Arcueil, où nous avons vécu quelques années. Mes grands-parents maternels sont aussi du voyage.

Je laisse derrière moi un jardin de banlieue, deux chiens dont les noms, Dick et Bobette, sonnent clair comme ceux de héros des bandes dessinées de l'époque.

Bien entendu de tout cela je n'ai aucun souvenir propre. Je scrute la photo d'un chien noir qui pose à côté de moi, je suis perché sur un tricycle, une toque de fourrure très russe sur la tête, je souris, je suis heureux, mais cette scène n'évoque rien pour moi ; que les commentaires attendris maintes fois prononcés par ma grand-mère ; la façade de la maison, les pièces, tout le décor qui m'a entouré, rien ne surgit de cette photo, non plus que le moindre son de voix ne vient caresser mon oreille.

Nous sommes donc à nouveau à Paris, loin du 18 bis rue Denfert-Rochereau, loin du jardin du Luxembourg où je fis mes tout premiers pas. À en croire ma grand-mère, m'approchant des landaus, et au grand dam des mamans indignées qui les balançaient du bout du pied, je répondais aux sourires édentés que me dispensaient en signe de bienvenue des bébés emmitouflés de dentelles en leur assenant un coup de poing afin de tester leur réalité ; ma grand-mère devait se confondre précipitamment en excuses, qui ne calmaient aucune de ces mères outragées. Riant sous cape, elle jouait les offusquées en me racontant mes tout premiers exploits, qui, me disait-elle, faisaient rire Georges aux éclats.

En ces jours de 1938, j'ai 5 ans. Voici mon territoire : un quadrilatère délimité par le boulevard Soult, la voie de chemin de fer du petit train Paris-Bastille, la rue Jules-Lemaître, ma rue, et l'avenue Maurice-Ravel.

Avec son jardin, ses bosquets, pelouses et massifs de fleurs, ses bancs sous les arbres et bien sûr le confort de ses appartements, mon ensemble d'immeubles, comme tous ceux qui poussent depuis les années trente tout au long des boulevards des Maréchaux, offre tout ce qui peut rendre heureux un petit-bourgeois de province désireux de s'installer à Paris, y compris le prix modéré des loyers. En plus, son implantation très en retrait du boulevard extérieur, peu bruyant à cette époque, lui assure un calme non négligeable.

Malgré toutes ces qualités, malgré la proximité de Saint-Mandé la coquette et celle, royale, du bois de Vincennes, les locataires ne se sont pas bousculés pour s'installer dans ces immeubles.

En effet, très peu de gens ont d'emblée accepté de venir vivre à proximité de ce qui constitue alors une véritable ligne de démarcation sauvage entre Paris et sa banlieue, les « fortifs » ou ce qu'il en reste.

C'est ici que j'habite.

Au-delà de la rue Maurice-Ravel, là, sous mes yeux, l'ultime frontière qui sépare la capitale de sa banlieue est une étendue de terre large de trois cents mètres qui court encore à cette époque à maints endroits autour de Paris, à l'emplacement des fortifications éphémères de Monsieur Thiers. Certains bastions et quelques murailles perdurent depuis 1845.

Les jardins maraîchers se sont installés sur le glacis de ces fortifications en pierre puis progressivement, au fur et à mesure du démantèlement, entrepris dès 1919, les salades et les patates ont pris naturellement la place de ces remparts inutiles. Ces espaces, jardins populaires où fleurissent des tournesols et poussent des rhubarbes géantes, je les observe pendant des heures avec délectation de mon premier étage, à travers une rangée de jeunes marronniers ; ils seront bientôt pour tous les enfants du quartier un véritable Far West.

Mais ce terrain c'est, pour le bourgeois, le repaire supposé de la canaille, c'est la banlieue ; moue de dégoût : « C'est la Zone. F »

Quelques familles juives émigrées d'Europe centrale, fuyant le nazisme qui triomphe en Allemagne, vont être parmi les premiers locataires à venir s'installer dans cette cité du 10 de la rue Jules-Lemaître. J'ai bien aimé mon quartier, j'en connais les moindres recoins, les lieux sont plus présents à ma mémoire que les événements.

Aux pieds des immeubles, en retrait du boulevard Soult, une place en terre battue entourée d'arbres offre un formidable terrain de jeu. Elle est entourée d'un trottoir goudronné, véritable anneau de courses qui sera plus tard notre piste de patins à roulettes. Sur ce terrain, légèrement décentré, un orme imposant prodigue une ombre accueillante. Il est enserré à sa base par un muret de pierres circulaire qui retient la terre et les racines de ce géant, Ce muret sert de banc public.

Dans les premières années de l'Occupation, de 1940 à 1943, se tiendront en ce lieu toutes les assemblées des gosses du quartier. Nous avons entre 8 et 10 ans, c'est notre point de rendez-vous. Nous inventons et programmons ici tous nos jeux. Nous préparons soigneusement nos expéditions dans le bois de Vincennes, nommons le chef qui conduira la troupe toute la journée, nous préparons nos bateaux pour des croisières de pirates sur le lac de Saint-Mandé, organisons les courses de vélo, de planche et de patin à roulettes, les concours de blagues tristes… et parfois les expéditions au « Château branlant ».

Le talus de la voie ferrée qui bornait les terrains des maraîchers de la zone, au nord, a disparu, tout comme la poterne de Montempoivre, située entre les bastions 7 et 8 de l'enceinte de Thiers ; un bistrot encore visible en 1906 a disparu lui aussi ; seul restait en place un amoncellement impressionnant de pierres de taille blanches, vestige, pour nous, d'un mystérieux château du XVIIIe siècle, repaire des Rose-Croix pour certains, enceinte moyenâgeuse pour d'autres. En fait ce « Château branlant » était constitué des pierres d'angle des fortifs, dont les travaux de démolition dans cette partie de l'ouvrage s'étiraient en longueur, et qui s'offraient en tas à nos jeux d'équilibristes. Jeux périlleux où nous confrontions notre agilité et notre audace.

Sur la place, au pied des immeubles, dans les grandes occasions, nous y accueillions les « mecs d'en face », ceux de l'autre côté du boulevard ; beaucoup plus rarement ceux du quartier Picpus ou de la rue Michel-Bizot.

Notre orme majestueux, c'est aussi l'arbre à palabres ; sous ses larges branches se racontent les mensonges les plus gros, s'y inventent des aventures folles, des épopées inégalées, dont nul n'est dupe mais que tous écoutent avec fascination.

Certaines longues soirées d'été étouffantes, quelques mamans viennent chercher un peu de fraîcheur et discutent jusqu'à la tombée de la nuit, pendant que les fillettes promènent les landaus des tout-petits. Enfin ça, c'était avant l'Occupation. Maintenant les adultes ne sortent plus le soir.

Bien des pères sont absents ; la rue appartient aux enfants. Le dimanche et le jeudi sur la place, les parties de foot sont interminables. Dès le matin et tout au long de la journée, les équipes se forment et se défont au gré des arrivées et des départs ; on entre dans le ballet, il n'y a pas d'enjeu, seuls les dribbles, les passes acrobatiques et accessoirement un beau but comptent vraiment.

Le ballon s'envole rarement au-delà du terrain ; quand parfois il lui arrive de rouler sur le boulevard Soult où peu de véhicules, à gazogène, circulent en ces temps de rationnements, un ramasseur de balle nonchalant peut y trottiner sans courir aucun risque. Les rues de mon quartier sont vides. Il nous est arrivé souvent de tendre des cordelettes au milieu de la rue pour jouer au tennis sans qu'aucune voiture ne nous dérange pendant des heures. Le nez dans la poussière, fixant le cuir usé du ballon, seul parfois durant des heures tournant comme un derviche, ou au milieu des copains, j'ai passé sur cette terre battue des journées inoubliables dans les premières années de la guerre et celles qui ont suivi la Libération.

Je n'ai de cette période que des souvenirs de jeux.

Je garde aussi de cette époque aux dates incertaines un fort mauvais souvenir du son strident des doubles modulations du sifflet de ma grand-mère. Elle a acheté cet accessoire scout au Bazar de l'Hôtel de Ville ; c'est le moyen original, ô combien, qu'elle a trouvé pour me faire rentrer à la maison. Elle m'appelle à toute heure de la journée, repas de midi, quatre heures, souper. Honteux d'être sifflé comme un mouton des Pyrénées, je hurle un « ouuuiii » déchirant, je m'arrache, furieux, aux copains qui restent toujours plus longtemps que moi dans la rue.

Je traverse en courant le jardin intérieur de mon immeuble – vraiment je déteste ce sifflet –, je jette un coup d'œil noir à la petite femme maigre en sareau paysan, aux yeux enfoncés dans leurs orbites, qui m'invective à la fenêtre du premier étage de l'entrée B.

Je grimpe quatre à quatre les escaliers recouverts d'un tapis beige à liseré brun, fixé au sol par des tringles en métal doré, par ailleurs formidables sarbacanes dont je fais parfois un usage très discret. Premier étage porte gauche : je suis chez moi !

En mai 1940, mes grands-parents et moi fuyons les armées allemandes qui viennent de lancer l'offensive éclair qui les mènera sur les Champs-Élysées à Paris le 14 juin.

Comme des milliers de gens, nous quittons Paris pour rejoindre Bayonne où une sœur de mon grand-père, tante Louise, peut nous héberger…

Le chemin de fer. Gare d'Austerlitz.

Nous courons encombrés de paquets de valises.

J'ai toujours aimé l'odeur des gares de mon enfance, le bruit de cette machine à pistons fabuleuse, qui tousse, s'ébroue, lâche des pets, souffle au cul des voyageurs, s'ébranle lentement, monte en puissance, et file sur le fer roux des rails qui ploient, secoués en d'indicibles hoquets ; les jets de vapeur, les escarbilles de charbon, le sifflet qui ponctue les kilomètres, et soudain, inattendue, la courbe de la voie qui permet un instant de voir tout le train qui se penche dans un équilibre fascinant, de la loco au fourgon de queue, prêt à basculer. J'aimais les compartiments tendus de tissu gris, illustrés d'images des plus beaux sites de France – le pont d'Avignon, Saint-Malo, le pont du Gard, présentées dans des sous-verre encadrés de métal chromé – que je fixais en dodelinant de la tête avant de m'endormir bercé par la musique lancinante des roues sur les raccords de rails : j'ai très longtemps aimé le brouhaha des gares, avant d'associer ces architectures métalliques et les wagons de marchandises à des voyages sans retour.

Dans le désert de ma mémoire surgissent quand même de cette épopée quelques souvenirs qui me sont propres. La gare d'Austerlitz donc : la fumée, les odeurs, la bousculade de voyageurs pressés qui cherchent leur place, la chaleur, l'attente interminable, l'incertitude, la peur de se perdre dans cette foule qui entasse sur les quais des bagages hétéroclites, les manœuvres des trains que l'on rallonge, les rames de wagons qui changent de quai, l'affolement des voyageurs qui reviennent du buffet avec des sandwiches à la main et qui ne retrouvent plus leur compartiment…

Je sais, aujourd'hui, qu'une pareille mésaventure m'est arrivée.

La chaleur est étouffante ; je descends du wagon pour chercher de l'eau ; je ne sais depuis combien de temps je marche sur le quai, mais dans cette cohue d'un seul coup je ne repère plus rien ; mon wagon et ma grand-mère ont disparu.

Les haut-parleurs inaudibles vocifèrent.

Je déchiffre les étiquettes collées aux vitres des wagons, la panique me saisit, je cherche Bayonne, où est inscrit Bayonne ? Je vais rester seul sur ce quai ; le train s'ébranle, défile, stoppe, reprend sa marche dans l'autre sens puis repart, lentement ; l'attente est interminable ; quand il finit par s'immobiliser, je vois les yeux noirs terrifiés de ma petite « Bonne Maman », derrière la vitre à demi baissée d'un compartiment, écrasée par deux matrones qui tirent sur une énorme valise qu'un homme échevelé, sur le quai, brandit à bout de bras…

Décidément ce voyage éveille des souvenirs. Pont en fer près d'une gare de triage, Orléans-Les-Aubrais, sans doute ; Les Aubrais, ce nom sonne bien dans ma tête, couinement des roues sur les rails qui semblent suspendus sur l'ouvrage métallique, et sous nos pieds, à travers les arcades boulonnées, rouillées, la Loire brillante et ses platures de sable parsemées de boqueteaux. Quelques heures plus tard, lors d'un arrêt en gare de…, le bruit commence à courir, incontrôlable, que les ponts que nous avons franchis ont sauté.

À chaque halte en rase campagne je respire goulûment toutes les odeurs, celles des moissons, des vergers, des étables, subtiles, prégnantes, tenaces ou fugaces. Je les engrange, comme un nez fait sa sélection de parfums, sûr de garder au plus profond de moi les gestes des hommes que je découvre là, qui leur sont associés.

Hélas !

Je tente parfois de réveiller la mémoire de ce voyage à travers ces odeurs, mais j'ai engrangé en d'autres lieux depuis lors tant d'odeurs de campagne, paysans des Ardennes, éleveurs du Loir-et-Cher, vignerons de Bourgogne, bergers corses, mareyeurs de Bretagne… autant d'effluves qui brouillent à jamais ces premières rencontres odorantes. Aujourd'hui, le pouvoir des parfums d'exciter ma mémoire a pris du plomb dans l'aile.

À Bayonne, un seul souvenir, authentique ; je le partage avec des centaines de petits Français – la scène s'est répétée à l'identique dans maints villages –, j'ai le souvenir précis du geste du soldat allemand accoudé au comptoir du bureau de tabac où mon grand-père m'a envoyé lui acheter son gros gris ; je décèle un uniforme – ils sont arrivés ici quelques jours après nous –, je vois une main qui plonge dans un gros bocal, qui en extirpe une poignée de bonbons et qui me la fourre dans la main avec une autorité bienveillante… Le soldat est respectueux des consignes de l'état-major ; il faut apparaître aux populations sous un jour avenant.

Je ne suis pas sûr, mais je crois bien que l'odeur du cuir, celle de la graisse des bottes de ce soldat, s'est, elle, imprimée pour toujours dans ma mémoire olfactive.

La tante Louise habite au 5 de l'avenue Alsace-Lorraine, à l'étage au-dessus de nous, elle me descend dans un panier au bout d'une corde des poignées de cerises écarlates qui me ravissent.

Cela deviendra une rengaine dans la famille quand on évoquera ces jours de débâcle.

À part cela, le blanc.

10.

L'Occupation

Premiers mois d'occupation allemande. Retour rue Jules-Lemaître. Bientôt le grand froid arrive.

La cuisine devient la seule pièce de vie, la seule bien chauffée par la cuisinière à charbon en fonte sur laquelle ma grand-mère prépare des plats curieux, accommodant avec génie des légumes indignes du talent de mon grand-père Larcade, Joseph de son prénom.

Ce maître queux à la moustache roussie par la cigarette et les fourneaux est un petit homme rond et leste, jovial, dans sa jeunesse meilleur valseur du canton d'Hendaye.

Joseph a deux raisons de vivre : les femmes et la cuisine. Durant toute sa carrière, il va séduire passionnément le beau sexe et préparer des festins aux grands de toute l'Europe.

Certains de ces repas réunissaient parfois plusieurs centaines d'invités dans les ors de l'ambassade de France à Saint-Pétersbourg, où il occupe en 1907 le poste de cuisinier en chef.

Je viens de retrouver des grandes feuilles noircies de son écriture appliquée, aux lettres bien formées, aux titres évocateurs :

« Réception-Ambassade de France à Saint Petersbourg : 2 400 personnes. » Suit une liste impressionnante de desserts et de plats qui indiquent un buffet bien garni où je glane : « Macarons St Émilion, Croquets de Bordeaux, Babas Rothschild, Coulibiacs de saumon, Petits pâtés Russes, Soudacks au bleu gelée, Poulardes à la Néva, arrosés d'orgeat glacé et autre punch à la Romaine »…

Ma grand-mère qui l'a suivi accompagnée de ses deux jeunes enfants, André et Maï, y occupe la charge de lingère de l'ambassade. Elle dirige une cohorte de cousettes et petites mains qui brodent, ravaudent, repassent, plient serviettes, nappes, taies et draps.

Dès ses débuts à Biarritz comme chef cuisinier à l'hôtel du Palais, l'ancienne résidence de villégiature de l'impératrice Eugénie, Joseph crée déjà des recettes pour les têtes couronnées qui raffolent de cette prestigieuse station balnéaire. Il élabore des mets somptueux, dignes de satisfaire les palais les plus exigeants, disposant toujours dans ses cuisines des produits les plus fins et les plus frais du marché. Il servira des princes et des ducs, polonais, russes et roumains, les rois de Belgique, du Portugal, d'Espagne bien sûr, des lords anglais et des dignitaires de la République.

Il fera de même à l'ambassade de France, dans la Russie du tsar Nicolas II, où il servira Raspoutine et la famille impériale.

Joseph, quelques années plus tard, est en Argentine, terre d'accueil des Basques. Parti seul pour quelques semaines, en reconnaissance, avant de faire venir sa famille, il se retrouve à la direction des cuisines dans l'hacienda d'un grand éleveur de bêtes à cornes.

Ayant commis la seule chose à ne pas faire, l'outrage majeur, l'offense impardonnable, séduire la maîtresse de maison, il quittera précipitamment le pays.

Ma grand-mère, au milieu des valises et des malles, prête à prendre le bateau avec toute sa famille pour rejoindre son grand chef cuisinier dans la pampa, voit rentrer au logis, penaud et déconfit, un mari volage et fort grognon.

À son retour à Biarritz, Joseph installera une maîtresse à quelques mètres de chez lui dans une maison par lui offerte.

Quand ma petite grand-mère me jugea en âge d'entendre ces récits, elle me raconta avec un humour triste sa vie de femme trompée. Elle souffrit toujours sans broncher des frasques de son époux, refusant dans le même temps avec dignité les avances dont elle fut l'objet de la part de nombreux officiers qui courtisaient volontiers cette jeune mère élégante, poussant un landau sur le cours Bellevue.

Parfois, en ces temps de privations, l'ordinaire s'améliore, ma tante et mon oncle reviennent de la campagne du Loir-et-Cher qu'ils ont sillonnée à vélo, d'où ils nous rapportent une petite motte de beurre, quelques côtes ou pieds de porc, du saindoux, ah le saindoux, quel bonheur d'étaler cette pâte blanche immaculée, une pincée de sel, sur un quignon de pain – oui vraiment dans le cochon tout est bon –, quelques œufs ou d'autres trésors que ma grand-mère enferme amoureusement dans le garde-manger suspendu à l'extérieur de la fenêtre, au froid de l'hiver.

Délaissant salon, salle à manger et bureau, nous vivons donc dans la cuisine où nous mangeons depuis que mes parents ne sont plus à la maison. J'y fais mes devoirs, partageant la petite table avec le repassage, l'épluchage des légumes, repoussant le journal, la blague à tabac et le papier à cigarettes de mon grand-père. Sur ce coin de table, je dessine mes premières images d'aventures : à Bornéo, sur la piste des terribles coupeurs de têtes, je trace le chemin précis de l'expédition dont je suis le chef, en vue aérienne, sur un fond de carte dégotté je ne sais où.

Au cœur de la jungle africaine, je dessine un pont de singe en bruitant tous les grincements du bois et le crissement des lianes tressées sous les pas des explorateurs qui franchissent un abîme entre un piton rocheux et la falaise abrupte d'un plateau, où vit Tarzan au milieu de ses éléphants.

Je ne m'ennuie jamais. Je lis *Croc-Blanc* dans un grand livre illustré avec dorure sur tranche, version distribution des prix, un des rares que j'ai reçus durant toute ma scolarité.

Je me suis accoutumé, sans doute, depuis ma toute petite enfance à ne voir mes parents qu'en coup de vent ; le temps, filant entre leur vie professionnelle et leurs activités militantes, ne laissait que peu de place à une vie de famille ; ma grand-mère évoquait souvent malicieusement Georges et son appétit colossal ; à peine avait-t-il ôté son manteau qu'il se précipitait, ébouriffé, à la cuisine, soulevait les couvercles des cocottes sur la cuisinière, où mijotait une blanquette de veau ; inquiet, il demandait à ma grand-mère si elle était bien sûre qu'il y aurait assez à manger, proposant même d'aller acheter quelque supplément de victuailles. Ce rituel se perpétuait chaque soir dès le seuil franchi.

Maï rentrait parfois très tard, usée par une journée de réunions, mais surtout épuisée d'avoir arpenté les terrains vagues d'une banlieue pour aider, une fois de plus dans l'urgence, une jeune mère en détresse à interrompre sa grossesse.

Durant les deux années qui précèdent la guerre, les Nizan, Decour, Solomon, tous les amis et camarades de mes parents, membres du Parti, se croisent et refont le monde dans cet appartement. J'en ai recueilli récemment la confirmation de la bouche de Jeanne Courtois, la fille de notre patiente voisine du dessous, que les éclats de voix et le bruit des pas sur le plancher sonore tenaient éveillée fort tard.

Je peux facilement imaginer les grands repas du dimanche entre amis. En effet, accueilli plusieurs étés de l'après-guerre en Corse dans la famille de Danielle Casanova, chez Mémère Périni, j'ai assisté, autour de plats géants de tomates et d'oignons arrosés d'huile d'olive, à des montées en puissance de discussions politiques vertigineuses au cours desquelles les adultes refaisaient le monde.

Ancien ministre, Laurent Casanova dominait les débats de sa voix de basse nonchalante ; journaliste, Maurice Choury, subtil, que j'aimais beaucoup, apportait toujours une touche d'humour ; député, Arthur Giovonni, voix rocailleuse, personnage attachant que j'identifiais un peu à Georges, calmait le jeu de son savoir théorique ; tous s'invectivaient avec passion...

Je gage que ces repas devaient ressembler beaucoup à ceux de la rue Jules-Lemaître en ces années 1938-1939.

Hélas pour ma mémoire, à Piana comme ailleurs, les enfants étaient tenus à distance du monde des adultes ; pour eux c'était l'heure du café, pour nous l'heure de la sieste, et dans nos chambres, seuls les échos assourdis des discours véhéments venaient troubler notre fragile sommeil.

J'ai vécu dans un cocon tissé par mes grands-parents dès mon plus jeune âge, dans une bulle qui m'extrayait de cette agitation faisant de moi une merveille à protéger.

C'est bien « la merveille » que j'étais à leurs yeux, le fils de Georges et de Maï.

La tendresse et l'amour immenses qu'ils me portaient ont comblé très tôt l'absence de mes parents.

Je n'ai conservé, je l'ai dit, aucune image de cette vie familiale.

De cette époque émerge pourtant ce qui pourrait être un souvenir personnel.

C'est une scène un peu pénible que je me rejoue souvent, où mon père me gronde ou me fait une réflexion désagréable, c'est au cours d'un repas, c'est blanc comme à travers un voilage, il y a du sucre en abondance sur la table. Je ne peux faire surgir aucune image nette. C'est à ma droite que cela se passe, une masse, un visage dans l'ombre d'un contre-jour. Je le coiffe de cheveux en désordre et cette image que je reconstruis se superpose parfaitement aujourd'hui à une photo de Georges prise au Dôme, en 1936, vue et revue combien de fois, une des plus belles photos de mon père. Je mets du son : je crois entendre une voix rauque, ironique comme l'est le sourire de Georges sur ce cliché. Cela m'échappe et la réalité de ce souvenir s'effondre.

Depuis l'instauration des cartes d'alimentation et des tickets de rationnement, mon petit grand-père cuisinier ne prépare plus un seul repas à la maison. Il rumine son humeur massacrante et prétend, il le pense vraiment, que sa femme Hélène cuisine bien mieux que lui. Elle a depuis toujours préparé les plats familiaux et elle s'adapte en effet beaucoup mieux que Joseph aux privations. Elle accomplit bien souvent des tours de force en transformant des rutabagas et des topinambours en succulent gratin dauphinois… sans une once de fromage râpé.

Pour ce grand chef cuisinier, les restrictions alimentaires imposées par l'occupant sont une insulte à son métier, à son talent, à son génie ; il ne décolère pas.

Il me confectionnera à Noël 1941, ayant échangé ses tickets de tabac contre des tickets de sucre, des berlingots dont je n'ai jamais oublié la saveur délicate. L'hiver glacial qui suivit, il disparaissait, emporté par une congestion cérébrale.

Ma grand-mère, elle, en cet hiver de guerre me raconte souvent son séjour à Saint-Pétersbourg. Le récit de ce qu'elle voyait de sa chambre, où la vue plongeait sur la Neva, vaste fleuve pris par les glaces dès le début de l'hiver me fascinait.

« Chaque soir, quand l'activité cessait sur les berges du fleuve, je pouvais voir avant que la nuit les entoure des moujiks traînant ou portant de lourds fardeaux, s'arrêter sur le fleuve gelé, creuser la glace à grands coups de pics et de pioches et faire glisser lentement des "formes" dans l'eau qui les engloutissait et ne tardait pas à geler à nouveau. Les silhouettes sombres courbées restaient quelques instants serrées, immobiles sous des rafales de neige, dans la nuit qui tombait. »

Un instant, dans un silence elle dilatait le temps :

« Au printemps le dégel arrivait, au milieu des blocs de glace qui descendaient la Neva, des centaines de cadavres flottaient sur le fleuve verdâtre répandant une odeur pestilentielle. » À cet instant du récit et devant mon étonnement effaré, elle prenait un ton plus didactique, distancié, presque technique. « Tu comprends, mon chéri, les paysans ne pouvant pas ensevelir les morts dans la terre gelée à cœur, ils les confiaient à l'eau qui les emmenaient, au sortir de l'hiver, au gré des courants, dormir pour l'éternité dans les profondeurs du golfe de Finlande. »

Quoiqu'elles m'aient empli d'horreur, ces images glacées m'entrouvrirent des mondes inconnus ; je les garde en moi comme un précieux cadeau.

Georges se faisait souvent raconter cette histoire, tout comme chaque matin il ne manquait pas de demander à ma grand-mère de lui raconter ses rêves de la nuit. Marx et Freud !

J'écoutais en ce début de guerre, avec la même fascination, l'instituteur qui nous accompagnait aux abris, dans les caves obscures, nous lire les aventures extraordinaires d'explorateurs perdus dans les profondeurs de la terre. J'attendais les hurlements des sirènes, annonciateurs de bombardements sur la capitale, comme les spectateurs au théâtre attendent les trois coups. Dans le maigre éclairage des caves, nous devenions pendant chaque alerte les auditeurs passionnés d'un roman-feuilleton. Les abris étaient à quatre cents mètres de l'école sous l'église de la rue du Rendez-Vous. Il nous fallait nous rassembler tous en rang et marcher d'un bon pas vers ces abris protecteurs. Parfois, les sirènes sonnaient la fin de l'alerte avant que nous ne soyons arrivés en lieu sûr ; notre déception était grande ; nous étions privés des aventures souterraines du capitaine Danrit.

Le jeudi, jour sans école, nous nous relayons toute la matinée dans les queues qui se forment sur les trottoirs devant la boucherie ou le « cours des halles », où pour quelques tickets nous avons le droit d'acheter des denrées qui se font de plus en plus rares. Mon grand-père se lève aux aurores et prend son tour devant la grille fermée du magasin ; ma grand-mère vient le remplacer deux heures plus tard ; ensuite c'est mon tour, je me glisse entre les manteaux de laine mouillée et les paniers des clients ; j'attends la relève. Les gens parlent peu dans ces queues, ou tout bas, regards en coin, on évalue d'un coup d'œil à l'heure de l'ouverture de l'étalage les quelques vivres promis à la vente, leur quantité plus que leur qualité. En un clin d'œil, on jauge le nombre de personnes qui vont être servies avant nous, on recompte les tickets de beurre, de lait, on lorgne un petit tas de patates brunes en espérant que, notre tour venu, il nous restera de quoi en faire une purée.

Bientôt viendra le temps où des personnes quitteront discrètement ces files d'attente pour dénoncer aux policiers des Juifs sans étoile, qui disparaîtront pour toujours de notre univers.

11.

La tribu Politzer

J'ouvre la boîte à souvenirs, petite, quatre centimètres de haut, quinze de large et vingt de long, son couvercle a disparu depuis longtemps : elle contient les papiers confiés à mes grands-parents au moment où Georges et Maï ont quitté la rue Jules-Lemaître pour entrer dans la clandestinité.

Ces documents dorment là, depuis longtemps, je connais leur existence, je les ai visités, mais je les ai enfouis à chaque fois pour un long sommeil.

J'ai sous les yeux une carte d'identité numéro 337 au nom de Georges datée du 12 août 1940, établie le jour de sa démobilisation, avec la mention : Réfugié à Aire-sur-Adour (Landes).

Sur la photo, il est méconnaissable, maigre.

À la rubrique SIGNALEMENT :

« Cheveux : blonds. » Georges était d'un roux flamboyant ; cette teinte n'entrait-elle pas dans la gamme de couleurs des fonctionnaires de l'époque ?

« Yeux : bleus. Taille : 1 m 73. Nez : fort. Visage : ovale. Teint : clair.

Domicile : 5 Boulevard Alsace-Lorraine Bayonne (Basses-Pyrénées). »

Je trouve aussi le livret militaire de Georges.

Je découvre qu'il a été naturalisé par décret du 31 octobre 1924, incorporé comme soldat de deuxième classe le 12 mai 1928 et renvoyé dans ses foyers le 27 avril 1929, 10 rue Louis-Besquel à Vincennes.

Certificat de bonne conduite : accordé !

Sur la page jaune sale, à côté de sa signature, les empreintes digitales de ses deux index ; trace graphique, trace physique, sans pareille ; mes doigts tremblants, suspendus à la place des siens, miment les gestes ; je reviens à la carte d'identité, les empreintes digitales doivent y être aussi, mais l'encre, ici, est violette, décolorée, presque effacée ; je ne les avais pas vues.

Ces empreintes noires, très présentes, jouent le rôle de la part manquante dans une peinture, espace de liberté donné, zone inachevée, offerte par le peintre au spectateur pour que celui-ci prenne part à l'aventure, accède au sens, finisse le tableau.

Ces empreintes digitales, traces d'un geste bref, fugace, laissent, tout entier, à celui qui les fixe intensément, le champ pour reconstituer la scène, clore le tableau fantôme.

Traces sensibles plus fortes que l'image.

Sur ses papiers, Nagyvarad, lieu de naissance de mon père, sonne bien à mon oreille, Nagyvarad ! sorti tout droit de *Tarass Boulba* ou de *Michel Strogoff*.

Ce nom exotique recèle un pan de mon histoire. Il résonne aujourd'hui et m'invite à découvrir cette famille hongroise dont je ne sais rien. Je n'ai jamais été aussi près d'eux ; impossible de comprendre, de me comprendre moi-même, sans tenter de remonter à leurs premiers pas, mais aussi aux plus lointains ancêtres, aux chemins qu'ils ont parcourus, aux accidents de l'Histoire qui les ont façonnés.

Ma mise à distance fut telle que jamais je ne fus attiré, intéressé même, par mes origines. Gamin, tantôt je revendiquais le Pays basque de ma mère, qui faisait de moi un surdoué de la pelote, tantôt, ignorant tout des origines juives de mon père, je descendais d'Attila, je jouais les Huns, à la tête de ma horde de copains dans le bois de Vincennes ; je n'ai jamais su non plus que mes jeux m'entraînaient à quelques pas de l'immeuble où Georges avait vécu, jeune étudiant, avec Camille Nony sa première épouse ; ai-je jamais croisé les deux enfants qu'ils ont eus, Jean et Cécile, mes demi-frère et sœur ?

Je n'ai aucun souvenir précis d'avoir pris conscience d'être le fils d'un émigré juif hongrois et d'une catholique pratiquante basque. Un jour je l'ai su, c'est tout. Cela n'a rien changé en moi. La guerre s'est chargée de m'en apprendre plus sur le sujet.

Ne m'étant jamais pensé en termes d'appartenance, j'ai beaucoup de mal à comprendre cette obstination qu'ont les hommes à se définir d'abord et surtout en tant que partie d'une communauté, à s'arrimer avec une passion souvent exclusive à des tribus aux origines lointaines, aux contours incertains. Un jour, récent, pourtant je me suis surpris à plonger avec délectation dans l'aventure de la tribu Politzer.

En souriant.

Première certitude, Georges était né dans une famille juive, au cœur de l'Europe de l'Est.

Mais de quel petit territoire venaient les tout premiers Politzer ?

L'origine même du nom posait problème, des personnages célèbres, journaliste, médecin, portaient ce nom, parfois à une lettre près ; étaient-ils de ma famille ? L'envie de découvrir la branche originelle que Georges, athée convaincu, avait sciée, s'affranchissant du poids de la judéité familiale, me poussait à mettre en marche la machine à remonter les générations.

Plusieurs pistes pouvaient m'y conduire, mais aucune n'était suffisamment détaillée pour entraîner mon adhésion, lorsque me fut communiqué un article sur la « Tribu Politzer » écrit en anglais, traduit de l'hébreu, par un certain Bernard Politzer. Il m'ouvrait enfin de belles perspectives, du côté de la Hongrie, bien sûr, mais aussi de la Slovaquie, de la Tchéquie. J'y rencontrai des noms de villes, de rivières, inconnus de moi : Tisza, Puho, Trstena, Szeged, Szolnok… Et surtout, j'y retrouvai mon goût du jeu et des voyages. Cette vieille passion, cette vieille envie de matérialiser l'espace, de dresser des cartes.

Ce n'est plus à Bornéo ou sur les hauts plateaux africains que je joue maintenant, mais aux pieds des Carpates, des monts Tatras, dans les collines et les plaines de Moravie, dans la Puszta de Hongrie que je suis la trace de ces ancêtres lointains et proches.

Je ne dessine pas ; pas encore. Je lis, je classe, j'annote. Je surligne les noms des villes où je compte me rendre bientôt. Je collecte des images, vieilles cartes postales du début du siècle, colorisées, ou des photos contemporaines aux couleurs pimpantes de villages anciens, j'absorbe des tranches d'histoire, de fragments d'Europe baroque, châteaux, sculptures, clochers, pignons, enseignes, je veux saisir, comprendre la totalité de ce monde où mes ancêtres paternels ont vécu.

Je me balade sur mon écran d'ordinateur, me remplis les yeux avec les images des paysages qui ont servi de décor à cette famille. Mais ce voyage aux sources peut attendre ; celui qui importe le plus, celui qui doit m'ouvrir le monde de son enfance, de sa jeunesse estudiantine, c'est en Hongrie qu'il a lieu.

12.

Portrait du philosophe en jeune commissaire politique

Un matin de 1913, Georges Politzer, « jeune garçon aux cheveux d'or fondu, aux yeux gris clair moqueurs [1] », fixe la plaine hongroise qui défile lentement dans le cadre de la vitre du train ; des instants insaisissables, des fragments d'images se succèdent, troupeaux de bêtes à longues cornes qu'il perd du regard dans l'immensité blonde, trouée de marais luisants bordés de joncs couchés. Brève apparition d'un cavalier blanc, peau de mouton, gilet noir, un autre dressé sur ses étriers, disparu ; dix tours de roue ; le chaume doré d'une étable s'étire démesurément au ras des herbes, surgit la bascule en chêne d'un puits ancestral, paraphe tracé dans le ciel immense, gommé en un clin d'œil. Il sait tout de la campagne, ce jeune homme soigné, élégant, cravate discrète, gilet, costume croisé de très bonne coupe.

Dans son enfance il a suivi son père à chacune de ses nombreuses nominations comme médecin du travail,

1. Gyula Illyés, *Les Huns à Paris*.

fonctionnaire de l'Empire austro-hongrois, tantôt dans des cités industrielles au service des patrons d'usines, tantôt dans les campagnes au service des grands propriétaires terriens.

Le père de Georges, mon grand-père, Jacob, va naître à Puho, le 20 mars 1868, à quelques dizaines de kilomètres au sud-ouest de Trstená, sur la rivière Vag.

Jacob, à l'école, est un très bon élève. Il trouve autour de lui dans la communauté l'aide matérielle qui lui permet d'accéder à des études supérieures ; il sera médecin, puis très vite médecin de canton à Trstená où il entre au service de l'administration, qui l'envoie bientôt, comme directeur d'un sanatorium, à l'autre bout de la « grande » Hongrie, à Nagyvárad (Oradéa Mare), une très belle et grande cité des Carpates occidentales.

Sa seconde épouse, Ghisella Rosenberg, accompagne son médecin de mari. Elle trouve un emploi dans une compagnie d'assurances.

Bientôt enceinte, Ghisella met au monde, le 3 mai 1903 dans cette ville de Transylvanie, un garçon roux que l'on prénomme György : Georges.

Quelques années plus tard, la famille Politzer regagne Trstená où Jacob exerce alors la médecine du travail.

Combien de fois Georges s'est-il indigné d'entendre cet homme dur, autoritaire, brutal, houspiller, dans son cabinet de consultation, les paysans qui se plaignaient de leur conditions de travail, maltraiter les ouvriers et les petites gens, appliquant avec rigueur les ordres du sous-préfet et de la gendarmerie ? Il garde de ces échos perçus à travers la cloison qui séparait sa chambre du cabinet médical de son père une rage froide et une détermination bien ancrée à combattre l'injustice.

Et aujourd'hui, il part seul, loin de son père.

Ce voyage vers l'inconnu est pour lui une délivrance.

Panaches de vapeur, sifflements éperdus, bruit lancinant des roues, wagon qui tressaute à chaque raccord de rail, György, cheveux roux, vaste front collé à la vitre du train, guette les premiers indices de la ville qui l'attend ; SZEGED.

Face à lui, un voyageur, vieillard ridé, grosse moustache, s'éveille à l'approche de la ville, sa ville : « Je suis bientôt chez moi ! Nous arrivons, jeune homme ! Vois-tu j'ai tout perdu en 1879, le 12 mars, lors de la crue de la Tisza et du Maros. J'étais sculpteur sur bois, mon établi, mes gouges, mon tour, mes pièces de bois, six ans de séchage, tout cela au fil de l'eau. Tu sais les fleuves sont silencieux même gonflés des glaces des Carpates, mais là, j'entends encore les cris de ce fleuve. Ces jours, ces nuits, les appels des gens emportés par le courant, les craquements des maisons en bois dérivant quelques minutes, plongeant, disloquées, en creusant l'eau jaune d'un tourbillon d'écume, des édifices en briques s'écroulant comme un jeu de cubes d'enfant. Presque toute la ville a été engloutie, dévastée... tiens voici les premières maisons. »

Il se redresse, se penche pour découvrir sa ville qui se rapproche, un large sourire fait trembler sa moustache : « Szeged est aujourd'hui la plus belle de toutes nos villes ; la plus moderne, la plus gaie, dessinée comme un soleil. Toute l'Europe est accourue à notre secours ; des dons, des techniques, des hommes, des grands noms, ont concouru à sa reconstruction ; sois le bienvenu dans notre cité ressuscitée du déluge. De quelle région viens-tu jeune homme ?

– De Trstená où mon père est médecin. »

D'une main calleuse, trapue, le vieil homme serre la main de György tout ébahi de ce cours d'histoire vivante : « Merci monsieur pour cet accueil, merci pour votre récit qui est, presque, enfin j'ai le sentiment, oui, ne le prenez pas mal, digne d'Homère. »

Le vieillard sourit : « Bonne chance mon garçon ! »

György flâne le nez au vent devant les façades colorées de style néobaroque ou art nouveau, exubérantes, de cette ville toute neuve reconstruite avec l'aide technique et financière des grandes capitales européennes, Moscou, Londres, Bruxelles, Berlin, Rome et Paris, qui donnent leur nom à un boulevard dont l'arc ceinture le centre de la vieille ville. Paris a joué un rôle important dans la solidarité exceptionnelle qui s'est manifestée alors ; à chaque coin de rue, le nouvel urbanisme témoigne de l'influence de la France ; Gustave Eiffel a dessiné le Belvárosi híd, qui enjambe la Tisza de son élégante structure en fer. György regarde la calme Tisza, du haut de ce pont rutilant :

« Je suis très content que le premier homme dans ma nouvelle vie ait été ce vieillard aux mains nouées. »

Au cœur de la ville, s'ouvrant sur une place immense, le chantier de la cathédrale, gigantesque atelier à cœur ouvert battant, résonne aux rythmes des gestes répétés, de centaines d'artisans, d'ouvriers. Précision d'horloger, mélodies superposées, tierces, dominantes, contrepoint d'une scie à moteur.

György flâne dans les rues, yeux écarquillés ; plus loin il s'assied sur un banc dans un parc que borde un grand édifice public, statues, pigeons, femmes et landaus, enfants et cerceaux ; il suit des yeux une silhouette au chapeau extravagant, se lève, emboîte le pas de cette femme élégante et se perd un instant dans les rues aux façades jaunes, orange et roses ; elle s'arrête à chaque vitrine, attirée par le flot bouillonnant des tissus, les étoffes, la dernière mode, mais aussi fascinée, plus loin, par l'éclat des bijoux ; surprise, ravie devant des meubles *modern-style*. Cette femme virevoltante, légère, éveille en lui, l'image de sa mère. Ghisella Politzer, figure évaporée, inconsciente, vit en marge du réel, aime le théâtre, joue une comédie ininterrompue.

Elle se dérobe à tous les reproches ; femme d'un notable juif très préoccupé d'insertion sociale, elle esquive les remontrances de Jacob Politzer.

À chaque dispute du couple, parfois violentes, la voix du père enfle : « Ghisella, vous vous grisez de futilités, vous perdez votre temps en des promenades interminables quand cette maison bat de l'aile, vous perdez l'esprit, vos dépenses sont inconsidérées, vos robes vos chapeaux… en quelques heures vous dépensez des fortunes !

– Je ne comprends rien à cela mon ami. »

L'élégante, dans la rue, se retourne et sourit au très jeune homme. Une image chasse l'autre.

Georges fait le soir même son entrée au lycée de Szeged où l'attend son bagage.

Ces scènes, je les crée, je les imagine facilement à partir des textes de Georges que je possède et des images de la ville de Szeged, cartes postales d'époque, coloriées naïvement, un régal, mais je sais qu'il me faut y aller voir de près.

Octobre 2009. J'ai décidé de partir sur les traces de ma famille, installée depuis des siècles dans cet Empire austro-hongrois ; je veux retrouver, voir, dessiner, tous les lieux où ont vécu mes ancêtres Politzer.

Je commencerai par la Hongrie, la jeunesse de Georges, ses études ; un deuxième voyage me conduira plus tard en Bohême aux origines du nom, à Police nad Métuji.

J'y suis enfin dans cette ville superbe, dans Budapest aux façades baroques colorées qui font chanter les rues plantées d'arbres et les larges avenues aux maisons opulentes.

J'accomplis ce voyage grâce à Jean-Michel Politzer, mon neveu, fils de Jean Politzer, enfant du premier mariage de Georges avec Camille Nony.

Il m'accompagne dans ce périple aux sources avec une bonhomie et une gentillesse totales.

Mon ami, Julien Papp, historien hongrois professeur à Tours, nous a trouvé une accompagnatrice dévouée, Andrea Kozáry, archiviste de son état, parlant l'anglais et l'allemand, qui nous accueille avec son compagnon, Bertényi Iván, à Budapest. Son aide dans la capitale va s'avérer très précieuse.

Je suis au bord du Danube ; à mes pieds, le long du quai, sertie dans le granit, s'aligne une théorie de chaussures d'hommes, de bottines de femmes, de petites chaussures à boutons d'enfant, en bronze ; monument bouleversant dédié aux milliers de Juifs exécutés à cet endroit précis, jetés dans le fleuve ou entassés dans des fosses communes par les Croix fléchées à la fin de 1944… Je sais que des membres de ma famille y ont péri parmi tant d'autres.

Je m'arrache à l'insoutenable, à cette présence-absence, à ce témoignage de déni d'humanité perpétré, cette trace si forte de mémoire ; je me rends compte alors, et ce sera vrai à chaque rencontre que je ferai de l'horreur nazie sur cette terre, synagogues de Budapest, de Szeged, de Újpest où à quatre reprises le nom de POLITZER est gravé – lettres blanches sur le marbre noir parmi dix-huit mille noms de Juifs martyrisés –, je me rends compte que se mettent en place en moi, inconsciemment, les défenses profondes qui me font spectateur sans implication, distancié, protégé dans ma bulle ; la dépression viendra quelques jours plus tard à mon retour, deux jours au fond du trou.

Mais ici, je ne dois pas me laisser submerger.

Nous prenons la route pour Szeged, avec un petit crochet par Szolnok longeant à notre gauche la grande plaine monotone qui se perd à l'horizon, où déboulèrent au Ve siècle les petits chevaux des hordes d'Attila, le chef hun, qui fit de Szeged une place forte.

Je vais à la découverte de cette ville sauvée des eaux, et surtout à la recherche de ce lycée où Georges a fait son entrée en classe de deuxième (notre classe de sixième) jusqu'à la classe de sixième (notre seconde). Le soir, nos bagages déposés à l'hôtel situé à quelques pas du fleuve Tisza, nous nous dirigeons vers les quais, longeons un imposant bâtiment jaune paille - orange, qui selon nous pourrait bien être le lycée que nous cherchons ; je vais m'asseoir face au fleuve sur les gradins qui talutent la rive jusqu'au nouveau pont construit après les destructions de la dernière guerre en lieu et place de la structure savante que Gustave Eiffel avait érigée en 1880.

L'ouvrage d'art est aujourd'hui un arc vert tendu sur l'eau.

Le lendemain matin, nous apprenons que le bâtiment jaune paille de style classique longé la veille est bien le lycée Miklós-Radnóti, ancien Lycée central, où Georges a fait ses études.

J'entre dans un temple consacré aux études. Son architecture intérieure est superbe, imposante, les volées d'escaliers et les voûtes sont dignes d'un palais ! Malheureusement, il est interdit de photographier et surtout aucune archive n'est conservée sur place, elles sont toutes déposées à la bibliothèque de la ville, place du Dóm.

Le Dóm, c'est la cathédrale, gigantesque, celle que Georges, lors de son arrivée, a entendue résonner des bruits des masses des tailleurs de pierre, des grincements des engins de levage et des cris des artisans ; c'est aujourd'hui une sorte de bijou ocre rouge foncé, fiché dans l'écrin d'une place monumentale aux façades en briques presque noires, rythmées par des arcades qui jouent à imiter la place des Vosges à Paris. C'est là que je trouve la bibliothèque… fermée ; j'écrirai dès mon retour.

Il me reste deux lieux à découvrir : la rue Juhász-Gyula où était l'internat Adolf-Paul, lieu de résidence de Georges et de ses compagnons, et la place de la Mairie, haut lieu de la prise de pouvoir par les révolutionnaires communistes de 1919.

Nous trouvons bien la rue, mais parmi les beaux bâtiments colorés qui pourraient avoir jadis abrité l'internat, rien n'indique aujourd'hui sa présence…

La mairie est bien là, elle, avec son campanile, et sur son balcon je vois Georges, les cheveux roux en bataille, derrière Kovács et ses amis, qui, face à la foule, proclament la Révolution ; ces hommes et ces femmes qui ont envahi le vaste parc public, piétinant les parterres fleuris, écoutent avec ferveur les leaders du tout jeune Parti communiste leur annoncer des temps nouveaux. Bien des photos de cette révolution montrent cet élan populaire.

J'ai trouvé ce que je cherchais à Szeged, je vais pouvoir compléter et poursuivre le récit dans lequel se sont déroulées ces années décisives. Avec dans les yeux, pour toujours, le décor de cette superbe cité.

Je sais que dès ses premières années au lycée, mon père fait de brillantes études, ses amis d'enfance en ont témoigné dans plusieurs écrits. Il est même immédiatement classé parmi les meilleurs élèves, je vais y revenir. Mais j'ai besoin de mieux comprendre, tout d'abord, le climat dans lequel se sont déroulées ses études. Georges Politzer a 11 ans au moment où se déclenche, entre le 28 juin et le 28 juillet 1914, le conflit qui va saigner à blanc l'Europe durant quatre années.

Plongé dans les livres d'histoire, j'essaye d'imaginer l'onde de choc de ces combats, loin du théâtre des opérations, dans la Hongrie baroque de l'Empire austro-hongrois, parmi la population qui ne dispose comme seul canal d'information que de la presse écrite.

Je découvre au fil de mes lectures les forces, la colère, les manifestations, les grèves, les révoltes qui ont agité la société hongroise durant cette période, les heurts qui la secouent violemment au moment où Georges aborde ses études secondaires. Je le vois dans ce lycée imposant où, dès le seuil franchi, le regard se perd dans un véritable décor d'opéra, dont les arcades blanches monumentales me rappellent les structures de Piranèse, où les élèves doivent obéir à une discipline militaire, à des règlements stricts : mise en rang, appel, déplacements à pas comptés, révérence aux professeurs, tenue vestimentaire impeccable.

Des bouleversements qui agitent l'Europe, j'en imagine les échos qu'en reçoivent les lycéens de Szeged, dans cette cité douillette, coquette, à moins de deux cents kilomètres de Budapest ; je vois facilement dans la cour de récréation, où évoluent aujourd'hui des jeunes en jeans, chemisettes et blousons, des groupes se former et discuter à voix basse, avec passion, les nouvelles qui arrivent d'un monde en guerre, tout proche.

Comment la violence de ce temps aurait-elle pu ne pas avoir de répercussions profondes sur cette jeunesse ?

Là aussi je regarde des cartes, je les annote, je dessine quelques croquis, mais je n'ai aucune envie de jouer. J'ai sous les yeux les journaux qui en cette fin de juin 1914 titrent en manchettes géantes « Assassinat à Sarajevo de l'archiduc François-Ferdinand d'Autriche ».

L'Histoire va s'accélérer.

Les grandes nations sont entrées en guerre ; elle va durer quatre ans.

De 1914 à 1920, des tranchées de Verdun écrasées sous les obus de la guerre jusqu'aux bourbiers des confins de la Sibérie ravagée par la guerre civile antibolchevique, ces six années vont voir se dérouler sur le continent européen les plus grandes tueries que l'humanité ait connues jusqu'alors.

Je ne sais qui m'a donné cet article de Endre Bajomi Lázár, intitulé « Jeunesse de Politzer », ni dans quelle revue il fut publié. Il est illustré d'une photo de Georges, très jeune, étudiant tiré à quatre épingles qui prend la pose, regard droit, sérieux, serein ; nul sourire moqueur, il a abandonné pour un instant, que je sens très bref, les sarcasmes et la moquerie, qui, selon Lázár, le caractérisent, il est impassible, mais cela ne va pas durer longtemps ; remise de prix, de diplôme, intronisation ? La légende de cette photo indique : « Politzer lycéen ».

J'étale mes archives photos, je trouve un tirage bistre d'un autre cliché, Georges a un an de plus peut-être, 15 ans, le regard insondable, le visage lisse d'un adolescent sérieux ; qu'a-t-il vu, que pressent-il qui durcisse à ce point ce visage que rien n'anime ?

Je m'arrache à l'hypnotisme de cette photo, je ne veux pas lui en faire dire plus, sinon qu'au moment de cet instantané, l'Europe est un charnier et son pays, la Hongrie, s'enfonce dans une révolution violente, marquée à ses débuts par la liesse populaire de la « révolution des Marguerites ».

Ce bloc d'énergie, ce visage figé pour la postérité est resté longtemps insondable pour moi. L'article de

Lázár me fournit quelques-uns des éléments du drame qui se joue en arrière-plan ; il révèle surtout par petites touches un portrait du révolté. Au moment même où Georges pose, jeune agitateur étudiant, il vient de passer de la révolte à la révolution. C'est à Szeged qu'a lieu cette mutation.

« Georges faisait partie dès le début de sa scolarité des étudiants les plus brillants du lycée, raconte son camarade István Kormányos, le corps enseignant le citait en exemple aux autres élèves ; à tel point que dans son livret scolaire de classe de V^e^, il est fait mention que la gratuité des études pour cette période lui a été accordée. »

Les facéties et l'humour caractérisent ce jeune garçon doué pour l'éloquence, ainsi qu'une fougue et une certaine violence. Il est président, à 16 ans, du Conseil du lycée. Les pensionnaires n'ayant pas obtenu par les voies pétitionnaires le renvoi de deux surveillants dotés d'une insigne brutalité, Georges rassemble un soir ses camarades dans le dortoir de l'internat Adolf-Paul. Dans une harangue vibrante dont il possède déjà l'art consommé, il persuade très naturellement les lycéens de se faire justice eux-mêmes. On dresse des barricades dans la salle d'études, la punition par bastonnade est adoptée à main levée ; les modalités sont définies dans l'instant qui suit : chacun se saisit d'une chaise ; à l'heure dite l'embuscade est tendue, les coups pleuvent sur le dos d'un de ces pions, devenu le symbole d'une discipline insupportable.

L'hebdomadaire local *Igazság* (« Vérité ») publia, le 17 (ou le 21 ?) février 1919, un article demandant avec force la révision de la discipline des internats, dans lequel d'aucuns reconnurent la plume de Politzer.

Aux premiers jours de l'année 1918, une crise économique, politique et sociale a frappé la Hongrie. À Budapest, au cours de nombreux meetings, on réclame la constitution de conseils ouvriers sur le modèle de la révolution russe.

Arrêts de travail, défilés, manifestations, répression s'enchaînent jusqu'à la grève générale de Budapest où la troupe tire : quatre ouvriers morts et plus de vingt blessés jonchent le sol devant les ateliers de chemin de fer ; c'est le soulèvement général qui aboutit à la formation d'un conseil ouvrier. En ces derniers jours de guerre perdue sur tous les fronts, à l'extérieur comme à l'intérieur, c'est la débâcle pour l'Empire austro-hongrois.

À Vienne, la proclamation de la République autrichienne le 12 novembre entraîne, trois jours plus tard, la proclamation de la république de Hongrie par le comte Károlyi.

Le tout jeune Parti communiste hongrois, fondé fin novembre 1918, organise des actions de masse et lance des revendications révolutionnaires. Ce 18 mars 1919, anniversaire de la Commune de Paris, les ouvriers de Csepel proclament, par cinq mille voix contre trois, la dictature du prolétariat.

Dès les premiers jours de l'insurrection, à Szeged, loin de la terreur révolutionnaire qui règne sur la capitale, Georges Politzer, qui a adhéré au Parti communiste hongrois en janvier 1919, commence à militer avec des cadres, dont Andorka Kovács, chef de l'Armée rouge hongroise, effectuant un travail de propagande auprès de la jeunesse des écoles, très nombreuses dans la ville. Les révoltes lycéennes récentes le conduisent à embrasser la révolution.

Le 2 février, Georges Politzer est délégué de Szeged au meeting des étudiants organisé à Budapest dans le lycée central de la rue Barcsay. Au cours de ce rassemblement, la jeunesse scolaire formule des revendications révolutionnaires, entre autres la suppression du baccalauréat ! Ce même jour, les délégués font la connaissance d'un « journaliste » de *Pesti Hirlap* (« La Gazette de Pest ») ou de *Az Est* (« Le Soir ») ; il se vante de connaître un commissaire du peuple à l'instruction publique, Zsigmond Kunfi, ainsi qu'une actrice aventurière, Marguerite Vészi... tout en extorquant à l'un des étudiants sept kilos de paprika !

Le bonhomme se débine tandis que Georges et ses amis attendront en vain que les deux journaux se fassent l'écho de leurs revendications.

Un article parut, le 21 février 1919, dans l'hebdomadaire local *Igazság* (« Vérité »), écrit par Georges sous le titre : « Comment les élèves de Szeged furent roulés ! »

À la suite de tous ces événements, la direction du lycée de Szeged décidera de renvoyer Georges Politzer.

Fin 1918, à la suite de grèves massives, un climat prérévolutionnaire se fait jour en Hongrie ; les premiers soviets apparaissent. Les Alliés, Anglais, Polonais et Français, qui craignent l'extension d'une zone d'influence communiste autour de l'URSS, s'appuyant sur les Roumains, les Tchèques et les Serbes déterminés à créer leur propres États, exercent une menace contre la Hongrie du gouvernement Károlyi ; celui-ci « transmet le pouvoir au prolétariat » : sociaux-démocrates et communistes proclament le 21 mars la république des Conseils.

Le 3 avril 1919, des élections ont lieu ; sur quatre millions d'électeurs, deux millions et demi de suffrages s'expriment pour la première fois dans l'histoire hongroise.

Une Constitution provisoire voit le jour. De nombreux décrets sociaux novateurs sont édictés, mais les conflits politiques commencent.

S'instaure alors une « dictature du prolétariat » qui va faire des centaines de victimes, essentiellement à Budapest, terrorisées par des groupes armés, les « gars de Lénine », la Garde rouge de Béla Kun et de ses compagnons.

À la fin du mois d'avril, les troupes roumaines, à qui les Alliés ont promis de nouveaux territoires en échange de leur participation au conflit, atteignent le fleuve Tisza qui coupe la Hongrie du nord au sud.

Le Conseil des cinq cents organise la défense de Budapest et en dix jours, cinquante mille hommes sont armés et réalisent la plus spectaculaire offensive de l'Armée rouge. Le 24 juin, le Grand Conseil organise l'écrasement d'une « insurrection blanche ».

La révolution a libéré des énergies insoupçonnées dans la population : prolétariat, armée, petite bourgeoisie, milieux littéraires et artistiques, y compris dans les couches les plus pauvres de la paysannerie.

Des jeunes de 15 à 18 ans assument des responsabilités de premier plan dans les écoles, les centres d'apprentissage, les usines.

Georges, enthousiaste, multiplie les réunions de propagande auprès des milieux étudiants.

La révolution décrète la religion « affaire privée », les églises sont transformées en salles de meetings et des profanations y sont courantes. Malgré cela, l'Église calviniste de Debrecen salue le bolchevisme comme la « réalisation du royaume de Dieu prêché par le Nazaréen »…

Des réformes audacieuses sont lancées dans l'enseignement avec l'aval du philosophe György Lukacs et dans d'autres domaines avec le concours actif de grands musiciens et poètes comme Béla Bartok, qui, fort de son travail de recensement et de collectes de chants populaires, accepte le poste de directeur de la section Folklore. Ernö Dohnányi, Zoltán Kodály, Gyula Illyés, Tibor Déry, et bien d'autres, participent à ce mouvement prometteur.

Georges s'est donc engagé aux côtés des révolutionnaires, et il va travailler quelque temps à l'hôtel de ville de Szeged, où il a rejoint Andorka Kovács et ses amis dans les rangs de la république des Conseils.

Mais c'est dans Szeged, ville très proche de la frontière sud, que les troupes roumaines puis tchèques, envahissant la Hongrie, pénètrent quelques jours après le début de la révolution. C'est aussi tout particulièrement à Szeged que le noyau de la résistance antibolchevique va s'installer et se développer. En peu de temps, les troupes françaises composées en grande partie de tirailleurs sénégalais et commandées par le maréchal Franchet d'Espèrey interviennent pour nettoyer la ville de tout ferment de révolte.

Devenu à 16 ans le commissaire politique de son unité, Georges apprend sur le tas le maniement des armes ; passent ainsi entre ses mains des carabines fournies plusieurs années auparavant aux Russes par les Américains, des Winchester modèle 1895, des fusils russes Mosin-Nagant à répétition 7,62 ou modifiés

8,50 pour cartouches autrichiennes. Ses amis et lui ont basculé brusquement dans la guerre.

Et c'est soudain la bataille de Szolnok, petite ville clé sur le fleuve Tisza, sur les berges duquel les troupes roumaines ont repris l'offensive.

J'ai parcouru cette route qui mène de Szeged à Szolnok en longeant la Puszta, plaine triste aux cultures rares, désespérément plate, vaste corridor de toutes les invasions, celtes, mongoles, turques… seconde voie de pénétration avec le Danube. J'imagine Georges et ses copains en fuite, faisant halte dans une de ces fermes qui bordent la route, qui offrent aujourd'hui des patates et des oignons aux passants, je le vois mangeant une soupe brune, qui cale le ventre ; il avait déjà, j'en suis sûr, un appétit d'« ogre des Carpates » : l'appelait-on déjà comme cela ?

À Szolnok, le pont est l'enjeu des combats.

Je suis devant ce pont dont les deux piles en pierres de taille n'ont apparemment pas bougé ; seul, le tablier est neuf. Je foule cette herbe où Georges a vécu un moment rare dans la vie d'un tout jeune homme ; mon imagination se bloque ; bien sûr, les barques à fond plat sur les berges sont là de toute éternité, mais cela ne suffit pas ; il me faut trouver des images de l'époque pour visualiser vraiment ce pont de Szolnok dont je fais chanter le nom depuis plusieurs mois, et pour tenter de construire, de reconstituer des scènes. Je vais dénicher dans une toute petite librairie dont j'entrevois la minuscule vitrine *in extremis* un livret de cartes postales anciennes, dont la première représente le pont en fer sur ses deux piliers ! La photo date de 1918, un an avant les combats.

Je peux maintenant imaginer cette bataille.

Accroupis derrière un muret, Georges et sa troupe d'étudiants, son ami G. Illyès, L. Fekate[1] – ils ont à peine 16 ans –, reçoivent le baptême du feu ; les balles s'écrasent autour d'eux, levant des odeurs de silex ; impossible de bouger la tête pour voir l'ennemi ; attendre le signal de la manœuvre de diversion pour lâcher le coup de fusil. Le ronflement métallique des engins motorisés, sur l'autre rive, succède à la fusillade. Du côté des révolutionnaires c'est le désarroi ; on ne tiendra pas longtemps ; on se replie en rampant, on gagne l'abri des premières maisons lorsque les mitrailleuses ennemies se mettent en batterie ; elles crépitent, lacèrent les enduits jaunes et roses des façades. Dans les arrachements colorés des rafales, dans la poussière : la mort ; Tibor, Franz, Eugène tombent. C'est la retraite, la fuite chacun pour soi…

1. Lajos Fekate (1900-1973), poète hongrois l'avant-garde.

Cette révolution finit dans un bain de sang. La Commune hongroise est écrasée fin juillet 1919, les cadres de la révolution furent liquidés, bon nombre d'entre eux furent fusillés, d'autres, prisonniers de l'armée française, finirent à Cayenne.

L'archiduc Joseph confie à l'amiral Miklós Horthy le commandement en chef de l'armée nationaliste et légitimiste qui commence la reconquête du pays.

Au début du mois d'août, la répression antirévolutionnaire se déchaîne : mutilations, viols, exécutions, déportations, fusillades, pendaisons, mitraillage des populations se succèdent. Cinq mille personnes mourront, dont environ trois mille Juifs, soixante-quinze mille seront incarcérées, cent mille émigreront de gré ou de force. Communistes, socialistes, bourgeois libéraux, artistes, scientifiques périront par centaines.

Des pogroms contre les Juifs seront perpétrés…

De l'avis même de certains des acteurs de ces atrocités, l'horreur a atteint là des sommets insoutenables, développant à grande échelle, quinze ans avant Hitler, l'abomination criminelle du nazisme.

Parmi les mesures de rétorsion prises par la contre-révolution triomphante, le ministre de l'Instruction publique, sur décret, fait déchirer en 1920 le livret scolaire de l'élève communiste Politzer.

Selon un témoignage sur d'autres points très peu fiable, Georges et quelques-uns de ses camarades étudiants auraient été enfermés par les contre-révolutionnaires dans la maison de correction d'Aszód en janvier 1920, d'où ils se seraient échappés très vite… ce dont Georges ne parle pas dans sa biographie, citant en revanche pour cette courte période qui suit la bataille du pont de Szolnok un bref séjour à

Czegléd, à environ trente kilomètres de Szolnok, ce qui semble vraisemblable.

Dans une autre version que Georges raconta lui-même à Paul Nizan dans les années 30, il fut recherché à Szeged, devenu le quartier général des forces contre-révolutionnaires, qu'il avait quitté précipitamment, sa tête mise à prix ; un homonyme aurait été fusillé à sa place.

Cette république des Conseils de Hongrie a vu, durant quatre mois, naître des espoirs, des projets fous, des luttes, des violences inouïes ; une parenthèse de quatre petits mois riche en événements. Georges, tout jeune révolutionnaire, aura fait l'expérience de la réalité, confronté des idées généreuses avec les contingences de l'histoire de son pays et de l'Europe ; il aura découvert les avancées et les reculades, les échecs politiques, les erreurs dramatiques ; il aura vécu la violence absolue du conflit entre ceux qui possèdent, ceux qui régentent l'Europe, et la masse immense de ceux qui n'ont en propre que leur force de travail et qui aspirent à une vie libérée de cette oppression ; durant ces tout petits mois, il se sera battu pour apporter à ce peuple une autre idée du monde. Raconta-t-il jamais en détail ces événements, les personnages souvent extraordinaires, quelquefois troubles, parfois très dangereux qu'il a côtoyés ? Je ne sais pas. Mais ces quatre mois auront marqué profondément ses choix, sa radicalité, et donné sans doute à son engagement politique une violence et une pugnacité peu communes.

Nous sommes alors au mois d'août 1919, c'est la fin des combats, la fin de la révolution des Conseils, la fin des « vacances »... Une année scolaire va s'ouvrir bientôt et Georges va devoir poursuivre ses études, faire sa première (septième), puis sa philo.

Fin août 1919, Georges a rejoint son père, médecin d'arrondissement, qui exerce dans la petite ville de Lörinci à une quarantaine de kilomètres au nord-est de Budapest, département de Nógrád. Je sais par différents témoignages confirmant celui de Georges que Jakab (Jacob) Politzer, mon grand-père, y a séjourné ; en effet, il accueille son fils et le protège en le faisant profiter de ses relations, celle principalement d'un prêtre de la paroisse qui prend Georges en grande estime. Le poète Gyula Illyés indique dans un texte donné aux *Lettres françaises* le 13 mai 1947 que le père de Georges « aurait accepté un poste pendant la Commune hongroise de 1919 ; poste peu important d'ailleurs et dans le cadre de sa profession, mais qui ne lui en valut pas moins des persécutions après la chute de la Commune ».

J'ai hâte de visiter Lörinci et de tenter de trouver à la mairie du lieu, dans des registres, les traces de ma famille, et surtout de déterminer les dates précises de ses séjours à Lörinci ; peut-être Georges y résida-t-il étant très jeune, mais plus sûrement lors de cette fameuse année « manquante », celle de la classe de première.

Le bourg étale des maisons clairsemées dans une campagne triste, bornée au nord-est par les monts Matra, qui culminent à un peu plus de mille mètres. À quelques kilomètres du bourg, des usines dont les bâtiments sont anciens. Jacob était médecin de canton spécialiste de la médecine du travail. Hélas, ce jour-là la secrétaire de mairie qui me reçoit ne parle ni anglais ni allemand et je dois envisager de faire écrire une demande de renseignements, à mon retour, par un ami hongrois.

De retour à Budapest ce vendredi matin, à quelques heures de reprendre l'avion pour Paris, je suis, dans la rue Barcsay, devant l'imposante façade du lycée

Imre-Madách ornée de mosaïques, représentant des figures antiques, muses des arts et des disciplines de l'esprit, enveloppées dans de lourds drapés aux plis soulevés par le vent. C'est dans ce même lycée que Georges fut le délégué de Szeged le 2 février au meeting des étudiants...

J'espère vivement apprendre ici, enfin, où Georges a fait ses deux dernières années d'études.

Renvoyé de l'Éducation nationale en classe de seconde, après les événements de Szeged, sachant qu'il a passé son bac à Budapest, dans quelles conditions a-t-il pu faire sa classe de première durant l'année scolaire 1919-1920 ?

Je sais que c'est durant cette période qu'il apprend le français. Il alterne ses heures d'études avec une activité militante intermittente auprès des ouvriers, organisant parfois des « conférences politiques » dans des usines de la région.

Georges apparaît à ses amis qui le rencontrent alors comme une tout autre personne ; très éprouvé par la chute de la république des Conseils, ce jeune homme distingué est devenu pensif, distant, taciturne. Il confie un jour à l'un d'eux qu'il apprend la langue française car il veut s'inscrire à la faculté de Paris. Il parle déjà trois langues : le hongrois, l'anglais, l'allemand.

Notre interprète Andrea, Jean-Michel et moi franchissons la porte du lycée, montons les marches en marbre de couleur qui conduisent à la petite loge du gardien, guérite vitrée d'un autre temps, véritable monument historique ; nous sommes attendus.

Résultat inespéré des démarches d'Andrea auprès de la direction, le secrétariat du lycée m'a préparé le registre des élèves de l'année 1920-1921 ouvert sur une double page, où figurent deux bulletins, deux noms : Politzer ; à gauche Georgy, mon père, à droite,

Imre, un homonyme inconnu, nés tous les deux la même année 1903. Et en prime, c'est sur ce registre que figure la mention de son passage, l'année précédente, au Lycée central public Manó-Wágner de Rákospalota, banlieue nord de Budapest, en tant qu'élève libre, assortie d'une bonne appréciation de ses résultats et de son comportement.

Sa classe de première terminée au lycée Wágner, c'est donc dans ce lycée, aujourd'hui « Imre-Madách », de Budapest qu'il est admis pour faire sa classe de philosophie pour l'année scolaire 1920-1921.

C'est aussi l'inscription marginale sur cette page qui me confirme que Jacob, mon grand-père, médecin d'arrondissement, habitait alors à Lörinci.

Numéros des bulletins : 418.

Registre nominatif principal de la classe de VIIIe B du Lycée d'État central hongrois royal du VIIe arrondissement (rue Barcsay) pour l'année scolaire 1920-1921.

J'ai sous les yeux les appréciations de fin d'année de chaque matière enseignée :

Comportement........................ convenable

Disciplines :	**Notes :**
Religion et morale	très bien
Langue et littérature hongroise	très bien
Langue et littérature latine	très bien
Langue et littérature grecque	passable
Langue et littérature allemande	très bien
Histoire (et connaissance économique et juridique)	très bien
Sciences naturelles	bien
Mathématiques	bien

Dans la cinquième colonne, à la rubrique « Observations concernant la maturité intellectuelle, l'application, l'attitude, les manières de l'élève et éventuellement certaine disciplines » :

« Élève particulièrement intelligent. Il possède un bagage appréciable. Son attitude n'est pas assez modeste. »

Sur cinquante-huit élèves, ont obtenu les résultats :

8 « très bien »,

19 « bien »,

29 « passable »,

1 « insuffisant »,

1 « parti au cours de l'année ».

Voilà ! Belle moisson, merci Andrea, merci à son compagnon Iván, qui nous ont accueillis avec tant de gentillesse et d'efficacité ! Me voici en possession des photocopies de ces précieux documents, je jette un coup d'œil dans la cour de récréation que l'on m'autorise à photographier ; rien n'a changé, c'est évident, hormis les jeunes gens vêtus de bleu qui jouent au basket…

L'escalier majestueux aux balustres en marbre qui monte au deuxième étage semble avoir été construit pour l'éternité ; comment un décorum pareil pourrait-il ne pas induire une discipline rigoureuse, et chez les élèves un respect de l'enseignement et de leurs professeurs ? Dans le couloir, sur les murs, se perpétue l'histoire de ce lycée, à travers le souvenir des grandes figures qui ont fréquenté ces lieux : de vieilles photos de professeurs, dûment légendées, ainsi que celles des quelques élèves qui sont devenus eux aussi des personnages célèbres ; Robert Capa, le grand photographe ; Imre Kertész, prix Nobel de littérature 2002 ; Péter Bacsó, cinéaste…

C'est donc à Budapest, dans cet écrin de l'enseignement secondaire, que Georges va passer son baccalauréat au mois de mai 1921.

Dès son oral obtenu au début juin, son diplôme en poche, il entreprend le voyage au pays de Diderot avec *Jacques le Fataliste* serré contre son cœur. Ce sera toujours son livre de chevet.

Sur le chemin de la France, il séjourne quelques semaines à Vienne où il découvre Freud, suit peut-être des séminaires de la Société psychanalytique, côtoie sans doute Ferenczi ou, à tout le moins, dévore tous les ouvrages disponibles du maître de la psychanalyse : cette rencontre va être déterminante et s'inscrira au cœur de son œuvre philosophique.

À la même époque, à Paris, peu de philosophes connaissent vraiment Freud et les ouvrages qui lui sont consacrés émanent surtout de médecins comme Laforgue et Allendy.

Georges a 18 ans. Auréolé de cette fréquentation intellectuelle exceptionnelle et de son engagement dans la révolution hongroise, il arrive un matin au Quartier latin…

Le poète hongrois Gyula Illyés, son ami, dira de lui à cette époque : « C'est un jeune homme à peine sorti de l'adolescence, il appartient à cette catégorie d'êtres à qui tout va bien. Il était en cela semblable à ces privilégiés sur qui le plus méchant vêtement prend l'allure d'un complet sur mesure, simplement parce qu'ils sont bien faits et que leurs mouvements sont naturellement harmonieux. Tout allait bien au jeune Politzer : le sarcasme, la causticité, le scepticisme et même un sentimentalisme intermittent… »

C'est ce jeune homme élégant que j'ai rencontré sur mes photos.

13.

À NOUS DEUX PARIS !

J'ai accompagné Georges, très jeune, lors de son voyage pour Szeged quelques années plus tôt. Je l'imagine aujourd'hui dans le train pour Paris. Sous la même chevelure rousse et le vaste front, son regard intense dévore le paysage, saisit au vol l'activité

des hommes dans des décors inconnus ; il assemble comme les pièces d'un nouveau puzzle ces éclairs de réalité ; je le vois serrer les poings, gestes secs, brefs, imperceptibles.

Il émerge enfin de deux années plombées, mais ici, sous ses yeux, à chaque tour de roues, le paysage s'invente.

Pour ce jeune émigré enfiévré, à la culture déjà immense, la mémoire de l'Europe jaillit, se déroule et s'accélère : forêts, rivières, collines, hameaux, jardins, prairies, usines, toute cette terre de France l'envahit, l'Histoire le charge d'une énergie sans pareille.

Il éclaterait bien d'un rire tonitruant, mais le visage fermé des voyageurs l'en dissuade ; ce n'est que partie remise.

Je l'entends grommeler, ricaner, « j'y suis, à nous deux Paris, tiens-toi bien ! ».

Gare de l'Est, une journée du mois d'août 1921, Georges descend du train de Vienne. De son séjour, avéré, dans la capitale autrichienne, de sa durée exacte, des rencontres qu'il y a faites, on ne sait rien, mais on peut légitimement penser qu'il mit à profit les quelques semaines, entre la fin du mois de juin et le mois d'août, qu'il a passées à Vienne pour découvrir et lire des œuvres de Freud et celles de Ferenczi, entre autres celles publiées à cette époque dans la *Revue internationale pour la psychanalyse*.

Sa connaissance de l'œuvre de l'inventeur de la psychanalyse s'affirme dès cette époque. Ce dont témoignent d'une part ses compagnons d'études, mais surtout son œuvre elle-même.

Il a donc dans ses bagages les œuvres de psychanalystes et de philosophes allemands peu connus en France, mais aussi celles de Diderot, Voltaire et Descartes, auteurs qui ne le quitteront jamais, qu'il dévore et dont il parle maintenant la langue.

Je pense que l'émotion qui submerge ce jeune homme de 18 ans au moment où il pose le pied sur le sol de la France le cloue sur le quai quelques instants. La bousculade, le flot des voyageurs l'entraînent vers la sortie ; il lorgne les porteurs à casquette noire et petite blouse au col arrondi tout de gris vêtus qui poussent leur chariot croulant de bagages, et quelques élégantes sous leur capeline, qui agitent la main discrètement, retrouvailles, embrassades, et les chauffeurs qui hèlent le client sur le trottoir devant leur taxi de la Marne rouge et noir ! Il jubile, éclate de rire ; un gamin le regarde médusé.

Sa garde-robe est légère mais les livres pèsent au bout de son bras. « Montmartre » ; premier mot dans la langue de Voltaire sur le sol de ses chers philosophes, dans un français sans accent, chose rare pour un Hongrois : « Montmartre, est-ce loin, peut-on y aller à pied ? »

Georges est à Paris, mais sans aucune ressource.

La seule personne ici avec laquelle il peut établir un lien, c'est un oncle, Árpád Partos, installé au pied de la butte ; hélas, celui-ci ne peut lui offrir ni le gîte ni le couvert.

J'ai rencontré l'oncle Partos, brièvement, il y a très longtemps, aux alentours de mes 20 ans, je ne savais rien des relations éphémères qu'il avait entretenues avec mon père et je n'avais à l'époque aucune question à lui poser ; rendez-vous familial manqué !

Georges passe sa première nuit dans un centre d'accueil, puis, dès le lendemain, il court vers la rive gauche, remonte le Boul'Mich, contemple la Sorbonne.

Son premier but : s'inscrire à la faculté de lettres.

Au Quartier latin, les informations circulent entre étudiants exilés ; il se présente à l'Association des étudiants protestants, chargée d'aider les étrangers ; il va vite découvrir que l'on y accueille plus particulièrement les « étudiants » russes des armées blanches en voie de liquidation.

Quelques collègues émigrés le mettent en relation avec le professeur Eisenmann ; celui-ci s'occupe précisément d'accueillir ces drôles d'étudiants russes et de leur fournir une aide matérielle, aide qui lui est accordée tout comme lui sont octroyées des cartes de restaurant, qui vont lui permettre de survivre durant ces deux années 1921-1922.

Suivant toujours une filière courante dans le milieu des étudiants d'Europe centrale sans ressources à Paris, Georges obtient en 1922-1923 un prêt de la JCA, la Jewish Colonial Association, « entreprise coloniale de Rothschild » (Georges Politzer *dixit*).

Fort heureusement, le remboursement de ce prêt ne lui fut jamais demandé.

Les diplômes hongrois n'ayant aucune valeur en France, il doit repasser ses examens pour accéder à l'enseignement supérieur ; quatre ans plus tard, il sera agrégé de philosophie.

De ses débuts à Paris, Georges mentionne quelques détails dans son autobiographie. Le poète hongrois Gyula Illyés, qui fut son ami durant leurs premiers mois d'études, en relate d'autres aspects dans quelques articles de presse que j'ai la chance de posséder. Mais surtout, dans son roman *Les Huns à Paris*, Illyés brosse le portrait de Georges Politzer à travers un personnage qu'il nomme Pulcher.

La scène se passe précisément dans le grand restaurant universitaire à Paris où se retrouvent des étudiants d'Europe centrale sous la pression des événements politiques :

> Georges regard enflammé et méprisant, l'éclat de ses yeux trahit qu'il méprisait la compagnie, qu'il ne la trouvait pas digne de lui, il ne faisait peut-être que la faire marcher. Il régnait sur le groupe et n'hésitait pas à abuser de ce pouvoir. [Georges] Pulcher le regarda comme on regarde un chien qui veut nous suivre et auquel on ordonne de rester à sa place. Invariablement ses yeux brillaient dans l'heureuse lumière de la taquinerie. Avec la ténacité d'un juge d'instruction, il tenait à consigner les faits. Le bourreau joue au chef ! Il se leva et prit son Kant et son Spinoza et le premier volume de la Psychologie de Dumas qui venait de paraître.
>
> Un autre jour nous étions assis en essaims collectifs, dans la cantine à bon marché des apatrides orientaux de la rue Monge, toiles cirées sur les tables, réfugiés des pogroms baltes et ukrainiens avec les officiers de la garde organisateurs de ces pogroms, puis ces officiers avec les Petliouristes et les Makhnoistes qui les avaient chassés et qui à leur tour furent chassés par les Rouges.
>
> Au fond de la salle, nous étions assis dans le « Bassin du Danube ». Les visiteurs du bassin étaient du premier au dernier des révolutionnaires…
>
> Là aussi il accomplit bien son devoir. C'était l'époque du premier grand flux vers l'Ouest de la jeunesse juive d'Europe centrale ; déjà les portes des universités se refermaient devant eux ; Pulcher s'efforçait de bien choisir les plus méritants ; pour les cent cinquante francs mensuels, il exigeait en contrepartie la fréquentation des cours. Ces cent cinquante francs étaient peu même pour vivoter, le logement en absorbait la moitié. À cette

époque-là fut dissous à la porte d'Orléans le camp de baraquement des soldats russes bloqués en France pendant la guerre de 14-18 ; on ne les avait pas détruits et on les attribua à d'autres réfugiés. Par bravade Pulcher obtint là aussi quelques places pour des étudiants réfugiés, en se mettant d'accord avec le président protestant de l'Association mondiale des étudiants chrétiens et qui par hasard était également un disciple de Dumas. Ces chrétiens participaient eux aussi à la direction du réfectoire de charité de la rue Monge. Sans trop de peine Pulcher put obtenir chaque semaine un paquet de tickets pour tous les étudiants nécessiteux hongrois juifs ou non.

À cette époque c'était le plus souvent de Transylvanie qu'un étudiant chrétien arrivait à Paris ; la majorité des étudiants de Hongrie vivaient soit de bourses gouvernementales, soit des fonds gérés par Pulcher, naturellement à une distance sidérale les uns des autres ; les enfants de même langue maternelle se divisaient en plusieurs camps, les haines et les jalousies étaient sensibles. Seul le diable aurait pu s'y reconnaître dans ces affaires de confessions et d'origines. À la sortie des salles de classe, Pulcher avec mépris et les yeux brûlants de colère se détournait des boursiers du gouvernement qui avaient à leur tête Antal Szerb, András Hevesi, Gábor Halász [1].

Dans les dortoirs, dans les couloirs de ces baraquements, au moindre signe de provocation, des bagarres éclatent avec les Russes blancs. Emmenés par la tignasse de feu de Politzer, les étudiants hongrois, qui l'ont surnommé « buisson ardent », vocifèrent des insultes rageuses contre ces rescapés d'un empire aboli et font le coup de poing, armée blanche contre armée rouge ; ils continuent l'Histoire.

Les troubles de plus en plus fréquents les obligent à quitter ces logements provisoires.

1. Gyula Illyés, *Les Huns à Paris.*

Toutefois, le professeur Eisenmann fait attribuer à Georges par le ministère de l'Instruction publique une bourse de 1 000 francs. Il va pouvoir alors payer un loyer pour un galetas près de la Seine.

À la même époque, Illyés se souvient de discussions passionnées entre amis sur le droit de tuer : « Avait-on le droit, le devoir de supprimer individuellement les ennemis du peuple ? En quelles circonstances l'acte individuel, le jugement sommaire, pouvaient-ils se justifier ? »

Les avis étaient partagés.

Le jeune Politzer secouait ses cheveux dorés : « Mais s'il s'agit d'un homme qui personnifie une idée néfaste ? D'un homme devenu en quelque sorte le symbole d'un mouvement dangereux ? C'est l'idée elle-même, c'est le mouvement que je tue en supprimant son représentant. »

« Il était alors plongé dans Spinoza. C'était ce qu'il y avait trouvé [1] », conclut Illyés.

Plus tard Illyés, retourné en Hongrie, devait recevoir deux lettres de Georges ; la première alors que le poète venait d'être couronné par un prix littéraire important, Georges laconique lui écrivait simplement : « Sincères condoléances. » La deuxième, un an plus tard, Illyés, condamné par les tribunaux pour ses écrits, recevait ce mot de Politzer : « Toutes mes félicitations. »

1. Gyula Illyés, « Le chemin d'un philosophe », *Les Lettres françaises,* 13 mai 1947.

14.

Inventaire

Jusqu'à présent je suis allé au devant de Georges et de Maï par les voies les plus simples : réminiscences, souvenirs de témoins, impressions fugaces, objets, textes, lettres, photos. Mais à présent, j'aborde le territoire de l'histoire du XXe siècle, j'en franchis le seuil ; sans être historien, sans vouloir en endosser l'habit, je dois dresser la carte de ce siècle, compléter ma fresque à peine esquissée, restituer les arrière-plans politiques, intellectuels, culturels où se sont épanouis tous les enjeux du siècle. De la même façon, sans être philosophe, et sans aucune prétention, je dois me familiariser avec les courants de pensée, la subtilité des concepts, et saisir la singularité des acteurs du champ philosophique. Je suis donc obligé de me forger d'autres outils, faire d'autres emprunts, en bref trouver de l'aide.

Et là, pas de petit dessin dans les marges ! Quoique…

Sans ce travail préalable que je m'impose et auquel j'invite le lecteur, le philosophe Georges Politzer est condamné à rester toujours lointain, problématique, tout aussi iconique que la constellation de grands hommes dans laquelle il a pris place.

De l'œuvre des grandes figures qu'il a côtoyées dans ce panthéon de l'intelligence, je n'ai qu'une connaissance souvent superficielle, mais je sais leur importance. Je dois m'y frotter de plus près afin de les avoir dans mon bagage pour entreprendre ce voyage.

Sautons le pas ! Brossons le tableau !

En quelques mots.

Le XXe siècle est un massif colossal à deux versants : le versant sombre, d'une barbarie totale, l'autre d'une créativité sans limites, avers et revers, indissociables. Dans cette quête, j'avance sur la ligne de crête.

État des lieux obligé : le nouveau monde fondé sur les ruines de la guerre de 14-18 – la Société des nations chargée d'assurer la paix naît dans les premiers mois de 1919 – voit monter en puissance la production industrielle, le machinisme, une standardisation et une urbanisation effrénées ; la société de masse prend corps et se développe avec vitalité.

La bourgeoisie et les nouvelles classes moyennes refoulent le bain de sang et la tuerie générale, récents ; ils s'accrochent à la victoire et veulent croire à la paix universelle à jamais ! Après l'horreur, l'illusion.

Sur le versant clair du colosse, je vois s'épanouir les découvertes scientifiques qui vont bouleverser la planète pour longtemps : la théorie des quanta de Max Planck et de ses disciples, la théorie de la relativité d'Albert Einstein, la découverte de la radioactivité par Pierre et Marie Curie, la théorie du magnétisme de Paul Langevin et la théorie des ensembles de Georg Cantor, mais aussi dans les sciences humaines, la philosophie, la littérature, Karl Marx, Freud, Bergson, Alain, Proust… autant de travaux de génie, qui ont d'ailleurs presque toujours pris naissance dans l'« ancien monde ». Ce socle de connaissances rare dans l'Histoire pourrait offrir à la jeunesse des leviers révolutionnaires de première grandeur !

Et sur le même versant ensoleillé, dans l'espace artistique qui m'est plus familier, Picasso avec *Les Demoiselles d'Avignon* en 1907, Malevitch avec son *Carré noir sur fond blanc*, et Duchamp avec sa *Roue de bicyclette* en 1913, ont déjà sérieusement ébranlé le rapport de l'art au réel, obligeant radicalement le regard à chausser de nouvelles lunettes ; dans ces années d'entre deux guerres, ils font trembler les certitudes, provoquent rejets et railleries, mais ouvrent, eux aussi, toutes grandes les portes de la création.

Un monde nouveau est donc possible ?

Depuis octobre 1917, bien des regards se tournent vers l'Est, vers cette révolution des soviets… et dans ce début des années vingt personne bien entendu ne peut encore imaginer les grandes famines qui se préparent et peu de gens ont pu, ou su, déceler les horreurs qui se perpétuent.

Dans cet Occident exsangue, les consciences traumatisées par les massacres des tranchées de Verdun et l'horreur du Chemin des Dames peuvent-elles s'enthousiasmer pour un héritage culturel qui n'a pas pu empêcher cette catastrophe absolue ?

Comme dit Henri Lefebvre, en substance : « La jeunesse d'avant-garde repartait à zéro… mais avait à portée de main de quoi reconstruire le monde [1]. »

Lorsqu'en 1921 Georges pose le pied sur le pavé de Paris, Tristan Tzara l'a précédé d'un an ; il porte dans ses valises le mouvement dada, ébauché à Zurich en 1916. Né de ce chaos de la guerre de 14-18, Dada est un appel à la table rase, qui veut entraîner les jeunes intellectuels, artistes, écrivains et poètes dans la révolte contre la guerre, l'hypocrisie, la bourgeoisie et le vieux monde ; Dada prône le rejet de toutes les contraintes. Déjà, en 1917, Pessoa lançait, des bords du Tage, son « Ultimatum », manifeste d'Álvaro de Campos dans le numéro unique de sa revue *Portugal Futurista* :

> Hommes, nations, desseins, tout est nul !
> Faillite de tout à cause de tous !
> Faillite de tous à cause de tout !
> Complètement, totalement, intégralement :
> MERDE !

Au sortir de ce carnage, pour les avant-gardes, les images et les mots deviennent des armes ; forme et syntaxe vont être malmenées… On exécute, on terrorise, mais on invente surtout : on joue, on triture, on contrepète, on anastomose, on nonsense ; l'écriture nous entraîne « ostensiblement du côté d'un versant secret du langage [2] ».

---

1. Henri Lefebvre, *La Somme et le Reste* [1959], Economica-Anthropos, 2009.

2. Roland Barthes, « Le degré zéro de l'écriture », 1953.

Ici le mot révèle une autre réalité ou déréalise le monde, là il décortique les rêves, faisant advenir des pans entiers d'ombres inconnues... Joyce, virtuose du langage, accouche d'une Odyssée nouvelle et réinvente le roman ; Pound écrit un torrent de poésie, « langage chargé de sens au plus extrême degré possible », les surréalistes bousculent les lois de l'écriture et sur son socle, admiré de tous, Isidore Ducasse, comte de Lautréamont, l'idole, projette encore et toujours son ombre sur ces jeunes gens turbulents.

Nerval, Mallarmé, Rimbaud et Jarry ont ouvert la voie dans les derniers feux du siècle précédent, Freud se profile dans l'ombre... cependant que Céline lâchera, quelques années plus tard, un énorme pet.

Et la peinture, la photo, le cinéma bouleversent le regard.

Je commence à cerner l'« état du monde ».

Le Paris où Georges pose le pied, en cette année 1921, est un astre culturel de première grandeur.

Je me régale au cours de ce voyage immobile.

Quelques années plus tard, en 1926, quand Maï descend du train de Bayonne en gare d'Austerlitz, Greta Garbo fait une apparition dans un film de G.W. Pabst et devient une star adulée par les surréalistes, Aragon publie *Le Paysan de Paris*, Claude Monet est enterré à Giverny ; Maurice Chevalier chante « Valentine » et Paul Poiret révolutionne la mode en libérant le corps des femmes. Ravi, j'ai observé l'évolution de cette mode en découvrant les photos de Maï dans l'album de famille, véritable catalogue des collections des années vingt et trente.

Dans cette Europe où se déploient, et pour longtemps encore, les ondes colorées, apaisantes de Sisley, de Renoir et de leurs amis impressionnistes, je n'ai trouvé, dans mes souvenirs en lambeaux, aucune trace de l'intérêt qu'a pu susciter auprès de mes parents l'irruption de ces mouvements d'avant-garde, le cubisme de Braque et Picasso, le Bauhaus de Gropius et de Paul Klee, le constructivisme, le surréalisme... À part, accroché sur un petit pan de mur, un tout petit paysage de sept centimètres sur cinq peint sur bois dont je reparlerai, la seule peinture qui accompagne toute mon enfance est une bonne reproduction de la *Madonna Litta* de Léonard de Vinci accrochée sur un étroit pan de mur de l'appartement !

Et pourtant, dans le salon, au-dessus du lit de ma grand-mère, je vois un tableau sombre, une scène de genre, l'intérieur d'un cabaret ou d'une maison hollandaise, des personnages de noir vêtus, cols blancs, visages pâles, souriants ; pourquoi aujourd'hui cette peinture me revient-elle en mémoire ?

Bien que très jeune encore, j'accompagnai un jour ma grand-mère chez l'expert qui reconnut une toile du XVIIe siècle hollandais, une copie d'époque, nous dit-il, ou peut-être un travail de l'atelier de Jean Steen ; « il faudrait me laisser le tableau afin de pousser l'examen plus avant... ». Ma grand-mère reprit son tableau et décida alors d'en faire cadeau à notre médecin de famille, amateur d'art, ami de mes parents qui nous soignait gracieusement ; dans sa salle d'attente où nous attendions parfois des heures étaient accrochées des toiles de Boris Taslitzky ; des tableaux de feuilles mortes aux couleurs somptueuses qui envahissaient l'espace ; je m'immergeais dans la peinture, disséquais chaque feuille fripée, roulée sur elle-même, découvrais les ombres vertes, bleues, violettes, j'imaginais le plaisir de marcher dans ces tapis roux, j'entendais le crissement… Est-ce le souvenir de ces tableaux qui me fit entrer beaucoup plus tard, de plain-pied, dans quelques toiles de Bazaine où je retrouvais les mêmes touches, les mêmes couleurs, le même frémissement ?

La copie de Jean Steen avait de la valeur, le médecin de famille reçut un cadeau somptueux.

Au-dessus du lit de ma grand-mère, la peinture intimiste du Hollandais laissa la place à un petit paysage des bords du Loir, première tentative de ma part de traduire en couleurs la douceur du pays de Ronsard. Rien dans le mobilier fort disparate de notre appartement ne me laisse imaginer de la part de mes parents un quelconque souci de coller à leur siècle sur ce plan artistique précis ; point de siège Le Corbusier, mais un fauteuil Morris ; point de meuble Bauhaus, mais la salle à manger Henri II de mes grands-parents ; peut-être ceci explique-t-il cela !

Quant au tableau sur bois de sept centimètres sur cinq représentant, au milieu d'une prairie, une petite chaumière en bordure de forêt, je crois que je me suis usé les yeux à tenter de pénétrer ses secrets. Ce minuscule rectangle peint offrait l'Image du paysage accompli ; il n'y avait aucune figure représentée, mais j'attendais durant de longues minutes qu'un sanglier ou un cerf sorte du bois, que la porte s'ouvre, et qu'un gamin, un paysan ou une jeune fille apparaisse un panier à bûches à la main ; cela aurait été dans la logique du tableau ; je suis sûr de les avoir attendus longtemps. Une légère volute de fumée montant de la cheminée, se perdant dans le bleu pâle du ciel, me clouait béat devant ce tour de force pictural. Ce tableau, si petit fut-il, offrait aussi de multiples entrées, par des plans habilement agencés qui induisaient de multiples balades dans cette campagne idéale ; il avait la même force d'attraction qu'un paysage de Poussin, la subtilité des couleurs de Corot en Italie, l'éternelle sérénité de John Constable.

Cette grande petite œuvre, disparue aujourd'hui, ce paysage dont les contours s'estompent dans mon souvenir m'a entraîné, il y a fort longtemps, dans une promenade dont je ne suis jamais revenu.

Depuis ce temps, au détour d'un musée, aux cimaises d'un antiquaire, je m'arrête parfois durant quelques instants devant une toile vieillotte et je ne me prive jamais de laisser monter en moi le bonheur de retrouver une part de mon enfance.

En 1926, avec la Revue nègre à Paris et Sidney Bechet qui participe à la tournée, on découvre le jazz ; les rythmes du King Oliver, de Louis Armstrong et du Kid Ory's Creole Band font bientôt danser dans les soirées mondaines – ma grand-mère me parlera très souvent de Josephine Baker – et je garderai longtemps un disque de cire de la rengaine « J'ai deux amours… » ; traces bien insuffisantes pour dessiner un portrait « musical » de mes parents.

Ils ont vu s'épanouir des langages, des sons et des images nouvelles, des mouvements littéraires, des auteurs, des poètes, des artistes, des compositeurs, Kandinsky, Bartók, Schoenberg, Varèse… Qu'ont-ils aimé, détesté ?

Je sais grâce à un de ses élèves au lycée de Cherbourg que Georges considérait Proust comme le plus grand écrivain de son temps ; information précieuse. Je sais aussi que la revue *Philosophies* de Georges et ses amis avait présenté Joyce et Rilke à ses lecteurs. J'y reviendrai.

Quant à Béla Bartók, l'ethnomusicologue de vingt ans l'aîné de Georges, leurs destins se sont croisés en Hongrie, au cours de la si brève révolution de 1919. Georges a-t-il connu pour autant son *Château de Barbe-Bleue* ou son *Mandarin merveilleux* ? A-t-il apprécié le génie du musicien de la *Sonate pour violon* ?

Sur la scène parisienne des années vingt, je vois bientôt entrer de nouveaux acteurs : Breton, Artaud, Picabia, Aragon, Eluard, Max Jacob, Cocteau, Copeau, Jouvet, Rivet… et tant d'autres que Georges et Maï ont côtoyés de près dans ce théâtre de l'entre-deux-guerres. Ces années vingt me fascinent, je suis bon public, comblé : envolées passionnées, bagarres, invectives, répliques cinglantes ! Sur la scène littéraire des têtes tombent, les clans se déchirent, on excommunie, on se suicide parfois, les libelles assassinent, les cabales s'enchaînent, les coups pleuvent ; la vie culturelle n'est pas de tout repos !

« Les mots s'envolent, les écrits restent », me disait ma grand-mère, mais de ces empoignades, il reste quelques traces que je vais découvrir.

C'est une promenade tonique pour moi ; je retrouve sur ce chemin, au moins dans le domaine des arts, une foule de gens dont je connais l'œuvre, peu ou prou.

Je marche du côté ensoleillé de la rue avec tout ce beau monde, mais un pas de côté et je plonge dans l'horreur.

Dans ce périple que j'accomplis pour comprendre, découvrir et situer mes parents dans ces premières décennies du XXe siècle bouillonnant de tant d'événements culturels et politiques, j'ai besoin de me créer des repères, construire des bornes, lumineuses. Pour naviguer sur la carte du monde nouveau, je choisis donc une fois encore un mode qui m'est familier : le jeu, jeu de télescopages, d'associations libres et inattendues d'événements et d'hommes, de monstres et de génies.

J'ai commencé en 1969, en punaisant sur le mur la photo du premier homme sur la Lune, scaphandre blanc, face invisible sous le casque aux éclats de lumière d'un clair de Terre, sphère d'un noir profond, microsatellite de matière grise ; à côté, j'ai collé la photo d'une tribu de Papouasie, des petits « hommes d'argile » arborant des masques sphériques, démesurés, faces grimaçantes, personnages sortis tout droit de la préhistoire ; entre ces deux photos monochromes, prises le même jour, le temps se contracte ; ce « moment archéospatial » ne quitte jamais mon atelier. Première borne !

Ce jeu produit des chocs, parfois ébouriffants, parfois dénués de sens apparent, mais dont le collage révèle des abîmes ; curieuse façon pour moi d'étalonner le temps ; pour l'instant je n'en déduis rien, j'engrange, je laisse travailler les mots, les images s'assembler, je m'amuse à rendre à l'Histoire la monnaie de sa pièce.

C'est aussi ma façon d'accepter ce monde, lumières et ombres, grandeur et misère, curieuse façon d'appréhender le réel, sans doute ! Mais surtout je tisse une trame. Moyen pour moi de nourrir une mémoire fragile. Filet de sécurité. Images comme des cailloux blancs qui balisent ma route. Un jeu, juste un jeu, vous dis-je !

Ma tignasse rousse a blanchi ; je dresse un inventaire sur les pages blanches d'un agenda fictif, mais pas seulement : en cherchant bien dans mes cartons, je retrouve des chemises que j'ai titrées « Petit dossier précieux », ou signalées de trois étoiles, toujours datées, dans lesquelles je sais que dorment quelques accouplements parfois saugrenus, photos, dessins, notes, que je tiens au chaud à ma disposition.

1917 : Marcel Duchamp expose en avril au Salon des indépendants de New York un urinoir signé R. Mutt, provoquant une tempête qui dépasse le monde des arts. 1917 toujours, quelques mois plus tard, éclate la révolution d'Octobre qui bouleverse le monde.

Je garde précieusement dans une enveloppe, liés avec un trombone, une photo de l'objet du scandale et le dessin au pochoir d'une affiche soviétique de l'époque qui commémore l'événement : au milieu de lettres cyrilliques éclatées jaillit une étoile rouge, couronnant une faucille et un marteau. L'urinoir, la faucille et le marteau ! trois objets quotidiens qui viennent de changer de statut en entrant dans l'Histoire. Deux images qui renvoient à des ondes de choc qui me font encore frémir. Je ne suis pas le seul !

Sans date, pour le plaisir : jeu de monocles ou de fines lunettes fil de fer qui rendent intelligent ; sur un carton j'ai dessiné sous le titre « Mes binoclards » les portraits de Tzara, Joyce, Blum et Stravinsky.

Mes trois mousquetaires ont provoqué ire, incompréhension, rejet, ils ont déchaîné passions ou mépris, mais je leur voue, à des titres et niveaux divers, une grande admiration.

J'y ajoute aujourd'hui la figure multiple de Pessoa, et celle, discrète, de Constantin Cavafy qui se cachent tous les deux aussi derrière leurs besicles. Je les vois chaque soir enlever délicatement leurs fragiles montures, les plier avec soin, les poser du bout des doigts sur la table au chevet de leur lit, et tout à coup nus, vulnérables, se glisser sous le drap et plonger dans la nuit au-devant de leurs rêves.

1920, quelle année ! Dada brillant de ses derniers feux s'installe à Paris, affronte bientôt les surréalistes. Dans l'effervescence – injures, coups de canne, excommunications, absorption – exit Dada !

1920, encore : je ne sais pas où j'ai découpé cette photo floue du XVIIIe Congrès national de la Section française de l'internationale ouvrière à Tours. Ces hommes, socialistes, veulent changer la vie, la rendre meilleure, plus juste ; dans les plaines russes, les paysans soviétiques, dit-on, construisent un monde nouveau. À Tours, dans la salle pleine du Congrès, les calicots et les slogans, les congressistes de dos, et les dirigeants face à eux. J'ai écrit au crayon : « Sur l'estrade de la discorde plane l'ombre de la rupture ; Blum le socialiste, et sa vision prémonitoire du communisme totalitaire... contre Cachin qui accouche le P.C.F... Journée fondatrice ! »

Télescopage : « Tempêtes sous des crânes », titre de mon photomontage, style Raoul Haussmann : trois moustachus, Blum, Cachin, et la tête polychrome moustachue elle aussi, première sculpture peinture dada de Sophie Taeuber-Arp, de 1920. Quand je vous dis que 1920, ça brassait large !

1920, toujours : casquette de velours côtelé, James Joyce est à Paris, à la terrasse d'un café, avec le manuscrit d'*Ulysse* sous le bras. La bombe littéraire du siècle. J'adore cette photo.

J'aime les cartes, celles qui tapissent les murs de Vermeer, les anciens plans de villes gravés avec minutie et naïveté parfois. J'ai sous les yeux la carte de la baie de Kronstadt : au creux de la baie, à droite, Saint-Pétersbourg, et à gauche l'île de Kronstadt, avec sa garnison et ses marins. Là, au mois de mars 1921, Léon Trotski fait tirer sur les révoltés de Kronstadt, massacrant près de mille marins qui proclament, contre les bolcheviks, un manifeste de liberté et de démocratie, d'une avancée politique peu commune. Des milliers de victimes s'ensuivront…

À l'autre bout de la Terre, quelques mois plus tard, le 14 juillet, l'Amérique profonde tremble de peur ; obsédés par les échos de la révolution russe, elle voit des soviets partout ! Victimes innocentes d'une chasse aux rouges effrénée, les anarchistes Sacco et Vanzetti sont condamnés à mort. Et exécutés.

Et sort sur les écrans américains *Le Kid*, premier long métrage de Chaplin. Je collecte le noir et blanc de ces images, je vais de l'une à l'autre, lentement, je soupèse le monde. Elles s'impriment sur ma rétine, puis au fond de mon crâne, bien rangées dans mon musée d'Histoire, fermé au public.

En 1922, Mussolini marche sur Rome et prend le pouvoir en Italie ; en Allemagne, le grand cinéaste Murnau réalise son *Nosferatu le vampire*, Max Ernst peint *Le Rendez-vous des amis*, portrait de groupe de ses collègues surréalistes qui vont bien vite vénérer Murnau. Du sang à la une !

Le 9 novembre 1923, à l'occasion du putsch manqué de Munich, le nom de Hitler retentit hors des frontières allemandes ; emprisonné, il va vomir sa sinistre déclaration de guerre à l'humanisme, *Mein Kampf*. Cette même année, Marcel Duchamp, toujours lui, « termine » aux États-Unis une œuvre fascinante, élaborée entre 1911 et 1915, une peinture sur verre, un « retard en verre » au titre énigmatique : *La Mariée mise à nu par ses célibataires, même*.

Folie monstrueuse, délétère, dévastatrice, d'une part acte novateur, perturbateur, de l'autre avers et revers d'une médaille frappée à l'effigie de l'homme. Ces deux événements vont marquer profondément le cours de ma vie.

Dans ce Paris des années 20 se déploient donc les échos, tonitruants ou amortis, de tous ces événements et de bien d'autres ; certains s'estompent, d'autres germent et vont nourrir durablement écrivains, poètes, philosophes…

15.

L'AVENTURE PHILOSOPHIQUE

Me voici donc au seuil de l'œuvre philosophique de Georges Politzer, territoire à découvrir, visite accompagnée par quelques amis philosophes que l'œuvre de Politzer a marqués durablement [1]. Ils vont jouer auprès de moi le rôle de guide dans ce voyage dans la culture philosophique de l'entre-deux-guerres et dans les écrits de Georges Politzer.

Mes garde-fous seront donc leurs études, leurs analyses ou les conférences qu'ils ont consacrées à l'œuvre de Georges. J'en citerai ici plusieurs extraits qui apporteront des éclairages précis.

Même en si bonne compagnie, je ne choisis pas ici, et pour cause, de produire un cours sur la philosophie de cette période, pas plus que je ne présente l'ébauche d'une étude critique de la pensée de Georges Politzer.

Pensée qui est restée présente après la guerre : Pierre Naville et Bernard Michaux ont écrit sur l'apport philosophique de Politzer, mais aussi au cours des

1. Roger Bruyeron, Frédéric Worms, Denis Guénoun et Giuseppe Bianco.

années 50 et au début des années 60, Sartre, Canguilhem, Lyotard, Brés et bien d'autres l'ont cité… jusqu'à la réédition aux Presses universitaires de France, en 1965, par Garaudy, de la *Critique des fondements de la psychologie*, toujours éditée depuis, aujourd'hui dans la collection « Quadrige ».

J'essaye donc de comprendre, de faire comprendre une pensée forte, qui s'inscrit dans une discipline où le langage théorique est essentiel. Voici ce à quoi je m'attelle maintenant, en découvrant l'œuvre de mon père, et je cherche la « trace ineffaçable » qu'elle a laissée, celle dont parle Lacan [1], et l'influence très forte qu'elle a eue sur de grands philosophes de l'immédiat après-guerre.

Et cela à travers principalement deux textes : 1927-1928 : *Critique des fondements de la psychologie* et 1928-1929 : *La Fin d'une parade philosophique : le bergsonisme*, auxquels on peut ajouter un texte plus court, « Introduction », publié dans le premier cahier de la revue *L'Esprit*, en mai 1926.

Mais ce travail philosophique, Georges le mène au cœur de sa vraie vie, sa « vie humaine », comme il le dira plus tard, singulière, de chair, de sang, de combats, d'enthousiasmes, d'amours et d'amitiés, de douleurs parfois, de passions toujours.

Je m'engage donc avec lui dans son œuvre et sa vie, indissociables. Point de thèse ici. Œuvre et vie mêlées.

Premier tableau parisien, au cœur du Quartier latin : la Sorbonne.

1921 : Georges arrive au pied de deux montagnes impressionnantes qui se font face, occupant le panorama

1. Jacques Lacan, Colloque de Bonneval, 1946.

philosophique français : Henri Bergson d'une part, retiré depuis plusieurs années dans sa tour, et Léon Brunschvicg et Lalande d'autre part, deux figures qui ont la haute main sur toutes les études de philosophie.

Quand il aborde ses études, Georges n'a pas de réel choix ; il va suivre l'enseignement de ces derniers.

Brunschvicg, sans être le champion d'un rationalisme pur et dur – il eut à se démarquer, comme Bergson, d'un certain scientisme qui avait envahi la pensée française au début du siècle –, professe une défense de la connaissance scientifique : c'est à travers elle, pense-t-il, que l'esprit se réalise ; l'esprit qu'il défend, c'est l'esprit de finesse, qui irrigue les lettres et les arts. Georges y sera très sensible. Finesse toujours, Brunschvicg fut aussi l'éditeur des *Pensées* de Pascal.

Quant à Bergson, tous les étudiants sur les bancs des amphithéâtres partagent alors une même opposition violente à « sa pensée molle et informe [...] ses pseudo-concepts [1] ».

Jusqu'à la fin des années 20, l'université ignore l'œuvre de Marx et de Freud ; quant à Hegel, l'hostilité que lui manifeste Brunschvicg le tient à bonne distance de ses élèves... mais Georges connaît Marx à travers Labriola, et Hegel à travers de nombreuses traductions dont celle d'Auguste Véra [2].

La pensée de Politzer va se former autour de Kant, de Diderot, des Encyclopédistes et de Descartes qu'il tient pour le père du rationalisme français.

1. Henri Lefebvre, *La Somme et le Reste* [1959], Economica-Anthropos, 2009.

2. Antonio Labriola (1843-1904), philosophe ami d'Engels ; Auguste Véra (1813-1885), philosophe italien.

En 1923, Georges a 20 ans ; pour survivre, le soir il fait pendant quelques mois des traductions de journaux pour une agence d'information du comte Károlyi à Paris [1].

Cette même année, il passe avec succès sa licence de philosophie. Celle-ci se composait alors de quatre certificats, dont celui de « Psychologie et esthétique ». Ce certificat portait entre autres sur une épreuve de psychopathologie, ce qui obligeait les étudiants à suivre aussi les cours du professeur Georges Dumas, une fois par semaine, à l'hôpital Sainte-Anne où avait lieu la présentation des malades. Dumas impressionnait et charmait son auditoire de sa voix gasconne ; belle stature, œil noir, barbiche et cheveux blancs, vêtu de noir, lavallière et col dur, le professeur présentait aux élèves, durant parfois deux heures, des malades qui, selon Claude Lévi-Strauss, « jouaient d'extraordinaires numéros [...] produisant les troubles au signal [...] pour fournir au dompteur l'occasion d'un morceau de bravoure. Sans être dupe, l'auditoire se laissait volontiers fasciner par ces démonstrations de virtuosité [2] ».

C'est aux cours de psychopathologie de Dumas que naît la passion de Georges pour la psychologie. Il y rencontre Camille Nony, brillante étudiante elle aussi. C'est à ce moment qu'il approfondit sa connaissance de Freud, c'est là enfin que naît aussi l'idée d'une psychologie concrète.

---

1. Mihály Károly, président de la république hongroise en 1918 et 1919, établit très tôt des liens avec la France.

2. Claude Lévi-Strauss, *Tristes Tropiques*, Plon, 1955 ; Pocket, 2001.

Georges, entre deux cours, ne tarit pas d'analyses et d'explications sur les textes de Freud.

À cette époque, le freudisme monte à la conquête de l'Europe. Politzer en possède sur le bout des doigts non seulement la théorie mais aussi la critique, dit son ami Henri Lefebvre.

Les étudiants admirent l'étendue de ses connaissances. « Ce qui en imposait c'est la simplicité et l'aisance avec lesquelles il s'exprimait et se faisait comprendre », disent plusieurs de ses collègues.

En un semestre, il s'était familiarisé avec la langue française, avec le parler parisien. Il avait aussi assimilé « le tour d'esprit des Français, qui était pour lui le tour d'esprit éternellement humain, en quelque sorte supranational [1] ».

Illyés décrit encore dans son roman les rapports de Politzer avec Dumas :

> Pulcher [Georges Politzer] est en deuxième année d'études à la Sorbonne et passe ses examens. Il avait déjà une idée de son poste d'enseignant : un lycée parisien, puis une université de province et enfin ici, la Sorbonne. Son chemin s'annonçait droit depuis qu'il avait attiré l'attention de Dumas. Déjà à la fin du premier semestre il se trouvait aux côtés du vieux, dépouillait pour lui les textes allemands et en faisait des résumés. C'était également le vieux qui avait préparé les voies de son mariage ; c'est lui qui annonça les fiançailles dans l'amphithéâtre de l'hôpital Sainte-Anne où se déroulaient le dimanche matin les démonstrations expérimentales, entre la petite Annette [en réalité : Camille Nony] pâle et voûtée et « l'étudiant étranger exemplaire par son courage de fer et assumant par lui-même sa propre subsistance ». Il était

1. Citation de son ami poète Illyés.

heureux que deux disciples promis à un grand avenir se fussent rencontrés au début de leur carrière. Grâce à Dumas, Pulcher [Politzer] se retrouva à la tête de l'Association de secours des étudiants juifs de Hongrie [1].

Camille Nony est la fille d'un représentant de commerce, sévère, travailleur, qui assure à sa famille confort et sécurité.

Le 17 février 1923, Georges épouse Camille et ils s'installent pour quelques semaines dans le bel immeuble de quatre étages que son beau-père, profitant de la mise en vente des terres du domaine royal qui bordaient le bois, a fait construire en 1907 au pied du château de Vincennes, à quelques mètres des célèbres fossés.

Cet environnement bourgeois ne durera guère, le couple connaîtra bien d'autres domiciles, moins confortables, voire pour certains à la limite de l'insalubrité... Georges va obtenir la nationalité française le 31 décembre 1924 et Camille, qui avait

1. Gyula Illyés, *Les Huns à Paris*, *op. cit.*

perdu la nationalité française en épousant ce jeune émigré hongrois, retrouve le même jour sa nationalité d'origine. Mon demi-frère Jean naît le 16 mai 1924.

En juin 1924, sous la direction de Léon Brunschvicg, Georges soutient son diplôme d'études supérieures de philosophie sur le sujet : « Le rôle de l'imagination dans le schématisme kantien » ; il obtient son diplôme avec la mention bien.

À la même époque, Georges publie plusieurs articles dans la revue *Philosophies*, qu'il crée avec un de ses compagnons d'études, Pierre Morhange.

Dans le numéro 4 de novembre 1924, il signe « Un pas vers la vraie figure de Kant », qui se rapporte à des textes sur Kant, dont un de Brunschvicg et un autre de Nabert.

Georges y salue l'approfondissement de la conscience dans la pensée kantienne, le développement de l'intériorité et de l'autonomie du sujet : « Le kantisme apparaît comme l'évangile de la conscience moderne, comme l'expression de l'avènement du règne de la civilisation vraiment moderne, comme l'affirmation de l'autonomie, de la souveraineté théorique et pratique de la conscience. »

On est en droit de penser que la teneur de l'article sur Kant, paru à l'occasion du deuxième centenaire de sa naissance, est sans doute très proche du thème du mémoire du diplôme d'études supérieures qu'il remet aux examinateurs… copie hélas inaccessible aujourd'hui.

Mais Politzer rencontre aussi dans Brunschvicg la critique du réalisme, du réalisme psychologique, celui que Georges pourfendra à son tour bientôt ; ce sera le reproche fondamental que Politzer adressera plus tard aux psychologues et aux psychanalystes, et il le trouve ici en germe dans un ouvrage de Brunschvicg de 1922, *L'Expérience humaine et la causalité physique*[1].

Et Georges d'écrire :

> Si le psychologue persiste à appréhender l'esprit comme une chose, prétendant s'installer dans la conscience comme dans un laboratoire, pour tenter d'isoler des phénomènes et des facultés à la manière des chimistes et des physiciens qui isolent des éléments et des forces, la psychologie ne pourra pas se constituer comme une science ; elle doit trouver sa voie propre à l'écart des sciences de la nature, sous peine de tomber dans l'empirisme le plus plat ou dans le naturalisme le plus étranger à ce qu'il y a de proprement humain dans son objet d'étude[2].

Cette critique sous-tendra aussi son pamphlet contre Bergson en 1929 et surtout la *Critique des fondements de la psychologie*.

Mais pour l'instant c'est le temps des amitiés, des engagements, des découvertes littéraires : Proust bien sûr, mais aussi Valéry, Novalis...

J'ai conservé parmi plusieurs lettres de ses anciens élèves le témoignage plus tardif de l'un d'entre eux au lycée de Vendôme dans les années trente : « [...] Un jour il avait demandé à ses élèves de citer le nom du plus grand écrivain contemporain ; l'un avait nommé René Bazin ; réponse de Politzer : un crétin ! un autre avait cité Henry Bordeaux : un autre crétin ! Le plus grand écrivain de notre époque est Marcel Proust ! lança Politzer. Une troupe théâtrale devait jouer à Vendôme *Topaze* de Pagnol ; tous les professeurs,

1. *L'Expérience humaine et la causalité physique*, Alcan, 1922.

2. « Les Fondements de la psychologie », *Écrits 2*, textes réunis par Jacques Debouzy, Éditions sociales, 1969.

nous avaient déconseillé de voir cette pièce jugée “subversive” sauf Politzer », raconte cet élève.

J'avance ici, avec mon père, au milieu de ses compagnons, sur un chemin d'une telle richesse intellectuelle que force m'est de laisser au lecteur le loisir, le plaisir certainement, de découvrir plus avant les trésors de ces quelques années décisives.

Les Années folles, Montmartre et Montparnasse, cabarets, brasseries, spectacles, Art déco, music-halls, ballets, cinéma, radio, théâtre, le Paris où Georges arrive devient le centre du monde, le lieu où convergent tous les artistes…

Mais les années vingt c'est aussi le bouillonnement des mouvements, des groupes, des revues.

Le mouvement Clarté, à vocation internationale, fondé au sortir de la guerre, en 1919, par Henri Barbusse [1], va jouer un rôle fondamental auprès des intellectuels. Raymond Lefebvre, un personnage central de ce groupe, va leur apparaître comme exemplaire : « Le XXe siècle a coulé à pic en 1914 », écrit-il dans le journal *Clarté*.

Tristan Tzara et Dada, en 1923, ont laissé la place, dans l'agitation, aux surréalistes d'André Breton, d'Aragon, d'Eluard… qui signent leur manifeste en 1924.

Georges Politzer, lui, s'est lié d'amitié avec des étudiants en philosophie sur les bancs de la Sorbonne,

1. Henri Barbusse (1873-1935) : prix Goncourt 1916 pour son roman *Le Feu*, membre du PCF, il tente à travers plusieurs revues (*Monde*, *Clarté*) et dans *L'Humanité* d'élaborer une « littérature prolétarienne ». Ami de Lénine et de Gorki, il fait plusieurs voyages en URSS. Il décède à Moscou en 1935.

aux cours de Léon Brunschvicg : Henri Lefebvre, Norbert Guterman, Georges Friedmann, Pierre Morhange et Politzer forment vite un groupe original et remuant ; ils se font appeler « les Philosophes ».

Ils ont à peine vingt ans !

Tous partagent une horreur quasi physique pour Henri Bergson. « La condamnation de Bergson était pour nous irréfutable, définitive, absolue... par décret [1] », disait Politzer.

Emporté par l'air du temps, Georges et ses amis ne voient dans les écrits de l'ancien hôte du Collège de France que le retour en force de la métaphysique : l'opposition de l'intuition et de l'intelligence ; l'abstraction comme résurgence des mythes... et ainsi ils passent à côté de la pensée du philosophe le plus au fait de la science de son temps, celui qui la comprend sans doute avec le plus d'acuité ; une pensée qui aurait dû par bien des aspects intéresser le jeune Politzer.

L'affrontement définitif des jeunes philosophes du groupe avec Bergson prend souvent, dans la vie de tous les jours, des allures de harcèlement ; Georges, à la bibliothèque Victor-Cousin, se plantant rageusement devant le maître somnolent, en mastiquant un sandwich avec des bruits incongrus de fauve, image matérialiste de l'homme concret destinée à troubler le grand homme... qui ne bronche pas sous les attaques. Les contingences matérielles n'atteignent pas la haute conscience métaphysique de l'académicien. Ou Georges, encore, lisant à haute voix, en présence du vieux

1. Henri Lefebvre, *La Somme et le Reste* [1959], Economica-Anthropos, 2009.

philosophe, des notes qui lui serviront bientôt pour écrire son pamphlet : *La Fin d'une parade philosophique : le bergsonisme*. Indifférent, Bergson n'entend rien, il pense, raconte Henri Lefebvre [1].

Camille Nony-Politzer possède une tortue qu'elle amène parfois en cours.

Un jour, dans la petite bibliothèque Victor-Cousin, Bergson, notre vieux philosophe parcheminé, s'est assoupi sur une chaise. Un groupe d'étudiants passe en silence devant cette silhouette fragile, respectueux du sommeil de l'auteur du *Rire*. Georges plonge la main dans le cartable de Camille, s'arrête à la hauteur du maître, allume et installe une bougie (sortie d'où ?) sur la carapace de la tortue, la pose délicatement sous la chaise de Bergson… Doucement l'animal débouche d'entre les jambes du célèbre professeur endormi. Georges, solennel, pointant un doigt au ciel, s'exclame, tonitruant : « "L'évolution créatrice [2]" éclairant le vieux monde ! »

Lefebvre de conclure : « Nous érigeâmes alors, poètes ou philosophes, la violence en critère d'authenticité [3]. »

C'est très certainement de cette époque que date l'étrange « petit carnet » manuscrit de Georges que j'ai découvert récemment [4].

J'en réécris ici le texte intégral, avec, en gras et entre parenthèses, les mots rayés par Georges :

---

1. Henri Lefebvre, *La Somme et le Reste*, *op. cit.*
2. Henri Bergson, *L'Évolution créatrice*, 1907.
3. Henri Lefebvre, *La Somme et le Reste.*
4. Conservé par Cécile Politzer.

11 des dogmes révolutionnaires. —

—

Il y a donc vraiment un acte significatif : nous installons la révolution au milieu des vérités universelles et nécessaires et nous le faisons, non pas en tant que militants, mais en tant que philosophes.

C'est la première fois qu'un philosophe dit que la révolution est une vérité…

Quand nous disons que nous sommes révolutionnaires ce n'est pas un problème de foi à titre personnel, ce n'est pas une adhésion personnelle unique et qui n'engage qu'une seule personne, ce n'est pas un vote- Nous intégrons la vérité de la révolution à l'Esprit, à la Sagesse, à la Philosophie. Cet acte nous dépasse comme la vérité dépasse celui qui **la possède**.

(Ce celle du myst)

Elle est mystique sans être mystérieuse

C'est la matière du mystère humain

Notre dogme exprime donc un être qu'on ne peut acquérir que par une conversion totale, c'est à dire révolutionnaire.

(L'annonciation ne veut convertir personne ? peut contribuer

Il y a des)

L'homme possède cette matière

Mais il y a des hommes en lesquels cette matière est tuée

Ceux-là sont (**perdus**) maudits et perdus et il n'y a aucun remède pour eux

Chez d'autres elle est (**recouverte d**)

seulement recouverte d'une carcasse

Ceux-là peuvent être sauvés

L'Annonciation du Dogme peut les mettre sur la voie du salut humain

(C'est tout)

Mais de toute façon nous ne (**faisons**) voulions que – l'Annonciation

Nous posons (**les**) nos vérités. Elles doivent faire toutes seules leur chemin dans les âmes qui peuvent être sauvées

On n'a pas compris que nous (**démolissions**) avions démoli la conception antique de la Sagesse (**celle qui est restée l'éternel idéal**) et l'idéal du sage tel qu'il résulte de cette conception vivante encore aujourd'hui

Nous renions cette conception et nous méprisons cet idéal du sage, car le sage solitaire et purement contemplatif fait consciemment ou inconsciemment le jeu des ennemis de la (**vérité**) sagesse. (**Nous voulons réformer la sagesse**)

Notre sagesse politique (**n'est**) ne consiste pas en un ensemble d'aphorismes et de dictons sur le monde, l'âme et dieu (**et**) le savoir vivre et les passions, notre sagesse politique est la reconnaissance de la nécessité de la révolution.

Et comme d'autre part nous avions déclaré que nous nous réclamions de la pensée efficace c'est à dire au point de vue temporel d'une pensée qui engage et qui se pose comme réalité irréductible-(**nous n'avons pas vu comment du com**) nous (**ns**) concevons pas qu'on puisse séparer la sagesse pratique de la sagesse théorique

Nous voulons la sagesse totale

La volonté de la Révolution doit être intimement unie à l'être même du savant et à tout son travail. Et au lieu de nourrir sa sagesse pratique-comme jusqu'ici-du « bon sens » ou des représentations collectives il doit la nourrir du (**cette**) dogme révolutionnaire.

Il y a donc vraiment significatif nous installons la révolution au milieu des vérités universelles et nécessaires et nous le faisons, non pas en tant que militants, mais en tant que philosophes (**malgré notre ardeur et notre passion il y a dans cet acte quelque chose**)

C'est cela qui est important et c'est cela qui fait que nos déclarations marquent une étape dans l'histoire de la pensée

(**Et c'est la**)

Nous ne sommes pas venus pour présenter une théorie particulière ou un système particulier, nous avons accompli un acte historique : Nous avons reconnu au nom de l'Esprit, la révolution–

Et personne ne l'a compris Ni (**les réactionnaires**)

Même pas les révolutionnaires

Écrit sans doute en 1924, ce texte illustre les enjeux qui animaient le groupe des Philosophes à ses débuts et va, semble-t-il, trouver son expression achevée dans un texte, « Introduction », que Georges va bientôt écrire pour la revue *L'Esprit.*

16.

Portrait de groupe : les « Philosophes »

Tentons un portrait de ces cinq jeunes « Philosophes » et de leur revue *Philosophies*.

Henri Lefebvre raconte dans *La Somme et le Reste* :

> Georges était peut-être le plus doué, mais le plus bizarre, le plus outrancier ; tenait-il cette disposition de son tempérament, ou de la révolution hongroise à laquelle il avait participé [...] ? Il lançait ou adoptait les formules les plus excessives, comme « Le Philosophe sera le Chef », ou « la dictature spirituelle ». Il avait adopté la psychanalyse avec un sectarisme spontané [1].

La connaissance de l'œuvre de Freud que possède Politzer lui confère aussi une place « à part » dans ce groupe :

> Georges pratiquait l'auto-analyse, d'une manière un peu particulière : dans la fureur. Il se mettait en colère, exprès, et aussi par tempérament. Et de préférence contre ses meilleurs amis. De sa voix rocailleuse, en secouant sa crinière rousse, il éructait d'énormes injures, des obscénités hallucinantes et découvrait en

1. Henri Lefebvre, *La Somme et le Reste*, *op. cit.*

son interlocuteur les plus effroyables vices. Puis il coupe net la séquence ; avec un doux sourire, il dit alors : "Ne te fâche pas. C'est aussi de moi qu'il s'agit… Comprends bien… Il faut savoir offenser, il faut savoir déplaire." […] Il avait des éclairs de génie théoriques. Telle théorie qui a fait depuis la réputation d'un psychologue (par exemple le paradoxe de l'impuissance de Don Juan) passait en fulguration dans ses propos sans qu'il daignât s'y arrêter. […] Je crois bien que c'est lui qui m'a expliqué pour la première fois le dogmatisme par la tendance à reproduire en soi le Père absent, disparu, ou offensé [1].

Pierre Morhange, grand jeune homme blond, fils aîné d'une famille juive d'Alsace, « personnage très discret, est doté d'un génie verbal hors du commun qui l'entraîne à parler son œuvre plus qu'à la réaliser [2] » ; il se positionne volontiers comme le chef du groupe. Morhange croyait en Dieu, frénétiquement, sur le mode inquisitorial, dit Lefebvre, précisant : la réaffirmation décidée d'une vérité – d'un absolu – apparaissait d'abord sous l'angle de la foi, y compris la foi en la Raison, en l'Esprit, en l'Homme, en la Révolution. Morhange entrevoyait la naissance d'une aristocratie d'hommes nouveaux ; il les appelait les « brutes fines », il se voyait, lui, en Messie attendu par le monde moderne et proclamait : « Trouver en poésie des paroles aussi fortes que celles du Christ… »

C'est grâce à son camarade Jean Grenier que Pierre Morhange fait la connaissance du poète Max Jacob ; celui-ci aide avec enthousiasme Morhange, Guterman et Politzer à créer la revue *Philosophies*, qu'il va parrainer

1. *Ibid.*
2. *Ibid.*

durant près d'un an ; il leur ouvre son carnet d'adresses et attire quelques signatures de marque, Joseph Delteil, Drieu La Rochelle, Marcel Jouhandeau, Cocteau, Supervielle, Salmon… Max Jacob donnera dès le premier numéro un article, « Note à propos des Beaux-Arts », sur l'école « fantaisiste », qui place d'emblée la revue à un niveau respectable. Six numéros paraîtront de mars 1924 à 1926 ; l'entreprise sera financée par les fonds du père d'un ami de Morhange, banquier et ami de Barbusse. *Philosophies* aura le bon goût de découvrir parmi les premiers Joyce et Rilke.

La revue *L'Esprit* lui succédera. Elle n'aura, elle, que deux parutions, en mai 1926 et en janvier 1927.

Recruté par Morhange, camarade de promotion de Paul Nizan, Georges Friedmann est fils d'un banquier parisien grand amateur d'art ; riche, privilégié, Friedmann prend ses distances avec son père et son milieu social ; dès 1920, il fréquente Henri Barbusse, Romain Rolland et le groupe Clarté ; il adhère aux idées de la révolution bolchevique.

Il poursuit ses études de philosophie et entre à l'École normale supérieure rue d'Ulm en promotion lettres en 1923 ; il rejoint le groupe Philosophies l'année suivante. Il apporte au groupe un nouvel élément de sérieux, réaliste, scientifique.

Norbert Guterman, lui, arrive de Pologne au début des années vingt ; petit-fils d'un grand rabbin de Varsovie, il n'est pas grand, discret, souvent triste, d'une grande culture.

Un matin, Guterman, assis sur un banc dans le minuscule parc qui fait le trait d'union entre les thermes de Cluny et la Sorbonne, voit arriver un grand rouquin, qui se plante devant lui et l'interpelle :

« Ton visage m'intéresse énormément, raconte-moi tes derniers rêves ! » Puis Georges se met à lui inventer toutes sortes de perversions sexuelles... Le visage triste et inquiet de Guterman s'anime, un sourire relève le coin de ses lèvres, il se lève, il n'est pas très grand, tend la main à Georges et dans un français fortement teinté d'accent russe et yiddish : « Norbert Guterman, j'arrive de Pologne avec un ami, Szolem... Où dormir ?... »

Quelques heures plus tard, ils sont rejoints par Szolem Mandelbrojt, jeune mathématicien féru de Cantor ; ils n'ont, en effet, pas de toit ; Georges les invite à partager son galetas dans la petite rue Gît-le-Cœur, perpendiculaire au quai des Grands-Augustins à deux pas de la Seine et du Pont-Neuf.

> Ils avaient deux lits pour trois. Ils avaient une poêle et une lampe à pétrole. C'est dans cette chambre que Mandelbrojt a découvert la famille de fonctions qui devait le conduire au Collège de France. Il disait que l'inspiration mathématique ne dure qu'une minute dans une vie [1].

Norbert Guterman, esprit sarcastique, brille dans des discours d'une intelligence étincelante, il est le modérateur du groupe, le plus rationnel ; on le craignait, on l'estimait, toujours légèrement en dehors, il ne participait qu'à moitié [2].

Tous les trois perfectionnent leur français en apprenant par cœur les poèmes de Rimbaud, afin de glisser par-ci par-là dans la conversation courante

1. Rémi Hess, *Henri Lefebvre et l'aventure du siècle*, Métailié, 1988.

2. Henri Lefebvre, *La Somme et le Reste*, *op. cit.*

quelques vers, croyant que c'est là du français de tous les jours.

Paul Nizan, journaliste, écrivain, philosophe – il écrira quelques années plus tard *Aden Arabie* (1931), *Les Chiens de garde* et *Antoine Bloyé* –, fréquente alors le groupe, sans s'y intégrer vraiment, mais lui apporte une pensée politique ; il sera le premier d'entre eux à adhérer au Parti communiste, en 1928 ; il sera le seul à faire le voyage en URSS ; ami de Jean-Paul Sartre, il va bientôt se lier d'amitié avec Georges ; nous le retrouverons.

Lefebvre, lui, se positionne comme le philosophe du groupe, se réservant le « rôle de capter les idées ou les germes d'idées, les pollens qui circulaient et de tenter leur mise en forme spécifiquement philosophique [1] » ; laissant à Politzer le champ de la psychologie et de la psychanalyse, il est « fasciné par la fougue, le don et l'originalité de la pensée de Georges [2] », impressionné aussi par sa violence, sa bizarrerie, mais surtout par sa « grande voracité intellectuelle » et ses « éclairs de génie théoriques » [3].

Tous partagent le désir quasi mystique de refonder la philosophie en l'immergeant avec violence, véhémence, dans la vie, dans la réalité ; comme le produit d'une collectivité ; c'est ce qui se dégage du « petit carnet » de Georges.

Tous ils ont foi dans la raison, dans l'Homme et dans la Révolution, tout comme les surréalistes, avec lesquels ils se brouilleront ; comme eux, à leur

1. *Ibid.*
2. *Ibid.*
3. *Ibid.*

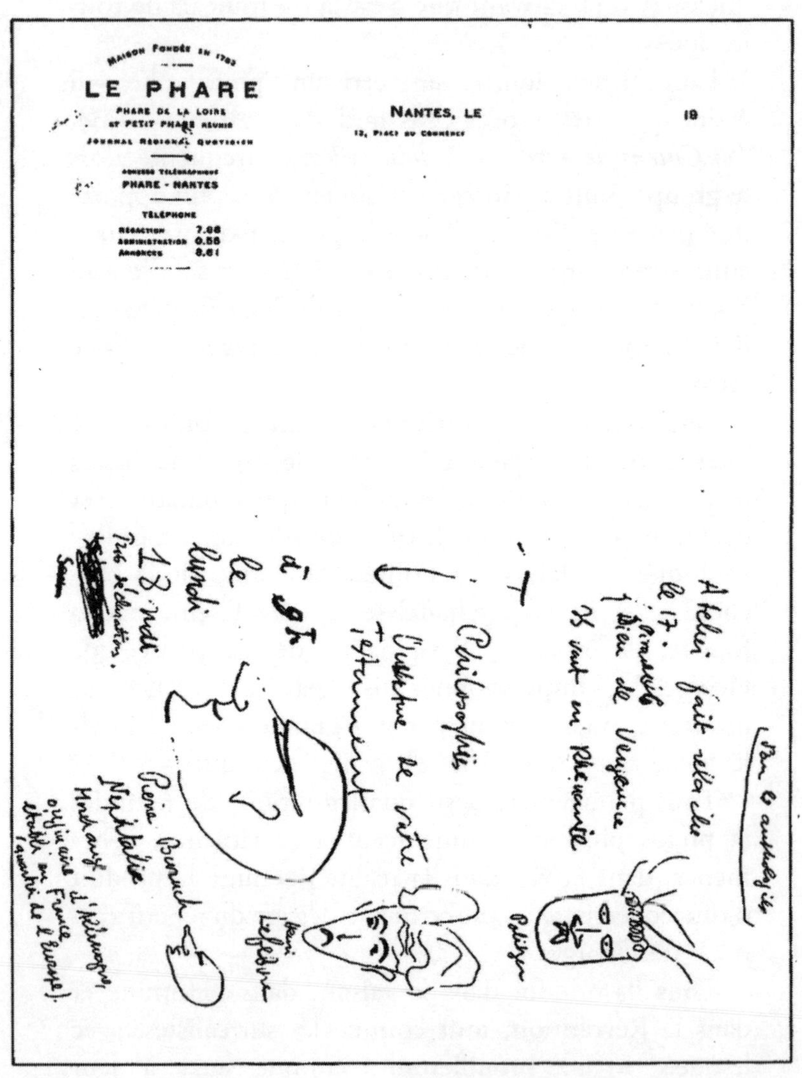

Dessin de Claude Cahun, née Lucy Schwob (1894-1954), écrivain, femme de théâtre et photographe. Sur ce croquis où elle s'est portraiturée deux fois (elle avait le crâne rasé), elle représente Politzer en vampire des Carpates. Carton d'invitation ou simple croquis ?

manière, ils organiseront une séance publique le 18 mai 1925 au théâtre de l'Atelier de Dullin, en présence de Breton et d'Eluard, sur le thème : « Ouverture de votre testament » – en réalité une diatribe contre un penseur catholique, nationaliste, antidreyfusard et revanchard, Henri Massis. On y traite du sujet : « Votre vie est unique ».

Henri Lefebvre raconte cette séance :

> Un dialogue s'engagea entre Politzer et un auditeur, qui sidéra l'auditoire :
>
> Politzer. – Nous affirmons que…
>
> L'auditeur, violent. – Nous ? Qui ça, nous ?
>
> Politzer, superbe. – Nous ? *Noos*, l'esprit, monsieur [1] !

Une lettre datée du 16 mai 1925, de Georges Politzer, adressée à Yvette Lebas-Guyot, journaliste et écrivain de talent, amie de Joseph Caillaux, témoigne de cette soirée mémorable :

> Chère Madame,
>
> Je vous envoie ci-joint une invitation pour la conférence que notre revue organise au Théâtre de l'Atelier. C'est la première conférence d'une longue série. Je serais très heureux si je pouvais vous y voir. Il est vrai que l'on va se moquer de nous, mais ce n'est vraiment rien du tout par rapport à la jouissance que l'on éprouve quand on peut dire des vérités. Et puis nous ne connaissons que trop bien les doctes de tous rangs et de toutes espèces pour ne pas être sensibles à ce genre de choses. Si vous avez donc « une seconde pour la vérité », venez nous écouter. Entièrement vôtre.

Georges semble bien avoir trouvé dans ce groupe, comme plus tard dans d'autres, les composantes qu'il

---

1. *Ibid.*

affectionne, amitiés et relations, vitalité et agitation créatrice, indispensables à l'éclosion de son génie.

Dans le numéro 5 de *Philosophies* (1925), il publie « Le mythe de l'anti-psychanalyse » dans lequel il prend à partie la psychologie classique et la philosophie de son temps en les opposant précisément à la psychanalyse, qu'il qualifie de « mouvement aujourd'hui plein de vie ». « Une vérité se dégage de la lutte contre la psychanalyse : les adversaires radicaux de Freud ne sont en possession d'aucune vérité scientifique qui puisse justifier leur attitude [1]. »

C'est la conclusion de cet article de 1925 qui résume par avance le contenu de son grand texte de 1928 *Critique des fondements de la psychologie*.

À la rentrée scolaire 1925-1926, Georges est nommé à son premier poste de professeur délégué de philosophie au lycée de Moulins, puis professeur au lycée de Cherbourg de 1926 à 1928.

C'est aussi le temps où le groupe des Philosophes oppose la philosophie à la poésie, se politise et tente obstinément de se démarquer des surréalistes malgré leurs nombreux points communs, ou peut-être plutôt à cause de cela.

Leur rapport avec la pensée marxiste est assez distant et surtout très incomplet et même tronqué alors qu'ils s'en réclameront tous plus tard. Les œuvres de Marx, à ce moment, en France, sont peu éditées.

Les Philosophes érigent la violence en « critère d'authenticité ». Mais cette violence n'est pas un trait de caractère propre à Politzer ou à ses amis, on la

1. Georges Politzer, « Le mythe de l'anti-psychanalyse », *Philosophies*, n° 5, 1925.

retrouve chez les surréalistes… Ceux-ci, très structurés, plus nombreux, emmenés par André Breton, harcèlent politiquement nos philosophes avec qui ils nouent cependant des accords ponctuels : le plus important sans doute est la signature commune du manifeste contre la guerre coloniale que mène la France dans les montagnes du Rif marocain, où l'armée française lâche des bombes chimiques sur les populations.

C'est aussi l'époque des premiers rapprochements avec la revue *Clarté* d'Henri Barbusse, qui oriente sa lutte culturelle contre la bourgeoisie et se rapproche ainsi des surréalistes, considérés comme porteurs d'un vent révolutionnaire. Breton, lui, voit dans le rapprochement avec *Clarté* un moyen d'ancrer ses amis dans une idéologie forte et de faire échapper ainsi le groupe surréaliste au nihilisme qui a englouti Dada. Certains feront les frais de cette politisation : Vitrac, Artaud, Soupault…

En juin 1925, signature commune en faveur d'Abdelkrim [1] en octobre, *Philosophies* se retrouve aux côtés de *Clarté* et des surréalistes dans un appel à « La révolution d'abord et toujours ». *Clarté* dans ce nouvel élan accepte de se saborder pour que naisse une nouvelle revue, *La Guerre civile*, à laquelle les Philosophes sont conviés à adhérer. Les surréalistes proposent en fait une

1. Abdelkrim el-Khattabi (1882-1963) : chef d'un mouvement de résistance au Maroc contre la guerre coloniale du Rif menée par l'Espagne puis la France (1921-1926, l'armée française s'impliquant à partir de 1925). Devant le refus du sultan du Maroc Moulay Youssef de rallier sa cause en 1924, il se proclame commandeur des croyants et continue à organiser la lutte contre les troupes de Primo de Rivera et de Pétain. Il est finalement contraint à la reddition devant leur avancée et se constitue prisonnier de guerre en mai 1926.

fusion des groupes. Nos philosophes décident d'éluder la question et envoient Lefebvre devant la Centrale surréaliste, rue Jacques-Callot, avec pour consigne de refuser la fusion sans provoquer de rupture… Devant une salle bondée, Lefebvre est chargé de camper sur un principe que les Philosophes savent parfaitement inacceptable mais qu'ils affirment intangible : la croyance en l'Éternel, auxquels, à part Morhange, aucun d'entre eux ne croyait.

La provocation fait son effet : huées, mépris, rires, colère des surréalistes qui condamnent violemment les philosophes réactionnaires et enterrent définitivement la philosophie…

La Guerre civile ne verra pas le jour.

L'ombre du Parti communiste commence à planer sur ces groupes d'intellectuels ; manœuvres d'approche, rupture, méfiance… Péret, Aragon, Breton, Eluard, adhéreront le 24 décembre 1926 au Parti.

En mai 1926, Georges publie dans le premier cahier de l'éphémère revue *L'Esprit* un texte écrit en automne 1925, intitulé « Introduction ».

Je m'engage dans son œuvre et sa vie, disais-je plus haut, mais je dois me faire ici et maintenant modeste élève de mon père ; cours de rattrapage ? non, trop tard sans aucun doute, mais pour le moins obligation pour moi de découvrir les grandes lignes des théories de ces philosophes que Georges va côtoyer, admirer, détester, et obligation de comprendre l'originalité et la force de sa pensée. C'est à la fois aujourd'hui la moindre des choses que je lui dois pour faire ce travail d'écriture, et le moyen, j'espère, le plus sûr d'être au plus près de lui dans ce voyage ; tenter de comprendre et son œuvre et son engagement, indissociables.

« Introduction » occupe une place très importante dans la production philosophique de Georges Politzer ; ce texte offre, trois ans avant son ouvrage majeur *Critique des fondements de la psychologie*, un panorama qui embrasse sa pensée : le concept de « drame », l'Homme concret, la liberté, la soumission, la dette envers Schelling, la « dialectique de l'action révolutionnaire »... Tout est en place, énoncé avec mordant, brio.

Ce texte pour moi, ignorant que je suis de la chose philosophique, me montre d'abord, en quelques lignes brèves, les rapports de Georges aux grands philosophes qu'il a fréquentés au cours de ses études.

Je lis ses commentaires, ses sentences qui tombent raides comme un couperet, sur Schopenhauer, Nietzsche, Stuart Mill, Victor Cousin, Auguste Comte et Henri Bergson entre autres ; je les visite donc pour l'occasion ; pour Nietzsche et Schopenhauer c'est une redécouverte : ces deux-là collent aux basques des artistes depuis plus d'un siècle ; j'ai glané auprès d'eux çà et là des aphorismes et quelques pensées musclées, péremptoires, qui accompagnaient pour un temps telle ou telle série de mes peintures.

Sans connaître moi-même tous ces « philosophes sans matière », ses contemporains « aujourd'hui oubliés » qui sont, au mieux, dit Politzer, des auteurs pour classe de philosophie, « qui ne modifient en rien nos vies, qui ne nous apprennent rien sur l'homme », je découvre dans ces lignes une façon de se présenter sur la scène philosophique brillante et efficace. J'imagine mon père, arpentant une salle de cours, martelant chaque mot, sourire ironique et sourcils froncés, brossant ce tableau de la philosophie contre laquelle il va construire son concept de « vie dramatique ».

Je ne sais si je suis capable de faire le « passeur », mais je m'autorise ici le plaisir d'un exercice inédit pour moi, celui de tenter de donner l'envie au lecteur de plonger dans cette œuvre fulgurante, à laquelle ont puisé de grands philosophes, Sartre, Merleau-Ponty, Canguilhem, et à propos de laquelle certains d'entre eux, je l'ai déjà dit, ont produit des textes critiques de grand intérêt [1].

Georges se livre donc ici à une critique radicale de l'idéalisme régnant à l'université, et de « l'histoire de la philosophie dans ces dernières années qui est l'histoire d'une agonie pénible ».

Georges va déduire de cette critique, en substance, qu'il nous appartient désormais de prendre la mesure de la connaissance scientifique de l'homme, car l'unique matière de l'esprit c'est l'homme, sa liberté – « Il faut avoir l'audace de la vérité », comme disait Hegel –, sa subjectivité, sa solitude, son désir de révolution.

Il commence ainsi : « La vie spirituelle a besoin d'une matière pour s'en nourrir ; la philosophie a besoin d'une matière pour être valable devant l'esprit. Nous voulons parler de ce qui donne du mouvement réel à une philosophie [2]. »

---

1. Sartre dans *L'Être et le Néant* bien qu'il ne cite pas Georges, Merleau-Ponty dans le dernier chapitre de *La Structure du comportement*, Georges Canguilhem dans le Cours sur le chapitre III de *L'Évolution créatrice* de Bergson (1943), cf. présentation par Giuseppe Bianco, *Annales bergsoniennes*, II, PUF, « Épiméthée », 2004.

2. Georges Politzer, « Introduction », *L'Esprit*, 1926.

Apparaît ici la critique, qu'il va mener plus loin, de cette façon de raisonner issue d'Aristote qui consiste à parler de l'Homme *sur un plan abstrait*, le genre « Homme », alors qu'un abîme le sépare de *l'Homme concret vivant sa vie unique sur le plan humain.* « On raisonne, dit Georges, sur la liberté de l'Homme, mais cette liberté, elle *est dite de tout le monde et de personne* ; c'est une affaire théorique à régler entre l'Homme et Dieu ou entre l'Homme et la Nature [1]. »

Georges avance ici clairement l'idée de « l'Homme concret », qu'il développera bientôt, passe vite sur Marx qu'il trouve, à ce moment, « imbu du scientisme qui caractérise son époque » et retrouve Schelling…

Enfin, « le problème humain apparaît au premier plan et il y a matière nouvelle pour la philosophie, parce que les problèmes se rapportant à l'homme ne peuvent plus être résolus indépendamment de la révolution [2] ».

C'est clairement un appel à l'action qui nous préservera de l'« éloquence bergsonienne », qui fera de la philosophie une activité dangereuse « comme dans les temps héroïques » quand les philosophes étaient vraiment les amis de la vérité, « mais par là même, ennemis des dieux, ennemis de l'État, et corrupteurs de la jeunesse ».

Cette « Introduction », texte introuvable jusqu'à ce jour, qui contient des trésors de la pensée de Politzer, méritait vraiment d'être rééditée[3].

---

1. *Ibid.*

2. *Ibid.*

3. *Contre Bergson et quelques autres*, présentation et notes de R. Bruyeron, « Champs », Flammarion, 2013.

Et c'est aussi durant cette année 1926, deux ans avant d'entreprendre son grand œuvre, que Georges traduit de Schelling *Recherches philosophiques sur l'essence de la liberté humaine*, un des fleurons de l'idéalisme allemand, qui paraît aux éditions Rieder avec une préface d'Henri Lefebvre [1].

Schelling est pour eux le philosophe du « concret ».

Il semble qu'ils aient trouvé chez Schelling la notion de drame à laquelle ils étaient attachés : « l'être est drame, parce qu'il est vouloir, il est volonté [2] ». Le drame n'apparaît vraiment qu'avec l'existence, la réalité humaine seule capable de réfléchir ce que l'être ne sait pas ; le drame est l'acte, par opposition à la chose ; l'homme est essentiellement son propre acte.

Henri Lefebvre dira à propos de ce texte de Schelling, quarante-cinq ans plus tard :

> Nous nous cherchions un père. Georges Politzer résuma ainsi la situation, avec sa coutumière clarté brutale, teintée de psychanalyse [...]. [Schelling] plaisait à Georges par une recherche sur les profondeurs abyssales qui d'après lui annonçait la psychanalyse. Nous devinions sans motivation bien définie que l'irrationalisme de Schopenhauer présentait quelques dangers. Nous ne voulions absolument pas liquider la raison théorique et pratique, mais la reconstituer sur de nouvelles bases : sur un fond d'univers infini, comme un combat perpétuel pour s'affirmer et se maintenir [3].

1. Friedrich Schelling, *Recherches philosophiques sur l'essence de la liberté humaine et sur les problèmes qui s'y rattachent*, trad. fr. Georges Politzer, Introduction H. Lefebvre, Paris, Rieder, 1926.

2. *Ibid.*

3. Henri Lefebvre, *La Somme et le Reste*, *op. cit.*

Et plus loin : « Cette conscience du drame, à laquelle nous nous attachions tout spécialement... nous la tenions pour la plus grande découverte des temps modernes [1]. »

C'est Georges, dont l'allemand est la deuxième langue maternelle, qui traduit Schelling ; le « drame » aura une importance décisive dans sa pensée : il est fondamentalement synonyme d'« existence » et se rattache à la fois à l'idée du concret, à l'idée de liberté et à celle de l'action.

Mais l'essentiel est évidemment dans le thème de la liberté pensée comme proprement humaine et inséparablement liée à l'action, c'est-à-dire aux situations concrètes de sa réalisation, le problème devenant celui de l'articulation de la subjectivité et de l'Histoire, c'est-à-dire celui des conditions de possibilité de la révolution.

Le drame est l'enchaînement des actes par lequel l'existence véritable devient personnelle ; le drame sera toujours le fait d'un individu singulier ou d'une singularité, son expérience concrète. L'homme est essentiellement son propre acte et le récit qu'il est capable d'en donner. C'est cela que va réaffirmer Politzer contre Freud.

C'est en juin 1926 que Georges passe son agrégation de philosophie. Camille, sa première femme, écrit le 28 juin à Yvette Lebas-Guyot [2] : « Ce pauvre Georges, il vient de passer l'agrégation. Au bout seulement d'une année de préparation, il a fallu du courage et même, pour ne pas dire, de l'insolence, mais heureusement cela a bien marché, lui-même est très content, ce qui n'est

1. *Ibid.*

2. Yvette Lebas-Guyot : journaliste et romancière, officier de marine dans les Forces françaises libres, elle fonde à Alger les Forces françaises féminines de la flotte.

pas peu dire chez lui, puisque, vous le savez, combien il est difficile. Il a peur seulement à cause des fautes d'orthographe et de la bêtise du jury. »

Les trois sujets cette année-là sont :

1/ Existe-t-il une unité réelle dans les études présentées comme philosophiques ?

2/ La déduction.

3/ Berkeley.

Il y avait cent quinze candidats dont quinze admissibles.

Camille enchaîne : « C'est une véritable folie de la part des étudiants, tous veulent passer ce concours, qui est le plus difficile et où il y a le plus de candidats et le moins de postes… »

Georges est reçu cinquième à l'agrégation. La même année Vladimir Jankélévitch est reçu premier et Georges Friedmann sixième. Politzer est nommé au lycée de Cherbourg à la rentrée scolaire de l'année 1926. Il y restera deux années.

17.

L'Île de la sagesse

Les Philosophes, porteurs de vérités, en quête d'absolu, traquent la réalité dans son essence ; ils veulent faire éclater les cadres traditionnels de la philosophie, la raviver en la reliant à la vie ; ils rêvent tous de faire aboutir une révolte de l'esprit et veulent créer une nouvelle abbaye de Thélème, révolutionnaire, d'où jaillirait la nouvelle parole philosophique.

C'est à cette époque qu'un des membres du groupe, le fils de banquier Georges Friedmann, fait un héritage très conséquent et choisit d'offrir ce trésor à la cause philosophique du groupe.

Dans une turne de l'École normale où le groupe rêve d'actions, des réunions tumultueuses se tiennent pour choisir ce à quoi sera consacré cet argent ; après bien des empoignades, tous finissent par se mettre d'accord sur un objectif d'une grande noblesse : on achètera un lieu, propriété, château, île, d'où rayonnera la Sagesse.

Durant plusieurs mois de l'année 1927, Henri Lefebvre, seul, arpente la campagne. Georges se joint bientôt à lui dans cette quête philosophale concrète ;

exigeants, ils ne trouvent toujours pas « le domaine » digne de les accueillir. Un jour, enfin, la chance leur sourit ; un notaire de Vannes leur communique par téléphone une affaire qui emporte l'adhésion des deux compères : dans le golfe du Morbihan, une île est à vendre avec un bâtiment assez vaste, délabré, mais réparable, entouré de terre agricole ; un rendez-vous est pris immédiatement avec le notaire breton.

Le matin, gare Montparnasse, Georges attend Henri, à l'endroit même où en 1895 une locomotive, brûlant la politesse aux butoirs de la voie, sortant de ses rails et continuant tout droit sa trajectoire, a jailli à travers la verrière, explosant la façade et s'écrasant sur le trottoir de la place de Rennes, là, précisément, où Georges guette l'arrivée de son ami, au milieu des voitures électriques de la Compagnie générale parisienne de tramways. La silhouette longue, élégante, distinguée de Lefebvre émerge enfin ; l'œil malicieux sous la mèche blonde et le front immense, il ricane :

« J'ai pris une impériale, j'aime l'odeur du crottin !

– Nous sommes en retard, bougre…

– Nous arriverons vers 15 heures à Vannes, j'aurai le temps de te faire lire quelques pages… »

Durant le voyage, ils repassent en revue tous les critères qui doivent sous-tendre le choix du « domaine philosophique » dont ils rêvent, ce phalanstère campagnard :

« Tu nous vois vraiment retourner la terre ?

– Nous penserons avec les mains… Nous gagnerons à la sueur de notre front notre pain quotidien.

– Il nous faut alors acheter un beau domaine, fertile, autour d'une maison assez vaste pour accueillir nos petites familles !

– Mais sommes-nous sûrs de devoir nous isoler du monde ? Il nous faut rester disponibles pour notre production spirituelle, philosophique ou poétique !

– Dans ce cas un château suffirait…

– Mais pour être entendus ?

– Il nous faut alors choisir une région peuplée… »

En gare de Vannes, sortie flambant neuve des usines du quai de Javel, la Citroën type A du notaire les attend. Après une dizaine de kilomètres à travers la lande déserte, ils arrivent au petit port de Séné, niché au creux d'un vallon.

En venant m'installer dans les années 1970 à quelques kilomètres du golfe du Morbihan, j'étais loin de savoir que mon père et ses amis avaient jeté leur dévolu sur une de ces innombrables îles qui parsèment le golfe afin d'y créer une nouvelle abbaye de Thélème.

Je découvre un soir, dans une émission de télévision, Henri Lefebvre donnant une interview.

Le vieil homme au visage gravé de rides profondes raconte qu'en attendant le petit bateau du passeur qui devait le conduire avec Politzer sur l'île convoitée, Georges et lui, adossé à un muret bas, se lancent dans une âpre discussion. Lefebvre ne veut rien entendre à ce que lui dit Georges, celui-ci le prend par le col, le secoue avec force et manque de peu de le faire tomber à l'eau. Le regard de Lefebvre se fait lointain, il hésite entre sourire et froncement de sourcils ; des dizaines d'années plus tard, il semble encore sidéré par la violence et la véhémence que Politzer a déployées pour le convaincre. Ce sera parfois pour Georges, pourtant grand orateur, maniant la dialectique avec brio, le moyen ultime pour vaincre une résistance inopportune.

La Plate du golfe accosta au quai en douceur et mit fin à la querelle ; le petit canot à gréement aurique emporta nos deux amis au milieu des cailloux, après que le notaire eut donné, en breton, des indications précises au vieux pêcheur qui servait de passeur…

Breton d'adoption, j'ai à plusieurs reprises fait des balades en bateau entre ces blocs de granit à fleur d'eau, j'ai peint des aquarelles, découvrant les paysages changeants de la « petite mer » ; je connais aujourd'hui les quelques îles qui portent des bâtiments en ruine ; je cherche sur la carte lequel parmi ces îlots a pu tenter nos jeunes philosophes. Je refais un tour dans le golfe, j'aime capter la lumière, saisir l'ombre verte de ces centaines de roches à fleur d'eau ourlées de verdure ou surlignées de l'éclair jaune des genets ; je choisis finalement un îlot entouré de quelques pâtures et de labours fumants, surmonté d'une masure restaurée aux volets peints en bleu thonier ; je décide que c'était dans cette île que Georges et ses amis avaient rêvé de faire entendre la voix de la philosophie nouvelle.

Je lui donne son nom : Sagesse.

Je ne saurai jamais si ce morceau de lande qu'ils foulèrent ce jour-là combla leur attente, mais l'acquisition de l'île de la Sagesse ne se fit pas, comme dit Lefebvre, « celui qui disposait de l'argent n'ayant pas tranché philosophiquement le dilemme "être" ou "avoir" ».

De nouvelles empoignades s'ensuivirent, de nombreux autres projets furent sans lendemain.

Nous verrons plus loin que cette affaire devait avoir une suite peu glorieuse…

Le groupe se sent de plus en plus révolutionnaire et décide de saborder la revue *L'Esprit*, dont le premier cahier était paru en mai 1926 et le second et dernier cahier en janvier 1927. C'est aussi le moment où Paul Nizan va rejoindre le groupe, jugeant qu'un rapprochement avec les Philosophes est possible. Parlant dans une lettre datée de 1927 de la revue *L'Esprit*, Nizan conclut : « [...] Ils la placent dans la mystique bolcheviste. Cette direction est belle : c'est une de mes directions [1]. » C'est en 1927 aussi que paraît un des nombreux jeux de notations surréalistes [2], où il est fait mention de Politzer, auxquels les auteurs, André Breton, André Thirion, Pierre Urik et Georges Sadoul, attribuent la note négative « – 10 ». Cézanne est noté « – 12 », Attila « 13 », Jean Jaurès « – 15 », Bergson « – 18 »... Les derniers feux de la querelle avec les surréalistes ne sont pas encore éteints [3].

1. P. Ory, *Nizan : destin d'un révolté*, Complexe, 2005, p. 79.

2. La Bibliothèque de la Pléiade a publié ce document illustré, dans un agenda Breton.

3. G. Sebbag, *Potence avec paratonnerre. Surréalisme et philosophie.* Hermann, 2012.

18.

Critique des fondements de la psychologie

En 1927, Georges a 25 ans, il est professeur au lycée de Cherbourg, son épouse Camille et leur fils Jean l'ont suivi.

Le 6 février 1927, ma demi-sœur Cécile naît, et six mois plus tard Camille, atteinte de la tuberculose, part au sanatorium de Cambo-les-Bains.

Georges entreprend l'écriture de *Critique des fondements de la psychologie*, premier tome de ce qui doit être une somme qu'il nomme *Les Matériaux*.

Dans la préface à cette première édition, datée « Cherbourg, septembre 1927 », il annonce clairement qu'un deuxième volume suivra, ainsi qu'un essai qui complétera *Les Matériaux*. L'ouvrage paraît en février 1928 aux éditions Rieder, 7 place Saint-Sulpice à Paris, dans « La collection de l'esprit » dirigée par Pierre Morhange, dédicataire du livre.

Croisement de destinées et belle histoire à faire rêver les voyantes de la foire du Trône : la caissière des éditions Rieder est une jeune et belle Bretonne que Georges, toujours à court d'argent, courtise, en tout bien tout honneur, pour obtenir des avances sur droits ; elle s'amuse de ce grand jeune homme roux, très élégant, échevelé, qui entre en coup de vent et fait le siège de son bureau ; elle ne l'oubliera jamais. Cette femme sera la grand-mère de deux jeunes filles ; l'une d'elle, Annie, par le plus extraordinaire des hasards, deviendra mon épouse.

De cette première édition à la couverture grise d'une tristesse infinie, un précieux exemplaire me sera offert par un ami éditeur tourangeau, Jean-Pierre Boyer. J'en ai trouvé un deuxième récemment sur le Net.

À partir de 1968, ce titre sera réédité sans discontinuer par les Presses universitaires de France, mais sans aucun appareil critique, tout comme la première édition.

D'où vient cet ovni, dans quel champ s'inscrit-il ? Quelle fut sa réception, qui est l'auteur, qu'a-t-il écrit d'autre ? Autant de silences qui en font un livre à la destinée particulière, tant par l'immense intérêt qu'il suscite auprès des lecteurs qui le découvrent que par cette absence d'analyse qui entoure sa production.

Des éditions portugaise, allemande, espagnole, brésilienne, japonaise verront le jour.

Depuis, ce texte a été inscrit durant deux années au programme de l'agrégation ; des colloques à la Sorbonne ont été consacrés à l'œuvre de Georges Politzer, dont un tenu à l'École normale de la rue d'Ulm en 2010 [1].

Critique des fondements de la psychologie s'impose d'emblée comme l'un des premiers textes importants sur la psychanalyse écrits par un philosophe. À cette époque ne s'intéressent vraiment à l'œuvre de Freud

1. Parmi les intervenants : Roger Brugeron et Frédéric Worms.

que de rares « psycho-analystes », des écrivains et des artistes.

À part Bergson, qui le cite à quelques reprises, aucun philosophe ne semble reconnaître l'œuvre du docteur viennois, dont plusieurs ouvrages [1] sont pourtant traduits entre 1921 et 1927. Georges, lui, les a lus, il les commente, ainsi que d'autres non encore traduits, qu'il a lus en allemand, comme en témoignent maintes citations dans son livre.

Georges, dès 1924, avait, dans le numéro 4 de *Philosophies*, opposé la psychanalyse à la psychologie classique et à la philosophie de son temps, et dans le numéro 5-6 de 1925 il concluait son article « Le mythe de l'anti-psychanalyse » en écrivant : « Et la psychanalyse est un mouvement aujourd'hui plein de vie. »

Dans *Critique des fondements de la psychologie*, Georges Politzer développe une critique négative de la psychologie classique, à laquelle il reproche de se satisfaire de notions abstraites et de ne rien connaître des individus réels concrets, et d'étudier par exemple la « mémoire » et non « l'individu se souvenant » ; Politzer rend clairement justice à la psychanalyse de s'intéresser enfin aux hommes réels.

Il reconnaît à Freud le mérite de fonder la psychologie sur des bases solides, sur des faits établis, sur des

1. Yves Le Lay : *Cinq leçons sur la psychanalyse* (1921). Samuel Jankélévitch : *Introduction à la psychanalyse* (1921), *Psychopathologie de la vie quotidienne* (1922), *Totem et tabou* et *Le Moi et le Ça* (1923), *Psychologie collective et analyse du Moi* (1924), *Contribution à l'histoire du mouvement psychanalytique*, *Considérations actuelles sur la guerre et sur la mort* et *Au-delà du principe de plaisir* (1927).

expériences, au contact des sujets réels, à leur écoute plutôt qu'à leur examen.

Georges reconnaît en Freud le vrai maître au sens pédagogique, à partir duquel une nouvelle science de l'homme est enfin possible. C'est cela que développe Politzer dans les trois premiers chapitres de son livre.

Dans la suite de l'œuvre, la critique est plus négative. Georges dénonce encore la psychologie classique, dominée par le réalisme et l'abstraction, qui chosifie la conduite humaine, en fait un objet d'étude en laboratoire et du même coup dépossède l'individu du sens de sa conduite. Avec humour, dans un style très clair, Georges illustre ses critiques de la psychologie classique :

> Ce sont des *événements* que le sujet vit, et le terme « événement » exprime qu'il s'agit du sujet tout entier. Mon fils pleure parce qu'on va le coucher. Voilà l'événement. Mais il n'y a là pour la psychologie classique que *sécrétion lacrymale consécutive à une représentation contrariant une tendance profonde.* C'est tout ce qui est arrivé. On a donc quitté le plan du « drame humain » dont l'auteur est l'individu concret, et on l'a remplacé par un drame abstrait [1].

La psychanalyse échappe en grande partie à cette critique, et c'est pour Politzer un très grand mérite, mais pas totalement selon lui.

En effet, pour Georges, la notion d'inconscient de Freud réinstalle au cœur du sujet une intériorité qui lui échappe, qui le soustrait à lui-même, en figeant en lui son être même, en l'objectivant en quelque sorte.

1. G. Politzer, *Critique des fondements de la psychologie,* PUF, 2003.

Pour Politzer, l'inconscient est la « faute » de Freud, sa concession à la psychologie classique ; la « révolution psychanalytique » n'a pas eu lieu parce que Freud, au lieu d'approfondir la connaissance du singulier, s'est réfugié dans l'abstraction de l'« appareil psychique ».

Ces critiques n'ont pas laissé insensibles Sartre, Merleau-Ponty, voire Lacan.

L'important dans cet ouvrage, c'est de voir comment Politzer oppose la notion d'inconscient à celle de « drame », autre nom pour celui d'« existence ». L'individu concret est un drame, c'est-à-dire un sujet pris dans un conflit, au sein d'une situation, capable d'en faire, au moins partiellement, le récit ; cette capacité de relation place résolument Politzer du côté de Freud, de ce qu'il y a de plus résolument neuf dans la psychanalyse. Neuf et intelligent parce que le drame, c'est « le geste éclairé par le récit », aucun comportement n'est humain s'il ne passe par le langage ; le mérite de la psychanalyse est de nous l'avoir rappelé.

« Tout est là » : il n'y a ni vie intérieure ni facultés, il n'y a pas non plus d'appareils ni de complexes ; la vie au sens biologique ne signifie rien ; il n'y a que des drames, à la fois individuels et collectifs. Le mérite de Freud est d'avoir permis de saisir cela à travers un drame qui touche tout le monde, la sexualité.

Georges Politzer en a compris l'importance et il écrivait ironiquement encore dans « Le mythe de l'anti-psychanalyse » :

> La psychanalyse c'est l'obscénité promue scientifique dit M. Blondel. Excellente formule. [...] Freud n'a pas hésité à le faire. C'est son plus grand titre de gloire [...] nous abordons sans préambules et sans gémissements

l'étude de l'homme inconvenant, après avoir abordé celle de l'homme primitif [1].

Sur ce point, Georges ne changera pas : la psychanalyse nous confronte à l'homme réel. Mais cet homme est un être qui mange, qui se vêt, qui travaille : la psychologie concrète que Georges veut élaborer à partir de ce qu'il a appris à la lecture de Freud sera l'étude de l'homme en action, tout particulièrement dans le travail.

---

1. G. Politzer, « Le mythe de l'antipsychiatrie », *Philosophies*, n° 5-6, mars 1925.

19.

Politzer et Bergson

En janvier 1929 paraît aux éditions Les Revues un pamphlet d'une rare violence contre la philosophie de Henri Bergson. Pour publier ce texte écrit sous les drapeaux, Georges Politzer prend le nom de Voltaire : « François Arouet ».

En janvier 1947, les Éditions sociales (communistes) en publieront une version « abrégée [...] revue et accessible à tous », sous la houlette de Jean Kanapa.

Jean-François Revel, qui dirige chez Jean-Jacques Pauvert une collection de poche, « Libertés nouvelles », propose en 1967 une réédition de ce texte : *La Fin d'une parade philosophique : le bergsonisme* de Georges Politzer. C'est en décembre de cette même année que je découvre réellement ce texte dont les enjeux philosophiques, à l'époque, me dépassent.

De la rencontre avec Jean-Jacques Pauvert, j'ai le souvenir d'une pièce chichement éclairée, tapissée de livres. Derrière un vaste bureau encombré de paperasses et de piles de manuscrits, je découvre un homme au front interminable, derrière de fines lunettes des yeux malicieux. Jean-Jacques Pauvert m'accueille en souriant : sa moustache noire frémit.

C'est mon premier contact avec l'édition. Dans cette tanière, je n'entends pas ou plutôt je n'enregistre pas tous les mots ; fasciné par cette caverne d'Ali Baba, j'ai le sentiment de n'être pas à ma place. Je suis le fils.

Souvenir des odeurs, des bruits étouffés, des tapis, et par-dessus tout des livres qui explosent des rayonnages incapables de les contenir, des centaines par terre, en piles défiant les lois de l'équilibre. Pauvert me dégage un siège encombré : entretien chaleureux dont j'ai presque tout oublié ; je signe le contrat du « *Bergsonisme* ». L'ouvrage, numéro 3 de la collection, paraît le 15 décembre 1967.

Malgré une maquette superbe de Pierre Faucheux – je suis graphiste à l'époque et j'admire le travail d'un confrère prestigieux – et des textes de qualité, cette collection aura une vie éphémère.

Je note tout de même, aujourd'hui, pour mon plaisir, que le premier titre de cette collection fut le *Manifeste DADA* de Tristan Tzara.

D'autre part, sans doute au moment où il décide de la parution du texte de Georges sur Bergson, Jean-François Revel, dans un brillant article de *L'Express* du 15-21 mai 1967 intitulé « Le Pascal du matérialisme », rend compte de la première réédition depuis 1929, par les Presses universitaires de France, de la *Critique des fondements de la psychologie.* Revel témoigne ici de son admiration pour Politzer ; je ne résiste pas à en reproduire ce paragraphe :

> Pourquoi « brillant » ? Cet adjectif cliché, nettoyé de la marée noire d'un emploi surabondant, et généralement immérité, redevient, dans le cas de Politzer, applicable. Sa phrase tendue et large, nécessaire et

imprévisible, fond sur le troupeau bêlant des habitudes poussives. Si l'essai de langue française entre les deux guerres approcha parfois de l'œuvre d'art, ce fut particulièrement grâce à ce Hongrois, venu à Paris à l'âge de 18 ans [1].

Je relis à présent *La Fin d'une parade philosophique : le bergsonisme* que Jean-Jacques Pauvert et Jean-François Revel publient donc. À travers les critiques et les commentaires divers et nuancés qu'il suscite aujourd'hui parmi les philosophes, je tente d'en mesurer l'importance, de me faire une idée de la place qu'il occupe désormais face à l'œuvre de l'auteur de *Matière et mémoire*, *L'Évolution créatrice*, *Le Rire*...

Pour les uns, Politzer dans ce pamphlet règle ses comptes avec Bergson qu'il stigmatise comme « allié zélé de l'État et de la classe dont il est l'instrument. M. Bergson a été ouvertement pour la guerre et, en fait, contre la révolution russe ». Politzer voit en Bergson un traître à l'intelligence, donnant dans l'irrationalisme des tables tournantes, le chantre de l'intuition comme nouvelle source de connaissance, le corrupteur de l'université, de la culture, de l'esprit des Lumières...

Point n'est besoin d'être historien chevronné pour comprendre que le climat de l'entre-deux-guerres, l'intensité des débats politiques et idéologiques qui faisaient rage, peuvent expliquer en partie cette outrance et cette violence.

Mais un des aspects de ce texte, le plus intéressant peut-être, c'est que Politzer comprend bien, même s'il

1. J.-F. Revel, « Le Pascal du matérialisme », *L'Express*, 15-21 mai 1967.

ne veut jamais le reconnaître, que sa démarche renouvelle d'une certaine façon celle de Bergson écrivant *Essai sur les données immédiates de la conscience.*

Il semble pour certains philosophes contemporains qu'à bien des égards Politzer aurait pu trouver dans Bergson, sinon un allié, du moins un précurseur, surtout si on se souvient que Bergson n'a pas été aussi bien accueilli que cela, en particulier lors de la parution de *Matière et mémoire* et de *L'Évolution créatrice*, ni par l'université ni par la « bourgeoisie ». Pourtant, dans *Matière et mémoire*, jamais Bergson n'a été plus près d'une approche dramatique, pourrait-on dire, du phénomène psychologique, donc de la conduite humaine. Politzer passe à côté, opposant aux abstractions de Bergson la notion de drame. Le désir de se démarquer prend le pas sur tout examen critique sérieux.

Pour d'autres philosophes contemporains, ce pamphlet situé au point de rupture du siècle est essentiel non seulement pour son rôle historique, mais aussi comme jalon de la philosophie ; c'est une étape décisive pour la pensée de Georges Politzer.

C'est une rupture irréversible avec la philosophie de Bergson, mais aussi avec la philosophie du XIXe siècle. Ce texte est important pour tous les philosophes : Sartre, Merleau-Ponty, Lacan, Canguilhem, Ricœur...

C'est en appliquant à Bergson les concepts qu'il a élaborés à propos de Freud dans la *Critique des fondements de la psychologie* que Georges va s'attaquer au point central du concept de vie. Politzer pose d'emblée la question du concret, en l'occurrence, du concret chez Bergson :

> [...] Le bergsonisme a-t-il, oui ou non, compris le concret – ou plutôt – le concret tel que Bergson l'entend

est-il vraiment concret, *l'inspiration fondamentale du bergsonisme est-elle une inspiration concrète.* Si oui, le bergsonisme est une grande philosophie. Si non, il doit y avoir au fond du bergsonisme un artifice scandaleux, et alors il faut mettre en évidence cet artifice [1].

Politzer va se livrer à une critique radicale de la psychologie de Bergson avant de critiquer la philosophie de Bergson. Politzer inaugure alors une nouvelle pensée de la vie : la psychologie concrète.

Politzer va aborder le concret en insistant sur la persistance de la notion de vie, sous tous ses aspects, et distingue alors deux concepts :

> Or il n'existe en dehors des *processus* de la nature, aucune autre sorte de *processus.* Il est seulement vrai que, à côté de la vie, au sens biologique du mot, existe la vie humaine, aussi réelle que la première, sauf qu'elle ne tire pas sa réalité d'une *perception sui generis*, mais de la signification qu'elle renferme. Cette vie a pour support des individus considérés dans leur totalité, simplement parce qu'il faut un individu entier pour la vivre. Elle se décompose de plus en segments qui, étant les scènes de l'individu singulier, ne sont réels ni même concevables que par lui.
>
> Ce qui existe à côté de la nature, ce n'est donc qu'un ensemble de relations dramatiques qui impliquent des hommes considérés dans leur totalité, et dont l'originalité est humaine d'abord, individuelle ensuite ; c'est cet ensemble que nous appelons le drame.
>
> L'homme n'est pas une ombre, mais il est précisément homme, c'est la vie actuelle qui est sa vie et celle-ci est une, de même qu'elle est unique. C'est au point de vue de cette vie que la mort est à jamais *irréparable* [2].

1. G. Politzer, *La Fin d'une parade philosophique : le bergsonisme*, Pauvert, 1967.

2. *Ibid.*

Georges s'opposera ici à la théorie abstraite de « la vie en général » et à l'utilisation du concept de durée de Bergson :

> [...] En déduisant de la durée l'unicité de la vie, vous donnerez à la vie humaine l'unicité d'une chose qui dure, une unicité qu'elle partage avec tout ce qui dure, donc une unicité en général. Le point de vue humain disparaîtra de nouveau... Voilà pourquoi dire par exemple que la vie est unique à cause de la durée ou dire que la vie est unique à cause de la mort n'impliquent pas le même programme... Plus on s'enfoncera dans la durée plus on s'éloignera de l'homme... *Rien dans l'ordre où vit actuellement l'homme n'est adapté à l'unicité de sa vie* [1].
>
> Car une fois qu'on épouse vraiment le point de vue humain, ce ne sont pas les choses à dire qui frappent, mais les choses à faire. On sort précisément de la magie de l'abstraction qui croit qu'il suffit de *dire*... La solution n'est pas sur le plan des idées mais sur le plan des événements [2].

À partir de cette notion de vie et de la critique serrée de Bergson que Georges opère, on peut donc déceler les indices qui permettent d'éclairer le développement très concret de la pratique philosophique de Politzer qui le conduira jusqu'à l'engagement politique.

Pour Georges, me disait un ami, Bergson est un philosophe qui ne regarde pas la mort en face.

---

1. *Ibid.*, p 136 et 137.
2. *Ibid.*

20.

« Les revues »

En 1928, le marxisme va commencer à gagner les esprits de tous ces brillants jeunes gens. Nizan fréquente maintenant le groupe avec assiduité ; il a adhéré au Parti communiste, Morhange est le premier à le suivre, et c'est Georges qui sera le dernier à y adhérer. Il se verra d'ailleurs refuser son entrée une première fois en 1929 ; ce n'est que quelques mois plus tard qu'il est accepté au Parti.

« L'île de la Sagesse » est vite devenue un lointain souvenir perdu dans la brume du golfe du Morbihan. Le groupe prend la décision fin 1928 d'investir l'héritage dans une librairie marxiste et dans une maison d'édition qui se nomme Les Revues, sise au 47 rue Monsieur-le-Prince, qui publiera en février 1929 une nouvelle revue révolutionnaire, *La Revue marxiste*, créée par nos Philosophes auxquels se joignent Paul Nizan et Jean Bruhat, professeur d'histoire, communiste depuis 1925. Placée sous la bienveillante autorité de Charles Rappoport, *La Revue marxiste* se donne pour objectif de faire connaître le marxisme comme « méthode de recherche et d'action révolutionnaire ».

Charles Rappoport, grande figure du socialisme et l'un des fondateurs, en 1920 au congrès de Tours, du Parti communiste, va donner à la revue durant plusieurs numéros une étude intitulée « La méthode marxiste ». Il va regrouper une fois par semaine, dans son appartement du 39 boulevard de Port-Royal, des amis, intellectuels pour la plupart communistes ou en bonne voie de l'être ; dans ce « salon », on croise Pierre Naville [1], Georges Friedmann, Henri Lefebvre, Paul Nizan. On discute politique, idéologie. Le comte Mihály Károlyi, exilé hongrois, pour qui Georges a traduit il y a peu encore quelques textes, fait partie du cercle.

Mais c'est le moment qui voit la stalinisation du Parti se développer, et Rappoport est en désaccord avec l'alignement de son parti sur l'Union soviétique. Tenu en disgrâce par la direction, il est néanmoins respecté pour sa très grande connaissance du marxisme.

Une seconde revue, *Revue de psychologie concrète*, sera confiée à Politzer par ses amis Morhange et Lefebvre. Pierre Morhange, lui, rêve d'une revue politique et poétique, *Le Mauvais Temps*, qui sera sans lendemain.

Georges n'écrit aucun article dans *La Revue marxiste*, mais rédige pratiquement à lui tout seul les articles de la seconde. Il y énonce un programme et

1. Pierre Naville (1904-1993) : écrivain surréaliste, il adhère au PCF en 1926 et se voit chargé de diriger la revue *Clarté*. Ses prises de position trotskistes conduisent à son exclusion du Parti en 1928. Proche de Trotski en exil, il participe à la création du Parti ouvrier internationaliste en 1936, après l'exclusion des trotskistes de la SFIO. Il rompt avec le mouvement en 1939. Fait prisonnier en 1940, il est libéré en 1941.

une exigence [1]. Le programme, ce sera l'étude de l'ensemble de la conduite humaine en situation ; de la famille à l'école, pour l'enfant ; de la famille au travail, de la totalité des situations que l'homme adulte rencontre dans son histoire, dans son monde ; ceci devient l'objet d'une science concrète et dotée de concepts adéquats.

L'exigence, c'est l'unité de la psychologie. Mais l'essentiel est dans la méthode de travail : le psychologue devra reconstituer, reconstruire, voire construire avec le sujet dont il entreprend d'étudier la conduite, le drame qui en est la charpente, le sens jusque-là inaperçu, le scénario sur lequel il tisse son existence comme un comédien qui réalise son rôle.

La psychologie doit imiter le théâtre, « il y a plus de psychologie dans Molière que dans tous les traités de psychologie » : ces fracassantes provocations reviennent souvent sous la plume de Politzer, pour souligner l'urgente nécessité d'en finir avec l'abstraction. On comprend alors l'importance de Freud, car s'il est un auteur qui a « théâtralisé » sa méthode, c'est bien l'auteur de la pratique analytique, cette fameuse « paire d'oreilles » sans rivale dans le siècle.

Le 12 mai 1928, Georges commence son service militaire sous l'uniforme de soldat de deuxième classe, affecté à la 22e section de COA [2].

C'est en 1928 qu'a été prise cette photographie, étonnante de tristesse, photo posée : on a rassemblé

1. *Revue de psychologie concrète*, février 1929.

2. COA : section de commis et ouvriers militaires d'administration.

le landau, deux chaises de jardin sur un décor floral, mais aucun des personnages ne semble heureux de se montrer ici, aucun désir de plaire, pas même l'ébauche d'un signe de tendre attention, pas la moindre trace du plaisir d'être ensemble à cet instant. Seul à regarder le spectateur, Georges nous invite d'un regard noir à ne pas entrer dans l'image.

Le geste de Jean, dont la main se déploie vers Cécile, a-t-il capté l'attention de Camille, ou bien plutôt celle-ci est elle en train de s'abstraire du cercle de famille ? Scène impressionniste sans couleur, sans sourire, sans bonheur.

Ma grand-mère me racontait souvent, en riant comme pour l'excuser, que Georges avait épousé « cette femme » par intérêt. Jeune étudiant sans le sou à Paris, il avait saisi l'occasion, disait-elle avec aplomb, de s'assurer un confort matériel. Ma grand-mère idolâtrait sa fille et vénérait Georges. Elle me lançait un message clair et définitif : mon père n'avait jamais aimé que Maï, ma mère.

J'appris aussi un jour de la bouche de ma « Bonne Maman », au détour d'une phrase, l'existence de mon demi-frère Jean, en même temps me semble-t-il qu'elle m'annonçait sa mort ; vétérinaire en Afrique, il avait été piqué par un serpent, ce qui était vrai. J'ai le souvenir d'avoir entendu ma grand-mère évoquer le même jour l'existence de ma demi-sœur Cécile : le ton s'était durci, un soupçon de mépris pointait pour me dire qu'après avoir épousé un riche Américain ou Suisse, cette sœur inconnue qui ne pensait qu'à l'argent et à la vie facile était sans aucun doute morte elle aussi... ce qui n'était pas vrai. Ma grand-mère avait une terrible façon de faire le vide autour de moi. Je me contentai alors de ces explications, n'ayant aucun souvenir de ces deux parents proches.

Cécile, à ce nom musical j'associais l'image d'une grande jeune fille, ma sœur blonde qui m'accompagna quelquefois dans mes rêveries puis disparut définitivement.

J'ai 74 ans le jour où je reçois un coup de téléphone de Bruxelles, le plus inattendu de ma vie. Voix enjouée, claire, nette, une jeune femme se présente :

« Vous êtes le fils du philosophe Georges Politzer ?

– Oui.

– Je suis la fille de votre sœur Cécile, je suis ta nièce Patsy...

– Cécile est en vie ? Où est-elle ? »

Une heure plus tard, je connais tout de Patsy, son boulot, sa passion pour l'art, ses mariages, ses enfants, ses regrets, ses échecs, ses envies. Je découvre tout de cette famille parallèle ; dans un flot de paroles, des mots volent entre Bruxelles et la Bretagne : Mathias, Jean-Michel, ce neveu retrouvé qui m'accompagnera en Hongrie, Jean-Philippe, William, Hunter, Tahiti, Afrique, Amérique, Popof, Vincennes, Nony, Jean... Une lettre de trente pages viendra quelques jours plus tard mettre de l'ordre, élaguer les branches de cet arbre généalogique qui se densifie sérieusement tout à coup, pour moi, pour mes enfants et mes petits-enfants qui voient apparaître, ébahis, des cousins, cousines, tantes et oncles sortis du chapeau par le simple geste de cette nièce inattendue.

Patsy raccroche, j'appelle cette sœur inconnue, de sept ans mon aînée ; j'entends maintenant une voix inquiète, lointaine, je dérange peut-être, je me présente : « Cécile, c'est Michel ton frère, ton demi-frère... » Un silence. « Oui, Michel » – la voix monte, chante, plus claire, nouveau silence.

Je renoue le lien, enfin. Au bout du fil, cette sœur perdue, entraînée hors de mon histoire, dont je ne sais rien – j'oblitère dans l'instant tout ce que Patsy vient de me dire d'elle –, je mets un visage sur cette voix, mais immédiatement, ce sont des masques qui s'estompent, l'un après l'autre... Je m'accroche à sa parole ; elle sait que j'existe, que j'illustre des livres pour la jeunesse, elle en a offert à ses petits-enfants... Elle me raconte les rares moments que nous avons vécus ensemble dans ma toute petite enfance, dont je n'ai bien entendu aucun souvenir.

Nous parlons un long moment, elle est toute proche. Elle habite à Vincennes, dans sa maison de famille, celle de son grand-père Nony où Georges vécut quelque temps ; la porte à côté pour moi, qui ai habité toute ma jeunesse à la porte de Saint-Mandé et qui faisait du bois de Vincennes mon territoire de jeux.

Nous nous promettons de rattraper le temps perdu.

C'est Cécile qui me donnera cette photo de famille, tragique.

21.

Maï ou l'éblouissement du philosophe professeur

Georges commence sa carrière de professeur délégué en 1925 au lycée de Moulins. En 1926, il est nommé professeur de philosophie au lycée de Cherbourg. Il a un collègue, Basire, professeur de lettres, originaire de Vire, homme de droite, avec lequel Georges a des discussions politiques très vives. Georges veut toujours convaincre ses interlocuteurs, à tout prix.

Un jour, Politzer et Basire marchent ensemble sur le port, le long du bassin à flot. Entre eux, le ton monte rapidement, le désaccord est comme toujours total.

Les pêcheurs qui ravaudent leurs filets interrompent leurs gestes ; ils connaissent de vue ces deux professeurs de lycée, mais tout à coup, stupéfaits, ils voient l'homme roux empoigner par le col et secouer avec force son compagnon en martelant des mots inaudibles et d'un seul coup propulser son contradicteur dans le bassin.

On repêche Basire qui s'en tire trempé mais indemne. L'histoire fait le tour de la ville, se répand comme une traînée de poudre, indigne et effraye les bourgeois, horrifiés de confier leurs enfants à un tel énergumène, excellent professeur au demeurant. Le ministère est immédiatement saisi de cet incident et Georges est déplacé au lycée de Vendôme. Nous sommes en 1929.

Ironie et hasard des nominations, en 1930, Politzer nommé au lycée d'Évreux verra arriver dans son nouvel établissement… le fameux Basire. Ils logeront dans le même hôtel de la ville. Devenus amis, ils poursuivront leurs discussions politiques et idéologiques passionnées, campant toujours tous les deux sur leurs positions.

C'est de son passage à Évreux que date ce superbe portrait daté de 1932, réalisé par son collègue Perraudin, professeur de dessin, que Georges annote en marge : « Merci pour le personnage souriant au-dessus de ses instincts bas. » Perraudin raconte :

Parmi les collègues, le professeur de philo Georges Politzer imposait sa forte personnalité. Il nous arrivait de regagner Paris par le même train, avec changement à Mantes, et c'est profitant de cet arrêt que j'ai eu la chance, au buffet de la gare, de faire ce dessin de Politzer. En 1936, lui disant qu'il devait se réjouir du triomphe de ses idées avec le Front populaire, Politzer me répondit : « Qui vous dit que dans quelques mois je ne serai pas fusillé ? »

Georges prenait trois fois par semaine ce même train pour se rendre au lycée d'Évreux. Il s'était tout naturellement institué, dans le wagon, une espèce de salon philosophique, auquel se pressaient, s'entassaient même, étudiants, collègues et voyageurs lambda, tous fascinés par l'éloquence et le savoir de ce professeur qui, en termes accessibles, leur parlait de Platon, de Kant, de Marx et de tant d'autres. Pour rien au monde ils n'auraient manqué le voyage dans le « compartiment Politzer ».

Gaston Baissette [1], médecin hygiéniste, fit la connaissance de Georges dans le Paris-Évreux :

> C'était un voyageur. Son activité dans les trains, métros et autobus était grande. Il partait à 5h30 du matin et nous nous rencontrions régulièrement dans le wagon de tête où cet inconnu à cheveux roux, au visage expressif et à l'œil scrutateur ne cessait de m'intriguer. Peu à peu je recherchai le compartiment où il se trouvait… qui prenait immédiatement l'aspect d'un lieu de réunion. Il y avait souvent de jeunes professeurs de lycée que Politzer accablait à la fois de sarcasmes et de gentillesses, et des inconnus qui réagissaient différemment

1. Gaston Baissette (1901-1977) : médecin hygiéniste, proche du Parti communiste, il fut membre du réseau de résistance Front national. Inspecteur des services d'hygiène de l'Eure, il s'occupait des infirmières-visiteuses qui luttaient contre la tuberculose.

à la conversation mais en restaient tous vivement impressionnés. C'est pourquoi le compartiment Politzer faisait salle comble [1].

Gaston Baissette devint un ami intime de mes parents. C'est lui qui me mit au monde ; il raconte encore :

Un jour, en sortant de l'Université ouvrière, où il faisait ses cours de matérialisme historique, il m'exprimait la difficulté d'enseigner la dialectique sans la figer, la schématiser, la réduire à l'état de philosophie. Parlant de l'évêque Berkeley et de ses dialogues d'Hylas et de Philolaüs, il envisageait l'intérêt qu'il y aurait, en contrepartie, à créer des dialogues où le matérialisme dialectique ferait partie de la chair même des événements, où tout serait mêlé comme la vie même avec ses déroulements divers dont la dialectique est l'expression la plus profonde. C'est en songeant à cette conversation que, sous l'Occupation, je devais écrire *La Clef des Sources*, dédiée à la mémoire de Georges Politzer [2].

Baissette encore :

Georges écrivait plusieurs articles en une nuit. C'était des études où les chiffres, l'économie, les bilans, les machines à calculer entraient en jeu. Il était chargé par son Parti de besognes difficiles : c'est ainsi que lorsque Roosevelt promulgua son « *New Deal* », c'est Politzer qui analysa cette charte américaine, en décomposa magistralement les rouages, en démontra les aspects contraires, tour à tour illusoires et progressistes.

Le sens de l'humour chez lui était d'une telle force qu'il se hérissait de pointes de férocité. Ses plaisanteries

1. Gaston Baissette, « C'est à Politzer que je penserai », *Les Lettres françaises*, n° 364.

2. *Ibid.*

éclataient, accompagnées d'un rire qu'on pouvait qualifier d'homérique, sur ce faciès flamboyant. Toujours en activité, méconnaissant le doux havre de la paresse, les promenades du dimanche étaient, avec lui, de harassantes randonnées à travers les rues d'où nous arrivions, Maï et moi, complètement épuisés, tandis que, tout dispos, il se mettait au travail.

Un jour dans un autobus, il se mit à récapituler, avec des mimiques saisissantes, que je m'empressais d'imiter, toutes les névroses et les maladies psychiques, danse de Saint-Guy, paralysie générale, démence précoce, paranoïa, crétinisme, catatonie.

L'autobus se vidait à chaque station, et les nouveaux venus restaient figés de stupeur sur la plate-forme. Seul le receveur était enchanté.

Humour féroce, mais qui servait de décharge de potentiel à cet organisme infatigable et perpétuellement en activité.

Chez cet être, tout était passion et raison, terre et feu. Manger, dormir, aimer, étaient flambées successives. Il pouvait s'endormir immédiatement, n'importe où, et se réveiller après quelques minutes, comme il en avait décidé. Il appréciait les plats succulents et les vins fins, et absorbait aussi allégrement des nourritures indigestes dans les gargotes où il m'entraînait à mon corps défendant [1].

Georges avait loué une maison au Vieil Évreux et venait au lycée à vélo. Lors d'une rentrée scolaire, le proviseur rappela dans une circulaire adressée aux professeurs qu'il exigeait une tenue très stricte, jusqu'au port du chapeau ; le lendemain Georges arriva au lycée en bleu de travail et en casquette !

Politzer était un professeur exigeant mais très aimé de ses élèves. Il y avait dans sa classe une jeune fille

1. *Ibid.*

particulièrement timide ; elle parlait si bas que l'on ne pouvait l'entendre. Quand il devait l'interroger, il la priait de sortir dans le cloître, de monter sur le puits et de répondre à ses questions de façon audible.

Revenons en 1929. Camille, son épouse, atteinte de tuberculose, est en traitement au sanatorium à Cambo-les-Bains au cœur du pays Basque. Georges vient de lui rendre visite. Le Hendaye-Paris est à quai, coiffé d'un panache de fumée. Georges ouvre la porte d'un compartiment.

Maladroit, il déploie ses jambes – les culottes de golf se portent bien à cette époque – devant une jeune femme aux grands yeux bleus et à la chevelure blonde, au teint lumineux. Georges est littéralement ébloui. Lui dont la parole coule toujours de source, abondante, il reste coi.

Il fourrage dans sa chevelure rousse, dévore sans retenue cette « apparition ». Maï lève la tête, Maï lui sourit, Maï irradie, il tombe fou de passion.

Elle replonge dans sa lecture et annote avec un tout petit crayon très fin qu'elle affectionne *Les Pensées* de Pascal, dans l'édition d'Adolphe Espiard de 1923 dans la « Bibliothèque Larousse ». Georges fixe avec intensité l'écriture microscopique qui court dans les marges du livre sous les doigts fins et soignés de cette femme. Il esquisse le léger sourire d'une victoire entrevue, malicieux ; le lien qui va les réunir à cet instant, il le sait, c'est Blaise Pascal, le philosophe mystique et génial mathématicien, mais ce sera aussi René Descartes, le grand rival, mathématicien lui-même, philosophe qui place l'homme au centre de sa réflexion ; c'est le doute, la connaissance, la vérité et la raison.

Georges est passionné de Descartes et Maï lit Blaise Pascal : la rencontre est explosive.

Maï, jeune fille basque, catholique, profondément croyante, a souligné dans la deuxième section des *Pensées*, « Misère de l'homme sans Dieu » : « Il ne suffit pas de connaître Dieu, il faut l'aimer » ; et plus loin : « il faut se connaître soi-même » et encore et surtout : « je ne puis pardonner à Descartes ; il aurait bien voulu dans toute sa philosophie se pouvoir passer de Dieu ». Elle marque la page qu'elle abandonne avec une petite feuille de papier, une peinture à la gouache représentant une rose rouge signée « Lulu ». Maï retourne le dessin et lit lentement les lignes écrites d'une main appliquée, enfantine : « La seule rose sans épine dans ce monde c'est l'amitié… Souvenir de Lulu à sa petite Maï qu'elle aime tant. »

Un petit carton blanc s'échappe soudain du livre. Georges ramasse la carte de visite au nom de « Mademoiselle Marie Larcade », entièrement annotée, au dos, de la même écriture fine.

Georges lui tend le carton :

« Mademoiselle… Larcade ?

– Oui, Marie Mathilde, mais à Biarritz on m'appelle Maï.

– Savez-vous, mademoiselle Maï, que mon professeur de philosophie à la Sorbonne, Léon Brunschvicg, fut "éditeur" des *Pensées* de Pascal au début du siècle, il en a fait une très brillante mise en forme, dix ans de travail. »

Elle sourit, lève la tête et rencontre le regard gris, bleu-vert-gris, de l'homme élégant qui lui fait face ; un front vaste bosselé, des cheveux blond-roux en bataille, une façon de pincer la bouche en remontant la lèvre inférieure et de sourire.

Elle se rend compte qu'elle rougit. Elle est soudain à mille lieues des pages emplies de Dieu qu'elle serre dans sa main ; quelque chose est en train de se tisser avec cet inconnu, de foudroyant, qui la désarçonne.

Il n'est pas beau, mais une telle énergie émane de lui qu'elle abdique toute velléité de résistance. Résister à quoi d'abord ? Ce jeune homme lui parle de ce qu'elle aime, livres, intelligence, esprit, elle se laisse emporter, simplement. Et Maï entend la voix un peu rauque de ce voyageur qui commence pour elle, lentement, une épopée de l'esprit, une ode à la raison.

Il prend délicatement de ses mains *Les Pensées*, en lit quelques lignes, salue Blaise, le génie, et déroule pour elle seule les grandes figures de la philosophie, cite Lucrèce et Schelling. Sérieux avec Descartes, il rit et la fait rire avec Diderot. Bergson pointe sa métaphysique, Georges rugit, acerbe et moqueur, puis Sigmund Freud fait irruption :

« Rendez-vous compte, à Vienne, j'ai croisé ce grand personnage, ses disciples, oh peu de temps, quelques semaines, juste ce qu'il faut pour saisir l'essentiel, acheter sur place les revues, les livres, qui m'étaient nécessaires pour plonger au cœur de sa psychanalyse. »

Maï s'étonne, lève les sourcils. Il raconte alors son chemin, il se livre tout entier à cette inconnue ravissante. Sa vie, si courte encore, défile dans la plaine hongroise, de ville en ville, du Danube à la Tisza, de révoltes en espérances, sa vie déjà remplie de fureur et de poudre, de chants de fraternité, de la chaleur du groupe, des amitiés perdues, de désespoir ; puis la fuite, l'exil, les rues de Vienne, les découvertes, les rencontres, Paris, la langue française, ses amis et surtout, aujourd'hui, demain, l'action, l'homme agissant…

Maï, emportée par le flot des mots, tourne les pages d'un livre d'aventures, Georges lui dessine des images dans les marges.

Après un long silence que Maï s'applique à ne pas rompre, le jeune homme roux prend tout à coup des accents de tribun : « La vie… l'action… Agir c'est combattre tout ce qui entrave l'homme, tout ce qui le rend esclave… Mais tout dépend de la servitude volontaire du prolétariat, de la soumission du prolétariat… Oh je ne fais que reprendre ici un thème brillamment éclairé par La Boétie ; à 18 ans, il a écrit sur ce sujet un superbe "Traité de la servitude volontaire". Cela vous plairait j'en suis sûr. »

Nouveau silence et Georges reprend d'une voix douce, presque un murmure, dans cette tonalité basse qu'il affectionne pour s'adresser parfois dans sa classe à deux élèves qu'il surprend en train de bavarder – ça marche à tous les coups, les élèves se penchent sur leur bureau, tendent l'oreille, chut… le silence se fait alors total –, et là, pour Maï ébahie, il enchaîne :

« Savez-vous, mademoiselle Larcade, que j'ai découvert une chose importante. Avez-vous jamais pensé que nous avions deux vies, une vie biologique…

– Je fais des études de médecine, enfin, de sage-femme, je connais cette vie biologique, mais… .

– Mais nous avons aussi une vie proprement humaine. Quand je vous regarde, je ne vois pas une collection de planches d'anatomie ; à moins de faire, pour ce qui vous concerne, un effort énorme d'abstraction. Vous êtes une personne, charmante,

et non une structure physico-chimique. Voyez-vous, cette vie humaine constitue ce que je nomme un drame.

– Comme au théâtre ?

– On peut dire en effet que nous jouons tel et tel rôle. Nous nous savons acteur ou témoin de telles ou telles scènes ou actions ; les événements qui nous arrivent sont des événements dramatiques, la vision que nous avons de nous-mêmes est une vision dramatique ; nous nous souvenons d'avoir fait un voyage, d'avoir vu des gens se battre dans la rue… Dramatiques sont aussi nos intentions : nous voulons nous marier, aller au cinéma, etc. Nous pensons à nous-mêmes dans des termes dramatiques. C'est sur le même plan dramatique que se nouent les liens avec nos semblables. »

Le jeune homme aux taches de rousseur enchaîne un torrent d'idées fulgurantes. Il les développe avec précision et méthode ; il fait surgir des plus hautes sphères de l'esprit son « homme concret ». Sa créature !

« Vous parlez comme un livre », lui dit Maï, éblouie.

Georges se redresse : « Mais c'est un livre. Je viens de le publier, c'est le premier volume d'une somme colossale… »

« Le drame (il fait une pause, il s'incline vers la jeune fille), je reviens à mon livre ; le drame occupe une place de choix dans mon ouvrage, vous l'avez compris, c'est la clé de mon édifice – on doit faire abstraction ici, de toute résonance romantique –, le drame, c'est un segment, c'est un geste…

– Un sourire ?

– Oui, votre visage, un trait, une expression, ce par quoi un acte se donne objectivement à un observateur, à moi, ici, en l'occurrence. Mais le drame c'est aussi la parole, qui anticipe, accompagne, contredit ou reprend ses gestes et ses expressions, et qui révèle la signification proprement humaine de l'acte. Le drame est un acte doté d'un sens, s'enchaînant et s'opposant à d'autres actes… »

Plus tard, prononcées à voix basse, les dernières paroles qu'elle entendra dans le crissement des freins et les jets de vapeur de la gare d'Austerlitz formeront un chant d'amour énoncé pour elle, comme jamais avant lui.

L'homme qui entre dans sa vie à ce moment précis charrie avec lui, elle le sait, un monde inconnu d'elle, d'un foisonnement et d'une richesse qu'elle désire embrasser tout de suite avec passion. Ils ne vont pas se quitter de sitôt.

Cette scène, je l'ai imaginée d'abord à partir d'une trace écrite de cette rencontre ; Georges rappellera à Maï, quelques mois plus tard, dans une lettre d'amour fou, cette rencontre dans le train, ce coup de tonnerre terrible, sidérant ; à partir aussi des deux volumes de Pascal qui ne la quittaient jamais, annotés par Maï, et une carte de visite, seule trace tangible de la vie professionnelle de ma mère.

Maï va dès cet instant vouer à Georges un amour passionné ; Georges, marié, à qui elle écrit une lettre bouleversante : « je ne veux pas t'éloigner d'elle [Camille] tu dois rester avec elle, moi je ne puis supporter cette pensée aussi je m'éloigne. Mon Georges si tu m'aimes ne pense pas du mal de ta Maï, cet amour la brise elle ne peut le vivre. Mon Georges que j'aime tant, je viens de te quitter et j'ai besoin de me sentir auprès de toi… Georges mon Georges que j'aime pardessus tout, pourquoi ? pourquoi ? n'es-tu pas à moi toute seule ? Si tu savais combien je pleure, je hurle ; il me faut du courage pour ne pas mourir ce soir ! Tout ce que nous avons vécu hier soir, je suis tout à fait capable de le vivre, mais avec toi, tout seul. »

Georges divorcera, couvrira trois pages de dessins et de dédicaces enflammées sur les pages de l'édition espagnole de sa *Critica de los fundamentos de la psicologia* de 1929 qu'il lui offrira. En voici un fac-similé. Entre les pages 278 et 279 de ce livre, je viens de découvrir une petite feuille d'arbuste finement dentelée que Maï a glissée voilà quatre vingt ans.

A toi Maï qui es plus jolie que ce livre. A toi qui es parfaite. Moi je suis moins bien ~~laid~~, mais je t'aime.

A toi Maï qui es ma vie nouvelle, ma joie et

mon amour

mon amour

Je suis à toi POUR TOUJOURS

Paris, le 2 Mars 1929

Georges qui est à TOI

NOTA DEL TRADUCTOR

Traducido el presente volumen, su autor ha mostrado interés en escribir unas notas destinadas expresamente a la traducción española de su obra. Dichas notas van seguidas de letras mayúsculas, para que no se confundan con las que figuran en el original francés, que van seguidas de números.

Téngase también en cuenta que los números «tipo negrilla» no se refieren a notas, sino a la página de la traducción francesa de la «Traumdeutung», hecha por M. I. Meyerson. En la nota 6 llamamos la atención sobre ello para recordarlo y no se sufra confusión.

A toi qui n'as pas voulu me laisser écrire que je suis laid.

Imp. de L. Rubio.—Aguas, 11

22.

Fin de *La Revue marxiste*

Cette même année 1929, le 18 juillet, le caporal Politzer est renvoyé dans ses foyers ; il habite à cette époque à Vincennes.

Un mois auparavant éclate une affaire peu commune.

L'argent des Philosophes, celui que Friedmann a dévolu aux revues, commence à fondre.

Pierre Morhange est abordé un jour par une étrange personne prétendant être un représentant de l'Internationale communiste, qui s'intéresse beaucoup au groupe des jeunes philosophes.

L'homme les flatte, encourage leur lutte révolutionnaire et conclut que toute lutte nécessite des capitaux importants ; et lui sait où s'en procurer, car il a, dit-il, une martingale infaillible à la roulette ! Perplexes, séduits, mais prudents, nos philosophes lui confient d'abord une petite somme. L'homme les entraîne à Enghien, laisse les compères devant la porte et entre seul au casino. Il en ressort quelques heures après, ayant triplé la mise. N'ayant procédé à aucune enquête ou vérification sur le personnage, le très mystérieux « Spector », nos jeunes intellectuels lui accordent définitivement leur confiance. Il leur propose alors de jouer le reste de leur fortune, 200 000 francs, au casino de Monte-Carlo.

Morhange lui confie leur trésor... C'est la dernière fois qu'ils verront l'inconnu, qui disparaît sans laisser de traces.

La Revue marxiste se saborde dans un ballet de manœuvres internes, de complots et d'anathèmes.

La soumission au Parti de ces jeunes intellectuels « inexpérimentés » est la toile de fond de ce drame. Nizan, comme nous l'avons vu, a adhéré au Parti fin 1926, Morhange en 1928, les autres amis en 1929. Georges formule sa demande d'adhésion en août 1929, qui reste sans suite. Les tensions se font jour dans le groupe : enjeux de pouvoir, tensions personnelles mais aussi et surtout politiques. Politzer affronte et dénonce violemment Morhange et Guterman. Au centre de ce conflit : *La Revue marxiste*, et accessoirement la *Revue de psychologie concrète* dirigée par Georges.

Nizan et Politzer font bloc sous l'aile du Parti contre Guterman et Morhange, que Georges, dans une lettre à Nizan du 29 août 1929, qualifie de « dictateurs », les accusant de mener une « activité oppositionnelle », de vouloir « prendre le pouvoir » et de « refuser tout contrôle d'où qu'il vienne ». Les « manœuvres » de Morhange sont dénoncées tout particulièrement avec une rare violence. Les accusations pleuvent, les dénonciations sans preuve se multiplient, des calomnies infondées s'abattent sur lui. Dans cette lamentable aventure, dont bien des éléments resteront, semble-t-il, inconnus des historiens [1],

1. Pascal Ory, *Nizan : destin d'un révolté*, *op. cit.*, p. 192.

il apparaît que Georges a joué le triste rôle d'accusateur public.

Il conclut cette lettre à Nizan par cette formule terrible : « Et fini "l'Avant-Garde" ! » Et ce que contient cette formule, c'est ni plus ni moins l'abandon consenti par Georges, en ces derniers mois de 1929, de son vaste projet philosophique. Cet esprit hors du commun, aux fulgurances qui forcent encore aujourd'hui l'admiration de ses pairs, cette intelligence critique, cette acuité de la pensée qui ont marqué ses contemporains, ce philosophe dont le seul ouvrage édité s'inscrit encore et toujours parmi les textes incontournables de la psychologie, Georges Politzer renonce à l'aventure philosophique pour l'action politique : la philosophie, c'est la théorie marxiste, et la théorie marxiste, c'est l'affaire du Parti.

Cohérence ! N'a-t-il pas répété que la philosophie doit mener à l'action, à la révolution, que le philosophe ne doit pas seulement rendre compte de l'état du monde, mais préparer sa transformation, y participer ? Ne voit-on pas dès la critique qu'il opère de Bergson les prémisses de cet engagement ?

Certainement. Il montrera bientôt comment lutter et agir en philosophe contre le nazisme.

En 1941, Arouet, Rameau, deux des pseudonymes qu'il prendra pour diffuser ses écrits clandestins, marqueront bien sa filiation. Mais en 1929-1930, reniant ses travaux philosophiques « bourgeois », renouant avec ses engagements de jeunesse dans la révolution des Conseils en Hongrie, il adhère au parti de la classe ouvrière, comme tant d'autres intellectuels, poètes, écrivains, artistes d'avant-garde, dont bon nombre de surréalistes, qui voient dans le Parti communiste la possibilité de poursuivre leurs rêves, mieux encore, de les réaliser.

Nizan et Politzer choisissent, « inexpérimentés comme militants et théoriciens, [...] de faire confiance au Parti [1] ».

Dans le maelström de ces deux années de crise financière mondiale du capitalisme, le Parti est bien, pour eux, l'organisation seule capable de transformer le monde : la révolution des Soviets en URSS en est le flambeau. Mais c'est précisément ces années qui voient se cléricaliser le culte suprême de Staline.

Georges, néophyte en politique, acceptera toutes les directives de son parti. En militant exemplaire, il mettra sa puissance de travail inouïe au service de la politique du Parti, dictée par l'Internationale communiste.

Ce qui me stupéfie, ce sont les rapports de domination que Jacques Duclos [2] imposera à Georges, devenu le « valet de Duclos » selon l'expression de Maurice Thorez, qui sermonna Duclos afin qu'il changeât son attitude despotique vis-à-vis de Georges.

Comment cet esprit critique, ce jeune homme révolté, a-t-il pu se soumettre à cette emprise jusqu'à

---

1. Lettre de Politzer à Nizan.

2. Jacques Duclos (1896-1975) : membre de l'équipe dirigeante du PCF aux côtés de Maurice Thorez et de Benoît Frachon, il rejoint Bruxelles et Eugen Fried, représentant de l'Internationale communiste, après l'interdiction du Parti fin septembre 1939. Il retourne à Paris en juin 1940, où lui et Maurice Tréand négocient avec les autorités allemandes la reparution de *L'Humanité* – sans succès. Il fut responsable du PCF clandestin de 1940 à 1944, en liaison permanente avec l'URSS.

accepter d'un des principaux dirigeants une telle relation humiliante ? A-t-il discuté parfois les orientations contradictoires, les aberrations, les volte-face ? Je ne sais pas ; rien dans les témoignages, les récits, les textes d'historiens ne me permet de le penser.

Je vais aller y voir de plus près. Je vais étudier les rares témoignages que j'ai dénichés. L'affaire des revues, quant à elle, trouvera un épilogue. Le Bureau politique mènera une enquête et le Parti décidera l'exclusion de Morhange :

– pour avoir dilapidé des sommes destinées à la propagande communiste ;

– pour avoir soustrait *La Revue marxiste* au contrôle politique et financier du Parti ;

– pour avoir refusé formellement de soumettre cette revue au contrôle du Parti.

D'autres accusations tomberont qui conduiront à l'exclusion de Guterman et de deux autres « complices », tous frappés d'indignité. Guterman s'exilera, amer, aux États-Unis.

En 1933, Morhange publie chez Gallimard un recueil de poèmes. Voici l'un d'entre eux :

GEORGES POLITZER

Le traître rigole, mais rigole,
Il n'a pas même été éclaboussé.
Derrière le monde,
Dans sa chambre,
Il raconte à sa complice,
Avec sa bouche prise à un mort,
Avec ses yeux égaux à deux bougies,
Qu'il a aujourd'hui rudement défendu la justice,
Que c'est bien,
Qu'il a soif,

Que c'est bon d'être rentré chez soi,
Qu'il les a « écrasés » loin d'ici,
Puis il éteint ses yeux
Et entre dans un terrier de la Nuit :
Elle cache sa tête de traître
Dans son drapeau ignoble [1].

Morhange portera la honte et l'humiliation de cette affaire jusqu'au jour où, au cours d'une promenade en bateau, sans doute en 1936, il se trouve aux côtés de Maurice Thorez. Il tente une fois de plus de se laver de cette souillure passée. Thorez, bienveillant, sourit et l'absout en lui affirmant que le Parti lui a renouvelé sa confiance.

Il semble bien aujourd'hui, dans cette affaire de *La Revue marxiste*, que l'identité du fameux Spector, qui tirait les ficelles de cette comédie dramatique, agent de l'ennemi, escroc, agent stalinien, quel qu'il soit, ne fut jamais découverte ou portée à la connaissance du public.

1929 voit donc disparaître *La Revue marxiste*. Une revue très éclectique concoctée par Gallimard et Pierre Lévy et ses éditions du Carrefour va naître, *Bifur*, dont le rédacteur en chef Ribemont-Dessaignes accueille dans ses colonnes Joyce, Thomas Mann, Hemingway, Picabia, Buster Keaton, Darius Milhaud, Edgar Varèse, René Daumal, Soupault, Cendrars, Tzara, Berl, Alejo Carpentier, Gomez de la Serna, Michaux…

Nizan va vite intégrer la revue et faire le grand écart entre le Parti communiste et le monde littéraire. Son but : mettre en place un plan d'infiltration dont l'objectif est de faire basculer toute la revue dans le giron du Parti. Lors de la parution du numéro 8, en

1. Morhange, « La vie est unique ».

juin 1931, Nizan, de conseiller littéraire qu'il était lors des premiers numéros, est devenu véritable patron. Pour lui, le fruit est mûr, prêt à tomber dans l'escarcelle communiste ; mais le Parti se méfie des intellectuels, reconnaît leur utilité mais les juge trop nombreux, pas assez frottés à la classe ouvrière.

Le projet est rejeté ; Nizan devra faire son apprentissage des réalités ouvrières. Georges, lui, absent de cette aventure littéraire, participera l'année suivante à la création de l'Université ouvrière. Nizan, au printemps 1932, est déjà au cœur d'une nouvelle revue, *Commune*.

Politzer va donc désormais s'engager dans le Parti avec un sens de la discipline et du sacrifice exceptionnel, tout en continuant son travail de professeur de philosophie. Le 30 octobre 1930, sa demande d'adhésion acceptée, il se voit affecté à la cellule 255 du deuxième rayon.

Comment Georges a-t-il reçu le refus qui avait été opposé à sa première demande d'adhésion ? On a vu que le Parti observait une position de méfiance vis-à-vis des intellectuels, issus pour la plupart de la bourgeoisie, mais tous ses amis étaient déjà communistes militants depuis plusieurs mois, voire depuis quelques années pour certains.

Pourquoi, lui, reste-t-il à la porte durant un an et demi ? Forte personnalité, forte tête, philosophe bourgeois trop imprégné de Freud, sans doute perçu comme difficilement contrôlable par l'appareil du Parti en pleine « bolchevisation », finalement un intellectuel trop éloigné des travailleurs.

C'est d'ailleurs le reproche qui est encore fait à Henri Lefebvre, en 1932, par un « responsable » du travail théorique à qui il a confié l'année précédente le manuscrit d'un texte dans lequel il développe une critique radicale de la philosophie traditionnelle pour faire de l'homme réel le parangon du marxisme. La rencontre est violente et brève :

« On va te foutre en l'air ! dit ce responsable.

– Moi, et pourquoi ?

– … Rien compris au marxisme… Qu'est-ce que c'est que cela, l'homme réel, l'homme social, l'homme ? Un marxiste connaît des travailleurs. Il adopte le point de vue de la classe ouvrière. On va te foutre en l'air… »

Henri Lefebvre poursuit : « Comment et pourquoi suis-je resté membre du Parti ? Parce qu'un peu plus tard, je rencontrai Politzer à qui je racontai la scène précédente. Il rit bruyamment : "C'est lui qu'on va foutre en l'air !" [1] »

Le responsable disparut du Parti un matin sans que l'on sache jamais ni pourquoi ni comment.

1. Henri Lefebvre, *La Somme et le Reste, op. cit.*

23.

La jeunesse de Maï

La jeune femme dont Georges tombe amoureux dans le train a toutes les bonnes raisons d'être heureuse. Elle remonte à Paris après un séjour dans sa famille à Biarritz, dans ce Pays basque qu'elle aime avec passion ; ses études de médecine pour devenir sage-femme sont finies et elle s'apprête à ouvrir, à quelques mètres du cimetière du Père-Lachaise à Paris, une clinique d'accouchements offerte par ses parents, qui se ruinent littéralement pour elle.

Son père, Joseph Larcade, mon petit grand-père, grand chef cuisinier, au tempérament vif, a fait trois enfants à sa femme Hélène, née Mimiague : André l'aîné, né en 1901, robuste, sportif, excellent nageur. Enfant, il plonge avec ses copains dans le bassin du port des Pêcheurs pour ramasser au fond de l'eau les pièces de monnaie que leur jettent les « touristes ». Nous sommes en 1911 à Biarritz, station balnéaire très fréquentée, dont la vogue est lancée par l'impératrice Eugénie, dès 1854. Toutes les têtes couronnées y seront invitées par le couple impérial.

Marie Mathilde, ou Maï, Maya ou Maïa, naît le 15 août 1906, c'est une très jolie blonde aux yeux bleus, tout aussi sportive que son aîné.

Robert, le cadet, est un enfant fragile, ombrageux, bayant aux corneilles, noir de poil et regard sombre ; jaloux de l'adoration de ma grand-mère pour Maï, il voue paradoxalement une dévotion profonde à sa sœur.

Tous les trois suivent chaque dimanche leurs parents à la messe dans l'église Sainte-Eugénie, qui domine le port, face à l'océan. Nous sommes en terre basque, profondément catholique. Le curé Larre est l'ami de la famille et le directeur de conscience de Maï. Georges, plus tard, aimera mener des discussions sans fin avec ce curé intelligent et curieux.

Maï est un modèle de petite fille, obéissante, très travailleuse, très malicieuse aussi. Élevée au couvent, « elle faisait tourner les sœurs en bourrique », me disait ma grand-mère ; mais elle tient sous son charme toute la maisonnée, la fait plier à tous ses désirs et obtient en quelques mots et quelques sourires tout ce qu'elle veut.

Elle ne manque aucune fête : elle virevolte en costume rouge et blanc pour la danse des paniers ; en boléro noir, pour le fandango, elle semble échapper à la pesanteur, elle tourne la tête à tous les garçons. Son père l'adore, sa mère ne voit qu'elle, André joue le protecteur, et Robert, le dernier-né, le plus fragile, se consume béatement.

Elle aime le théâtre avec passion, les tragédies, la poésie, elle confectionne ses costumes, met en scène Corneille et Racine et avec ses amies joue les pièces du répertoire.

Par bonheur, ma grand-mère s'est employée à me conter souvent, avec une pointe d'accent chantant, quelques souvenirs de la jeunesse de sa fille. « Autour de ta mère il y avait un essaim de jeunes filles, toutes ses fidèles amies, elles nageaient, partaient en excursion sur la Rhune, c'était un tourbillon… Toute jeune, elle adorait le dessin, me disait-elle, j'étais étonnée et admirative de voir avec quelle application elle dessinait les contours des objets. Quand elle mettait de la couleur dans une forme, elle commençait par le bord interne du dessin, elle suivait le contour avec précision. Quand les bords du dessin tout entier étaient ourlés de couleur, alors elle remplissait rapidement toute la surface sans jamais déborder de la forme. » Cette anecdote ne m'a pas quitté l'esprit durant toute ma vie ; à chaque fois que j'ai fait ce genre d'exercice – et j'en ai rempli des surfaces, quand j'étais graphiste –, l'image d'une petite fille blonde, appliquée, penchée sur sa feuille, les lèvres un peu pincées, m'apparaissait immédiatement et m'accompagnait quelques instants.

Quelques noms de ses amies me reviennent en mémoire, Pilar le Gorburu, Jeanette Held. Je viens de retrouver un poème de celle-ci, dédié à Maï : « La Java des Clochards », quelques photos aussi.

Biarritz, la plage immense, les bains de mer, le marchand de glaces ; les gaufres et les meilleurs chocolats du monde font de cette grande plage un paradis… Un marchand ambulant, chemise blanche et canotier, est suivi par un essaim de gamins gourmands, quémandant quelques pommes chips très grillées, autant pour le plaisir de croquer ces fines pellicules salées que pour le petit moulin à vent qui est offert avec chaque cornet. Il louvoie entre les groupes de jeunes filles qui portent, depuis peu, des maillots une pièce offrant épaules, bras et jambes au bronzage, dont Coco Chanel vient de lancer la mode. Maï est vivante, curieuse de tout, elle peint, dessine, mais par-dessus tout elle aime lire, passionnément : la Bible, Pascal, Corneille, Racine dont je conserve ses exemplaire de la Pléiade, et tous les grands classiques du théâtre, les lettres d'Héloïse et Abélard… et bien d'autres auteurs dont je ne saurai jamais le nom.

Maï termine brillamment ses études secondaires en 1922, elle a 16 ans, et le 21 octobre de la même année elle obtient un diplôme de sténodactylo à l'école Pigier de Bayonne. Le 27 juillet 1923, elle obtient un diplôme de correspondance commerciale et le 28 novembre son diplôme d'études commerciales.

Volontaire, elle sait parfaitement ce qu'elle veut et elle persuade ses parents de la laisser monter à Paris pour faire ses études de sage-femme. Là, elle s'inscrit à la faculté de médecine, suit des cours à la Pitié, et passe ses examens avec succès – elle obtient son diplôme de sage-femme le 5 novembre 1929.

Ses parents lui font alors cadeau de toutes leurs économies pour acheter une clinique à Paris dans le XXe arrondissement, tout près du Père-Lachaise, au numéro 12 du passage des Rondonneaux, à la hauteur du 235 de la rue des Pyrénées. Les deux frères, mes oncles André et Robert, frustrés de leur part d'héritage, évoqueront toujours cet épisode sans aucune rancœur, avec humour et une tendresse infinie.

Avec en main la précieuse carte de visite que Maï a fait imprimer, je me suis promené dans ce quartier populaire de la place Gambetta, à la recherche de la clinique ; hélas, les promoteurs ont remplacé depuis longtemps le minuscule passage des Rondonneaux par un immeuble.

Je me suis promené alentour, dans les étroites ruelles bordées de vieilles maisons, villas avec jardin minuscule, arbres, glycines, roses trémières, abritées derrière des grilles en fer forgé. J'ai parlé avec quelques voisins qui ne se souvenaient de rien.

À quelques dizaines de mètres, le cimetière du Père-Lachaise. C'est au-delà du mur imposant, non loin, que repose Georges Politzer dans le Carré des Fusillés.

Georges passe à plusieurs reprises l'examen du permis de conduire à Vendôme, où il est professeur et domicilié au 7 rue des Usines. Il obtient le petit papier rose le 3 mai 1930 ; Maï, elle, passe l'examen le 16 avril à Bayonne.

Je pense que Maï, dès ce moment, a présenté Georges à ses parents puisque ma grand-mère me racontait par le menu les affres de Georges lors de cet examen, l'énervement que cela déclenchait en lui, les bosses sur les ailes, les coups de trottoir. La philosophie et la mécanique ne faisaient pas bon ménage. Maï, elle, le réussit du premier coup : « elle conduisait comme une championne automobile », me disait avec fierté sa mère.

Georges et Maï habitent alors au 240 rue Saint-Jacques. C'est l'adresse qui figure sur son permis de conduire, délivré le 16 avril 1930, mais Maï et Georges vont s'installer très vite passage des Rondonneaux.

1930 : Georges est professeur au lycée d'Évreux. Maï, dans sa clinique, pratique accouchements et soins, et en fin de semaine, quand Georges rentre d'Évreux, elle fait son apprentissage politique.

Je ne peux qu'imaginer leurs discussions animées : entre l'évaluation de la crise de 1929, avec le krach de Wall Street dont les effets se répercutent sur la France en cette année 1930, les analyses des résultats des élections de septembre en Allemagne où les nazis obtiennent 18 % de voix, et les jugements ravageurs de Georges à l'encontre de la bourgeoisie dirigeante en France, Maï ne tarde pas à embrasser les convictions de Georges.

Que perçoivent-ils en ce mois de décembre de la décision de Staline de liquider les « koulaks » ?

En octobre 1930, Maï adhère au Parti communiste français (PCF).

Georges, qui a divorcé de Camille, épouse Maï le 5 mars 1931 à la mairie du XXe, place Gambetta, à deux pas de la clinique où ils vivent alors avec les deux enfants de Georges, Jean et Cécile. Camille, leur mère, malade, est toujours en cure à Cambo-les-Bains. Georges et Maï déménagent et s'installent rue Stendhal, à quelques dizaines de mètres de la clinique.

Georges accompagne parfois sa fille à l'école, marchant à grands pas à quelques mètres devant elle, sans un mot pour la fillette. Elle gardera du grand homme, mordant, sarcastique, un souvenir assez triste. Maï est très douce avec Jean et Cécile, très attentionnée, mais Maï travaille et milite beaucoup ; elle a, au bout du compte, peu de temps à consacrer à son foyer.

Les deux jeunes enfants de Georges sont très souvent livrés à eux-mêmes. Un jour, une fois de plus, ils sont seuls, trop longtemps à la maison ; ils pleurent au balcon de la maison de la rue Stendhal ; les cris alertent les voisins qui s'en émeuvent et signalent l'incident à un service municipal qui intervient. On retire sur-le-champ la garde des enfants à Georges, et le grand-père Nony les accueille dans sa maison de Vincennes.

Maï, elle aussi, est malade ; elle doit ralentir son activité, la stopper. Le couple a des problèmes financiers, Georges doit verser une pension pour ses enfants, assortie de frais et d'arriérés pendant un an. La clinique périclite, Maï doit la vendre. À perte.

24.

L'ADHÉSION – LE MILITANT

En juillet 1930, Maurice Thorez, le « fils du peuple », est placé à la tête du Parti. Ses origines prolétaires, sa formation intellectuelle d'autodidacte en font, pour tous, le parangon du cadre d'un « type nouveau », qui inaugure, au cœur d'un parti ouvrier, une image nouvelle de militant, légitimée et construite par sa propre histoire.

Thorez accueille alors au sein du Parti bon nombre d'intellectuels, dont beaucoup avaient pris leurs distances avec l'organisation, mais leur offre des champs d'activité parfois fort éloignés de leurs compétences (Georges s'est vu confier l'économie).

Georges, dans sa « notice biographique [1] » que je consulte à nouveau, se présente au Parti à travers un portrait de militant perfectible, mais dont la confession, presque impudique, s'applique à prouver qu'il est un communiste conscient et engagé dans la ligne… Est-ce là pour Georges une façon de gommer, de faire oublier, le premier refus de 1929 ?

1. Voir *supra*, p. 70.

Il donne, en ce 26 novembre 1933, dans cette autobiographie, les raisons de cette adhésion :

> La première demande d'adhésion que j'ai formulée était l'aboutissement de plus de deux années d'activités d'« intellectuel de gauche ». J'avais réellement acquis la conviction qu'il n'y a, comme l'a dit Dimitrov, qu'une seule sorte de révolutionnaires. J'avais particulièrement senti l'instabilité, le confusionnisme et le creux de ma position de « révolutionnaire » en dehors du Parti. Je l'avais senti particulièrement parce que j'ai failli construire une doctrine dont les premières manifestations furent vivement appréciées par des milieux bourgeois et qui auraient pu servir d'écran entre une fraction de la jeunesse et le marxisme. Mais, en même temps, m'étant attaqué à un problème scientifique (psychologie), j'avais abouti à une impasse et je me voyais condamné au bavardage pseudo-scientifique.
>
> J'ai compris alors qu'il me fallait m'assimiler le marxisme. Mais prenant contact avec le marxisme-léninisme j'ai commencé à ouvrir les yeux : à mesure que je me détachais de la philosophie bourgeoise d'avant-garde, j'ai acquis la conviction que, dans les conditions actuelles, il s'agissait avant tout de servir et de se rendre utile. C'est pourquoi j'avais même renoncé à poursuivre mes projets scientifiques primitifs.

J'ai à nouveau le vertige devant ce texte. Voici plusieurs mois que je scrute son écriture montante, dynamique ; c'est une sorte de monologue qu'il m'adresse, qu'il nous adresse à tous ; il arpente le salon, il fourrage dans ses cheveux roux, il nous raconte son histoire, j'entends presque sa voix rauque et j'essaye de me glisser entre les lignes, entre les mots, pour tenter de comprendre – c'est le but de ce livre ; et chaque fois, je reste interdit devant ce passage.

Aragon et Nizan ont adhéré au Parti communiste depuis 1927, Morhange, Lefebvre ainsi que presque tous les surréalistes les ont suivis, même si beaucoup désertent vite... Mais je ne sache pas qu'aucun d'entre eux se soit livré à un renoncement à son œuvre aussi violent et à une rupture aussi radicale.

C'est bien cette radicalité qui m'impressionne ; envolés l'île de la Sagesse, Freud, la psychologie concrète, le programme philosophique annoncé, démesuré certes, mais abandonné, qu'il dénonce comme un bavardage pseudo-scientifique...

Rupture totale ? Il faut aller y voir de plus près, car en 1933 il ferraillera avec le « freudo-marxiste » Jean Audard ; en 1936 il achètera, d'une part, les *Nouvelles conférences sur la psychanalyse* de Freud, qu'il cochera abondamment au crayon rouge, et, d'autre part, *L'Imagination*, de Jean-Paul Sartre, dont seules les huit premières pages ont été lues dans l'exemplaire que je possède.

En 1937, Georges semble passionné par *Le Nouvel Esprit scientifique* de Gaston Bachelard, dont il coche plus d'une dizaine de paragraphes, notamment celui qui traite de la « dématérialisation du matérialisme ». Je note en passant que Bachelard cite dans cet ouvrage la thèse de Jacques Solomon, ami de Georges, sur « l'électrodynamique et la théorie des quanta ».

Autre indication : dans ces mêmes années où nous vivrons ensemble, tant à Arcueil qu'à Paris, Georges instaurera un rituel, que me racontera souvent ma grand-mère : « J'étais levée la première, très tôt, et chaque matin au petit déjeuner, ton père, à peine le café servi – il en buvait des tasses et des tasses –, me demandait de m'asseoir en face de lui et de raconter mes rêves de la nuit ; je commençais mon récit, il m'écoutait très attentivement, faisant parfois quelques commentaires ; quand j'avais terminé, il paraissait ravi ! »

Et pourtant : « C'est pourquoi j'avais même renoncé à poursuivre mes projets scientifiques primitifs », concluait Georges en 1933 dans son autobiographie communiste.

Ses écrits et ses lectures en 1936-1937, son attention aux rêves, qu'il poursuivra jusqu'à son départ de notre foyer, en 1940, prouvent que s'il avait chassé violemment la philosophie « bourgeoise » par la porte, elle était revenue, subreptice, par la fenêtre. Le prisme de Marx, Engels, Lénine, et son adhésion au Parti n'ont pas inspiré sa critique de la psychanalyse qui à bien des égards est d'avant-garde. Ce qu'il dit du « freudo-marxisme » est loin d'être sans intérêt et c'est surtout le dernier article sur Freud, au moment de la mort de ce dernier, qui est semble-t-il révélateur d'une pensée qui, à ce moment, a perdu sa véhémence et est plus sereine… Dans cet article paru en 1939 dans *La Pensée* numéro 3 sous le titre « La fin de la psychanalyse », il rejoint là son grand œuvre philosophique.

Bien que suspectés, toujours en raison de leur origine bourgeoise, Paul Nizan, Georges Cogniot, Georges Politzer et bien d'autres, en devenant militants communistes professionnels, deviennent désormais des intellectuels organiques du PCF.

Cette position les amène à penser le rapport à la doctrine communiste en termes d'orthodoxie-hétérodoxie.

Leur conception du marxisme va progressivement se conformer à sa version stalinisée.

D'octobre 1930 à mai 1931, Georges milite donc activement à la base, à la cellule 215 dans le deuxième rayon de Bagnolet ; en juin 1931, il est secrétaire de la cellule 255, deuxième rayon, dans le quartier du Père-Lachaise. Il assure dans le même temps ses cours de philosophie au lycée d'Évreux où il est en poste depuis 1930.

C'est aussi le moment où il se plonge dans les textes marxistes : « [...] Je ne suis pas un théoricien, dit-il. J'ai étudié sérieusement certains volumes du *Capital* de Marx, la *Critique de l'économie politique*, la *Misère de la philosophie* ; d'Engels : l'*Anti-Dühring* ; *Ludwig Feuerbach* ; de Lénine : *L'Impérialisme, dernière étape du capitalisme*, *La Maladie infantile*, *Matérialisme et Empiriocriticisme*. »

En outre, il cumule une nouvelle activité depuis mai 1931 où il entre, sur décision du secrétariat du Parti, au Bureau de documentation. Dans cette nouvelle fonction, il étudie l'économie et les statistiques, lit la presse étrangère – j'ai trouvé, annotés de son écriture fine, quelques articles du *Times*. Outre le français, Georges parle le hongrois, l'allemand et il lit l'anglais. Ce travail l'occupe énormément et son activité de militant de base en est considérablement ralentie, écrit-il, pour cesser bientôt définitivement. Il développe alors une autocritique troublante dans sa forme comme sur le fond : « Je n'approuve pas cette situation et je me rends compte des conséquences politiques d'un manque de contact avec la base et du manque de travail pratique. Mais je n'ai pas pu, ou n'ai pas su, assurer à la fois le travail dont je suis chargé [1]. »

Une fois de plus je reste sans voix, d'abord devant sa force de travail démesurée – en 1932, il va assurer, en plus, les cours de philosophie marxiste à l'Université ouvrière – mais aussi devant ce dévouement exemplaire, ce don de soi pour cette grande famille communiste, et si ces mots ont un sens c'est vraiment avec lui, au service du prolétariat.

Et ces reproches qu'il s'adresse ? Je sais qu'il faut lire entre les lignes ce texte de circonstance, mais je ne crois pas qu'il ait eu à se forcer beaucoup pour brosser cet autoportrait d'homme engagé, qu'il veut transparent, sincère, sans concession ; cette biographie doit être le digne ticket d'entrée au parti des travailleurs.

Je ne perds jamais de vue que cette fidélité, cette soumission à son idéal le conduiront à la mort ; il clamera sa fierté de donner sa vie au Parti communiste et à la France.

Je me projette en noir et blanc sur grand écran l'image de mon père, que j'ai mise à jour patiemment, celle d'un adolescent hongrois révolté et révolutionnaire ; fondu enchaîné avec un jeune homme inflexible, brillant étudiant parisien, facétieux, mordant, critique, et bientôt philosophe aux fulgurances géniales, débusquant en un tournemain la moindre faiblesse dans un raisonnement, retournant l'adversaire, maniant le sarcasme, forçant l'admiration...

Nouvelle image, celle de Politzer à 26 ans, telle que l'a décrite Auguste Albert Vassart, l'un des plus impor-

1. Voir *supra*, p. 70.

tants dirigeants de la CGTU[1] et du Parti Communiste à la fin des années 20 et au début des années 30. La scène se passe dans le Xe arrondissement de Paris, au fond de l'impasse Chausson aux murs noirs ; un petit troquet, un comptoir d'étain, là même ou il boira des canons avec Charles Tillon (matelot instigateur d'une mutinerie, condamné au bagne en 1919, résistant de la première heure, ministre communiste du général de Gaulle) : « Nous buvions de temps en temps – me raconta-t-il lors d'une des plus chaleureuses rencontres que je fis jamais –, des petits vins blancs ensemble, dans un bistrot crasseux ; nous ne connaissions pas encore les travaux philosophiques de Politzer, mais tous les copains de l'impasse Chausson aimaient beaucoup ce rouquin plein d'humour, caustique, raisonneur implacable, qui savait donner des réponses claires à toutes les questions que se posaient nos camarades. Nous jouions au zanzi, ancêtre du 4 / 21 ; Georges perdait en riant et chacun payait sa tournée. »

Là commençait le village des permanents de la CGTU, à quelques pas de la rue de la Grange-aux-Belles, du canal Saint-Martin et de la place du Combat, à la Maison des Syndicats, là où s'est implantée l'opulente nouvelle résidence du Comité central du PCF.

1. Confédération générale du travail unitaire : organisation syndicale française formée en 1922 par des anarchistes, des communistes et des syndicalistes révolutionnaires issus de la Confédération générale du travail (CGT) dont ils refusaient le réformisme. Très proche du Parti communiste, elle propose en 1934 à la CGT une réunification syndicale dans l'idée de faire front contre la montée des fascismes en Europe : en mars 1936, la CGTU est intégrée à la CGT.

Vassart raconte dans ses mémoires :

> On me recommanda de prendre à l'essai un jeune professeur de philosophie, nouvel adhérent du P.C. et plein de bonne volonté ; c'était Georges Politzer. Nous fûmes bientôt d'excellents amis ; on l'avait naturellement informé qu'il travaillait sous la direction d'un « opportuniste » qui critiquait la juste ligne du Parti ; mais quand je lui eus expliqué de quoi il s'agissait exactement, Politzer se déclara convaincu – mais remarqua prudemment que j'avais peut-être raison « trop tôt ». Politzer se révéla rapidement comme un travailleur infatigable, ayant une « productivité » considérable… Il travaillait chez lui une partie de la nuit ou dans le train [1].

Le 15 septembre 1931, Georges est témoin au mariage de Vassart.

Vassart, quelques mois plus tard, est témoin, bien malgré lui, d'une « liaison passagère » que Georges entretient depuis décembre 1931 avec une jeune fille, professeur au lycée de Caen. C'est Vassart qui reçoit cette confidence quand Georges, après quelques semaines d'intimité avec cette jeune fille, ayant découvert qu'elle est une cousine de Renard, préfet de la Seine, décide d'en informer le Parti. Georges rompt toutes relations et ne la revoit qu'une seule fois, dit-il, pour lui rendre les lettres qu'elle lui avait écrites… En outre, cette compagne éphémère se révèle être une amie intime de Simone Weil, philosophe, communiste antistalinienne, trotskiste… À deux doigts de l'incident de parcours politique, Georges prend vite ses distances : « Je ne connais cette dernière que de vue, et

1. Mémoires d'Albert Vassart, Institut d'histoire sociale, Nanterre.

n'ai jamais eu avec elle aucune relation. » Exit Simone Weil...

Reste que Georges trompe Maï quelque huit mois à peine après leur mariage... Vassart quitte peu après son poste pour revenir au secrétariat du Parti. Il laisse à Georges le soin de diriger le Bureau de documentation et il note dans son journal :

> Quand j'ai quitté le Bureau en 1931, Politzer y est resté, et, finalement, nos petits dossiers et notre fichier qui tenaient à l'aise dans une pièce de la rue de la Grange-aux-Belles se sont gonflés et développés au point d'occuper, en 1937, tout un étage de la nouvelle maison du P.C., au carrefour de Châteaudun [1].

Je m'interroge sur le fait que le Parti ait confié Georges, jeune militant, intellectuel en observation, à un militant « opportuniste » adoptant souvent des positions peu orthodoxes ; le risque n'était-il pas grand de voir se former là un duo de dissidents ?

La suite a montré que non. Georges n'a pas épousé les doutes de Vassart. Celui-ci refusera d'ailleurs, plus que le Pacte germano-soviétique lui-même, l'approbation sans nuance de la dénonciation de la « guerre impérialiste » imposée par Staline qui l'accompagnera : il quittera le Parti.

Je mesure enfin l'énorme travail accompli par Georges durant cette période à la direction du Bureau de documentation, qu'il cumule avec ses activités dans le syndicalisme enseignant et, comme je l'ai déjà dit, avec ses cours de professeur à

1. *Ibid.*

Évreux. En 1932, outre la préparation de ses cours à l'Université ouvrière, il publie de nouveaux écrits philosophiques et politiques dans la revue *Commune* entre 1933 et 1934, et de nombreux textes économiques… Et participe activement à la campagne électorale des municipales dans le XIe arrondissement de Paris, où le Parti communiste n'obtient que douze sièges…

C'est aussi, dans le couple, la deuxième fêlure : Georges trompe Maï, aventure passagère, dit-il. Maï lui rend la pareille, d'abord avec Bethelot [1], conseiller municipal à Bagnolet, puis « avec un camarade étranger, qui lui aussi semble avoir eu des relations personnelles avec des éléments trotskistes. Mais ma femme, écrit-il, ne l'a appris qu'après la rupture de leurs relations [2] ».

L'ombre du chef de l'Armée rouge s'étend sur les amours extraconjugales de Georges et Maï.

1. Autobiographie communiste de Georges Politzer, *supra*, p. 70.

2. *Ibid.*

25.

1932 : l'Université ouvrière

Il y a une photo qui peut servir ici de plan de coupe, qui concentre, qui révèle toute cette force de travail, toute l'énergie du bonhomme, et son enracinement dans la lutte. On peut lui donner un titre, la légender, voix *off* : le philosophe aux champs ; au champ de batailles, celles des idées, celles des luttes ouvrières ; debout au milieu de la prairie, planté au

sol, figure de proue de la philosophie marxiste, il enseigne aux ouvriers d'un camp de vacances. Nous sommes en 1932 et c'est la création de l'Université ouvrière (UO).

Au dos de cette photo dont je ne connais pas l'auteur – photo reçue quand ? je ne sais plus, j'ai l'impression de l'avoir toujours connue –, est écrit : « Été 1933 ou 34, à Noisy-le-Grand, Georges Politzer vint nous parler de l'Université nouvelle. J'y allais et suivis ses cours. » C'est signée « MB ».

Récemment, ma sœur Cécile m'a donné une autre photo prise le même jour à quelques minutes d'intervalle. Le photographe a fait quelques pas de côté, s'est avancé, a cadré plus serré et Georges sous cet angle nous apparaît – toujours aussi sévère – moins doctoral ; la culotte de golf doit y être pour beaucoup.

Cette Université ouvrière voit le jour en 1932 sous l'impulsion d'un petit groupe de professeurs, Paul Bouthonnier, Georges Cogniot, Georges Politzer, sous le patronage de deux écrivains pacifistes à la renommée internationale : Romain Rolland, prix Nobel de littérature 1915, auteur de *Jean-Christophe*, et Henri Barbusse, prix Goncourt 1916 avec son roman *Le Feu*, membre du Parti communiste depuis 1923. Le grand physicien Paul Langevin viendra apporter sa caution à cette université populaire.

L'UO, dont le siège se trouve rue Mathurin-Moreau près des Buttes-Chaumont – ce qui explique le nombre de photos que j'ai de mon père prises dans ces jardins –, se fixe pour but d'enseigner le marxisme aux travailleurs, de donner à la classe ouvrière un levier pour changer la vie. Mais aussi d'alphabétiser les ouvriers illettrés. Les cours de philosophie sont suivis par des centaines d'élèves assidus qui garderont un souvenir indélébile de leur professeur.

Georges Politzer enseigne la philosophie marxiste, Jacques Solomon le rejoint et devient un des premiers professeurs d'économie politique.

Jacques Solomon est le gendre de Paul Langevin, marié à sa fille Hélène ; il est, très jeune, docteur ès sciences avec une thèse remarquable dans laquelle il résout un des problèmes les plus difficiles de la théorie quantique des champs. Durant sept ou huit ans, il produit de nombreux travaux, plus de quarante notes ou mémoires couronnés en 1939 par leur publication dans un important volume du cours Peccot dont il avait été chargé, l'année précédente, au Collège de France.

Il bénéficie d'une bourse Rockefeller, étudie ou enseigne dans toutes les grandes villes d'Europe où il noue des relations de travail ou d'amitié avec les représentants les plus éminents de la physique théorique : Wolfgang Ernst Pauli, Niels Bohr, Léon Rosenfeld...

Jacques et Hélène Solomon adhèrent au Parti communiste en 1933, attirés par le front antifasciste qu'il défend.

À l'Université ouvrière, malgré quelques difficultés d'adaptation à ces nouveaux élèves, Georges effaça vite son ironie et ses sarcasmes, Jacques vainquit sa timidité et s'efforça de rendre accessible son langage abstrait. Ils deviennent tous deux, très vite, des professeurs aimés et admirés.

Passionnés de montagne, Jacques et Hélène retrouvent souvent Georges et Maï à Chamonix. Mes parents, eux aussi grands montagnards devant l'éternité des pics alpins ou pyrénéens, m'ont emmené en randonnée sur la mer de Glace, faisant de moi, à l'époque, le plus jeune alpiniste ayant foulé ce célèbre glacier – c'était du moins la version glorieuse de ma grand-mère : elle se dilatait de fierté en racontant l'événement dont je n'ai aucun souvenir.

Georges et Jacques, quand ils n'escaladent pas le pic du Midi, traduisent Engels… Les deux couples deviennent de grands amis, ils le resteront jusqu'à leur fin tragique.

Un autre personnage vient rejoindre Georges et Jacques ; il s'appelle Daniel Decourdemanche, nommé en juillet 1937 professeur d'allemand au lycée Rollin à Paris.

En septembre 1936, il enseignait à Tours, au lycée Descartes où il croise Léopold Sédar Senghor. Georges sera collègue, lui aussi, de Senghor au lycée de Saint-Maur deux ans plus tard. Jacques Decour, c'est son nom de plume, a déjà signé à la NRF deux romans très appréciés de Jean Paulhan : en 1930 *Le Sage et le Caporal* et en 1932 *Philisterburg*, « livre exceptionnel et scandaleux [1] ». En 1936, il écrit un troisième ouvrage, *Les Pères*.

Il adhère au Parti communiste et cet intellectuel raffiné est très bien accueilli par les militants qui apprécient ses qualités d'écoute, sa modestie et sa discrétion.

1. Pierre Grappin, « Jacques Decour et l'Allemagne », *Les Lettres françaises*, 24 mai 1951.

Decour, germaniste passionné de Heine et de Goethe, lance tout de suite l'idée d'une maison de la culture, qui sera créée à Tours. Un ciné-club suivra bientôt. En juillet 1937, il est donc nommé au lycée Rollin à Paris et va tout naturellement diriger ses pas vers l'Université ouvrière, où il rencontre Solomon et Politzer. Ces trois amis deviennent inséparables.

Ils le seront jusqu'à la mort.

Je ne peux pas ne pas citer un fragment de texte écrit par Decour, trois jours avant la signature des accords de Munich :

> Maintenant, nous nous préparons à mourir, les uns et les autres.
>
> ....
>
> Les forts sont ceux qui ont aimé l'amour avant toute chose.
>
> C'est bien le moment de nous souvenir de l'amour. Avons-nous assez aimé ? Avons-nous passé plusieurs heures par jour à nous émerveiller des autres hommes, à être heureux ensemble, à sentir le prix du contact, le poids et la valeur des mains, des yeux, du corps ? Savons-nous encore bien nous consacrer à la tendresse ? Il est temps avant de disparaître dans le tremblement d'une terre sans espoir, d'être tout entier et définitivement amour, tendresse, amitié, parce qu'il n'y a pas autre chose. Il faut jurer de ne plus songer qu'à aimer, aimer, ouvrir l'âme et les mains, regarder avec le meilleur de nos yeux, serrer ce qu'on aime contre soi marcher sans angoisse en rayonnant de tendresse [1].

Decour deviendra rédacteur en chef de *Commune*.

1. P. Favre, *Jacques Decour, l'oublié des lettres françaises*, Farrago, 2002, p. 130.

C'est au cours de cette même année 1938 que Maï et Jacques Decour vont s'aimer et décider de faire leur vie ensemble. Jacques loue, depuis 1938, à une centaine de mètres de notre appartement de la rue Jules Lemaître, une chambre de bonne en haut d'un des immeubles de mon bloc.

Je suis toujours stupéfait que jamais personne de ma famille ne m'ait révélé l'amour de ma mère pour Jacques Decour. Mes proches, le Parti, ont fabriqué pour la postérité l'image parfaite du couple Maï-et-Georges, résistants communistes, que leur destin tragique ne pouvait pas séparer.

Durant les deux années qui précèdent leur entrée dans la clandestinité, Decour vient souvent travailler avec Georges rue Jules-Lemaître, où j'entrevois, me semble-t-il, par moments sa fine silhouette.

De l'aventure de l'Université ouvrière durant la période d'avant guerre, il reste une trace matérielle, un ouvrage réédité en 2009 [1] : *Principes élémentaires de philosophie* de Georges Politzer.

Ce livre a une histoire ; c'est pour beaucoup celle de Maurice Le Goas. J'ai eu la chance de rencontrer Claude Le Goas, son fils, avec qui en quelques heures j'ai noué une relation d'amitié qui malheureusement a été interrompue par son décès. Claude m'a préparé avec application et envoyé durant plusieurs semaines une grande quantité de documents qui m'ont éclairé sur cette aventure culturelle et politique à laquelle Georges et ses amis ont participé et sur la période où elle s'inscrit.

En 1935, Maurice Le Goas, Breton émigré né en 1905, adhérent à la Jeunesse communiste en 1921,

1. Aux éditions Delga.

sculpteur sur bois diplômé de l'école Boulle, se fait paysan éleveur dans le Loir-et-Cher ; il innove en créant un comptoir aux Halles à Paris, où il vend des produits de sa ferme.

En 1935, il s'inscrit comme élève à l'Université ouvrière dont il devient membre du Bureau. Il suit les cours d'économie politique avec Jacques Solomon, les cours de philosophie avec Georges Politzer.

À l'initiative de Georges, Le Goas assurera les cours de philosophie en 1938 et 1939. De 1935 à 1937, Le Goas a pris en notes tous les cours de Politzer et à la Libération, en 1945, il propose au Parti communiste, en la personne de Jean Kanapa, professeur de philosophie qui tient en haute estime Georges Politzer, d'éditer ces cours de philosophie marxiste sous le titre *Principes élémentaires de philosophie*.

Dans une lettre à Jean-Paul Galibert, auteur d'une thèse, « Georges Politzer : Le philosophique et son destin », Le Goas, répondant à quelques critiques concernant le texte des *Principes...*, précise la genèse et les conditions d'établissement de ce « manuel » de philosophie marxiste, tiré à des milliers d'exemplaires durant des années, traduit dans toutes les langues ou presque :

> Ce qui me gêne particulièrement – dit Le Goas – et j'en avais parlé à Kanapa et à Maublanc [1], c'est que j'ai pris la plume à la place de G. Politzer et que je lui fais dire ce qu'il n'a peut-être pas dit. En tout cas c'est moi qui parle avec mon style à moi, comme je l'ai ressenti... En vérité ça change tout. Bien des choses sont de moi. Le titre d'abord, ainsi que les encadrés qui précèdent

1. René Maublanc (1891-1960), philosophe, participe à l'Université libre.

chaque leçon, et la division des chapitres. Il est certain que la division des cours que j'ai inventée ne correspond pas à la réalité. Georges, suivant la « température » qu'il enregistrait au début de chaque cours à l'aide des réponses aux questions de contrôle, modifiait son programme… Mon manuscrit a été écrit avant la guerre. Dès 1945 […] certaines modifications ont été faites par moi, ou par René Maublanc ou Jean Kanapa ; à cette époque nous étions tous des staliniens ; par conséquent toutes les modifications […] ont leur origine dans l'état d'esprit qui nous animait alors. Après la première édition, Jean Kanapa a repris le texte mot à mot, et l'a modifié [1].

Ce livre figura en tête de liste des ouvrages interdits dans l'Espagne franquiste et dans quelques dictatures sud-américaines.

Dans cette lettre et dans tous ses écrits, Maurice Le Goas témoigne en outre des qualités de pédagogue de Politzer qui, abandonnant le langage professoral universitaire, savait faire comprendre avec des mots simples des notions aussi difficiles que l'idéalisme, la métaphysique et la dialectique, à des ouvriers qui avaient pour tout bagage le certificat d'études primaires et parfois une année d'école primaire supérieure ou de cours complémentaire.

Petit à petit, l'Université ouvrière devient une association offrant aux adhérents une bibliothèque et une salle de lecture ouvertes tous les soirs ; une chorale naît, des sorties sont organisées auxquelles participent les professeurs, ainsi que des visites commentées dans les musées le dimanche matin ; on publie un petit journal interne qui sert de trait d'union entre tous.

1. Archives Le Goas, Archives du PC, Archives départementales de Bobigny.

Présente à la fête de l'Huma, l'association participe aux manifestations politiques et syndicales, aux défilés, et apporte son soutien aux grévistes. Elle va prendre une part active dans le mouvement Amsterdam-Pleyel contre le fascisme et la guerre.

En février 1935, sur 1 360 fiches d'élèves recensés, l'UO comptera :

– 720 travailleurs manuels (53 %) ;

– 406 employés (30 %) ;

– 90 carrières libérales (6 %) ;

– 144 divers salariés.

La très grande majorité a entre 20 et 40 ans et 24 % sont des femmes.

Deux petites universités ouvrières seront créées à Colombes et à Montreuil. Georges Politzer, Jacques Solomon, Jacques Decour, Gabriel Péri, y ont collaboré avec ardeur. Ils furent tous les quatre fusillés par les nazis.

En 1932 : Romain Rolland et Henri Barbusse sont montés en première ligne de la lutte pacifiste en appelant à un Congrès contre la guerre, qui se tient à Amsterdam les 27 et 28 mai ; Langevin, Camus, Einstein, Dos Passos y apportent leur concours.

Un an après, les 4 et 6 juin 1933 – Hitler a pris les rênes de l'Allemagne en janvier –, un Congrès antifasciste sera organisé à la salle Pleyel, rassemblant plus de trois mille délégués de quatorze pays européens ; le mouvement Amsterdam-Pleyel est né.

Dans le même temps, en décembre 1932, de nombreux écrivains et artistes « petits-bourgeois » adhèrent à l'Association des écrivains et artistes révolutionnaires (AEAR) qui s'ouvre à eux. Un appel à la lutte contre le fascisme et la guerre est lancé.

Le 21 mars 1933, l'AEAR organise une grande manifestation pour protester contre la prise de pouvoir fasciste en Allemagne ; le fait qu'André Gide, qui n'est pas membre de l'AEAR, y prenne la parole, marque les esprits.

Le PCF, sous l'impulsion de Paul Vaillant-Couturier, évoque l'importance d'un travail culturel, où prolétaires et intellectuels seraient en interdépendance.

Pour accompagner ce mouvement, la création d'une revue s'impose : le premier numéro de *Commune* paraît à la mi-juillet 1933, puis le 1er de chaque mois, aux Éditions sociales internationales, 24 rue Racine à Paris. Il est tiré à trois mille exemplaires. Ce mensuel sera bientôt vendu en kiosque, dans les gares et par abonnement.

Le premier numéro de cette revue de « défense antifasciste » est composé presque entièrement par Nizan qui souhaite en faire un « organe assez violent de contre-attaque », pour le développement d'une « culture révolutionnaire » : c'est, en 1933, la ligne du Parti.

Outre les nombreux articles politiques, la revue contient un grand nombre de rubriques régulières sur la peinture, la musique, l'architecture, le théâtre, le cinéma et la radio.

Georges Politzer va écrire dans le numéro 3 un texte intitulé « Un faux contre-révolutionnaire, le freudo-marxisme », qui dénonce tout à la fois le freudo-marxisme délirant des surréalistes, d'André Breton en particulier, les freudo-marxistes pseudo-scientifiques et leur nouveau « prophète », le jeune philosophe Jean Audard « qui se pique d'être marxiste ». Celui-ci vient de publier dans les *Cahiers du Sud* de septembre 1933 un article sur « Le caractère matérialiste de la psychanalyse ». Le texte de Politzer reprend en fait les énoncés d'une conférence qu'il a donnée à la Mutualité devant un parterre de surréalistes qui soutiennent, eux, ardemment les thèses de Jean Audard. Au cours de cette conférence mémorable, à Audard qui déclare que seule la psychanalyse peut sauver le marxisme, Politzer répond :

> Nous avons nous aussi notre « psychanalyse », notre instrument pour sonder les âmes des contre-révolutionnaires, de leurs amis et de ceux qui les croient sur parole. Seulement notre psychanalyse s'appelle le marxisme-léninisme. [...] Il ne suffit pas de projeter, comme le fait la psychanalyse, derrière le monde réel un monde mythologique et y représenter des « principes » ou comme dit souvent Freud, des « instances » en lutte.

Et plus loin :

> Du moment qu'on leur parlait de « conflit » et de « luttes », ils n'ont plus cherché à savoir si on leur parlait de ce conflit et de ces luttes qui sont le conflit et les luttes *réels*, ou de « conflit » et de « luttes » n'existant que dans la tête des psychanalystes [1].

À propos de la libido, Georges énonce avec mordant ce que représente pour lui la théorie de Freud : « réactionnaire par excellence : elle représente l'exploitation de la crise de la physique en faveur de l'idéalisme et aboutit à un système idéaliste ».

La séance devient vite houleuse, tomates et œufs pourris pleuvent sur Politzer qui imperturbablement s'acharne sur son adversaire, cherche à l'humilier.

Dans la salle, les « valets de l'impérialisme » affrontent les « Léninistes » dans une frénésie d'injures. Quelques horions pleuvent ; un cri suspend la furia ;

1. G. Politzer, « Un faux contre-révolutionnaire : le freudo-marxisme », *Commune*, n° 3, novembre 1933.

une femme hurle : un coup de poignard surréaliste vient de la frapper à la joue… Cela s'avèrera être une simple bague qui l'a effleurée.

Commune est le lieu où les intellectuels s'impliquent dans les contradictions de classe de l'impérialisme. La revue veut contribuer au « front populaire des travailleurs manuels et intellectuels ».

La revue dénonce l'affaire Stavisky et en 1934, devant le coup de force des Ligues du 6 février, se fait l'écho de la lutte antifasciste, décrivant l'assaut mené par le fascisme « contre toute pensée progressive, contre tout esprit de recherche et de libération, contre la science, l'art et la culture ».

Ces luttes vont déterminer de nouveaux rapports entre socialistes et communistes. « Le 6 février provoqua une sorte de changement qualitatif, dit André Wurmser, il précipita dans l'action quantité d'hommes neufs… La politique venait à nous… Cela facilita l'union de la gauche [1]. »

Au cours de ces manifestations et contre-manifestations, place de la Concorde, Maï fut blessée au pied par une plaque en fonte – de celles qui entourent les arbres – qui servit de projectile. Ma tante Dorothy, jeune épouse anglaise de Robert, le petit frère de Maï, soigna sa belle-sœur lors de cette nuit mémorable.

Dès ce moment, le danger réel du fascisme en France, mais aussi la possibilité de le contenir par l'action commune de larges couches populaires devinrent évidents. Jusque-là, la stratégie qui prévalait au Parti communiste était celle de la lutte pour la dicta-

1. A. Wurmser, *Fidèlement vôtre. Soixante ans de vie littéraire et politique*, Grasset, 1979.

ture du prolétariat contre les sociaux-démocrates identifiés à des sociaux-fascistes.

Commune va devenir un centre bouillonnant d'analyses. L'idéologie fasciste et les luttes anticapitalistes vont être passées au crible de la critique, tandis que le développement de l'URSS va être suivi avec passion et présenté avec admiration.

En avril 1935, *Commune* publie l'annonce du Congrès international des écrivains pour la défense de la culture et annonce que la revue suivra avec la plus grande attention ce congrès, précisant que bon nombre de ses collaborateurs y participeront.

L'idée de ce rassemblement vit le jour au retour du Congrès des écrivains soviétiques de Moscou (où est né le concept de « réalisme socialiste ») où Malraux et Jean-Richard Bloch, enthousiasmés, en imaginent une version occidentale.

Depuis deux ans, les intellectuels ont multiplié, sous la bannière de l'antifascisme, les associations, les comités de secours, d'action, de vigilance où vont se retrouver les plus grands noms de la littérature internationale : Paul Nizan, André Gide, Romain Rolland, Alain, Paul Langevin, Julien Benda, André Malraux, Jean Guéhenno, Louis Guilloux, André Breton, Aldous Huxley, Ernest Hemingway, Bertolt Brecht, Robert Musil, Paul Rivet [1]... Beaucoup

1. Paul Rivet (1876-1958) : fondateur et président du Comité de vigilance des intellectuels antifascistes le 5 mars 1934, fut élu conseiller de Paris comme candidat unique de la gauche le 12 mai 1935. Il est considéré comme le premier élu du Front populaire. Georges Politzer s'engagea très activement dans sa campagne électorale.

d'entre eux et tant d'autres encore participent aux travaux du congrès.

Georges et Maï y assistent en spectateurs ; c'est de cet événement que datent les quelques secondes de film dont sont tirées les images du film de Bernard-Henri Lévy, *Les Aventures de la liberté*, où l'on les voit marcher à grands pas.

Les surréalistes, par la voix d'André Breton, rompent solennellement avec les partis communistes sous obédience stalinienne : « Ce régime, ce chef, nous ne pouvons que leur signifier formellement notre défiance. » Ils dénoncent des « palabres antifascistes ou pacifistes plus ou moins vagues » qui traduisent le « refus de changer la société par la révolution ». Le 18 juin 1935, René Crevel [1], surréaliste admirateur idolâtre de Breton, rentre seul d'une séance mouvementée du congrès, désespéré de n'avoir pu réhabiliter le maître auprès des communistes : il se suicide.

Max Ernst, dans une toile intitulée *Au rendez-vous des amis*, a peint en 1922 le groupe surréaliste loin d'être au complet – il manque Tzara mais Fedor Dostoïevski est présent ; le seul personnage qui tourne le dos, dont on ne voit pas le visage, est René Crevel, fragile, comme déjà exclu, absent.

1. René Crevel (1900-1935) : écrivain et poète, membre du mouvement surréaliste à partir de 1921, il en est exclu en 1925 mais s'en rapproche à nouveau à partir de 1929. Il adhère au PCF en 1927 mais en est exclu en 1933. Il œuvre pourtant à rapprocher surréalistes et communistes, notamment dans le cadre du Congrès international des écrivains pour la défense de la culture, qui se tient en 1935. L'exclusion d'André Breton de ce congrès à la demande de la délégation soviétique manifeste son échec.

Henry Poulaille, grande figure anarchiste, tire cette conclusion : « Plus que jamais, méfions-nous des intellectuels. Si les ouvriers marchent, ils ont des excuses. Nous pas ! »

L'accueil des observateurs est toutefois assez favorable aux thèses du congrès, certains saluant même « ce retour aux idées de 1789 [...] ce phénomène bienheureux auquel la majorité des écrivains ne pouvaient pas ne pas prendre part [1] ».

Les années *Commune* sont les années d'amitié avec les Nizan. Adolescent, j'allais souvent camper dans la vallée de Chevreuse. Je me souviens d'orages, des échos du tonnerre qui roulent dans une clairière, celle-là peut-être où Maï, Georges et leurs amis Nizan, bien des années plus tôt, s'égaillaient...

J'apprends ces escapades amoureuses de la bouche d'Henriette Nizan lors d'une de mes premières tentatives de remonter le temps. Le tendre portrait qu'elle brosse de mes parents m'enchante ; amoureux fous ils roulent en riant et disparaissent derrière une meule de foin ; le temps passe... ils en sortent rayonnant de bonheur, des brins de paille dans leurs chevelures ébouriffées... Je prends cette petite séquence, image par image, je me la projette, séance privée, cinéma permanent.

Henriette me raconte les repas avec les Politzer à Grandchamp, dans la maison de campagne que sa mère a commandée à Frantz Jourdain [2], maison dessinée

1. « Pour la défense de la culture », Textes du Congrès international des écrivains, Paris, 1935, Editions universitaires de Dijon, 2005.

2. Frantz Jourdain (1847-1935) : célèbre architecte de l'Art nouveau, bâtisseur de la Samaritaine.

selon les concepts du Bauhaus, lignes pures, hublots et grandes baies vitrées… Dans cette maison, Paul a écrit presque toute son œuvre, a aimé avec passion sa femme, a reçu tous ses amis, Sartre et Beauvoir, Jean Renoir, Emmanuel Berl et bien d'autres.

Lors d'un de ces repas, Maï, Henriette Nizan et Mme Alphen, mère d'Henriette, sont restées au salon quand tout à coup elles entendent des bruits secs d'explosions venant du jardin. Inquiètes, elles se précipitent et découvrent nos deux intellectuels exceptionnels, Georges et Paul, la cigarette au bec, en bras de chemise, en train de lancer à toute volée contre le tronc d'un arbre le fabuleux service de table de la belle-maman. Au pied de l'arbre gisent en petits morceaux assiettes, soupière, saladiers… d'une très grande valeur ; c'est un irrémédiable massacre. Hors d'elle, la maman d'Henriette ne peut sauver du désastre qu'un carafon. Son petit-fils Patrick Nizan, que j'ai eu le plaisir de rencontrer au moment où j'écrivais ce livre, trop tard puisqu'il est décédé peu de temps après ma visite, m'a donné une photo du flacon rescapé.

26.

1936 : L'École du Parti à Arcueil

Sur cette période où je découvre Georges professeur à l'école du Parti, je n'ai pas de photo, pas d'information, pas de souvenir bien entendu.

Force m'est faite de me couler dans les pas des historiens. Je prends note ; un nom qui provoque en moi un lointain écho : Glaubauf…

Le Parti communiste a créé en 1924 une première école léniniste à Bobigny, dirigée par Alfred Kurella. En 1936 arrive de Moscou, après avoir porté pendant six ans la bonne parole dans tous les pays d'Amérique latine, Hans Glaubauf, militant autrichien, mandaté par l'Internationale communiste afin d'aider, en qualité d'instructeur, à l'organisation d'une deuxième école du Parti en France. Après quelques entretiens avec Étienne Fajon, responsable de la culture au Parti, il fait connaissance, dans un restaurant du Quartier latin, des camarades qui vont diriger l'école : Georges Politzer, Georges Cogniot, Paul Bouthonnier et Jacques Solomon. Fritz Glaubauf raconte :

> C'est Georges Politzer, déjà en possession d'une idée claire de la forme et du contenu d'une école de six mois, qui développe les idées fondamentales.

Selon sa conception, l'école devait contenir trois éléments :

– le marxisme-léninisme, en mettant fortement l'accent sur l'aspect historique ;

– la France, en mettant l'accent sur la situation actuelle et les problèmes du Front populaire ;

– le travail pratique du Parti dans les organisations.

Ce qui était nouveau pour moi, c'est l'importance que Politzer attachait à la nécessité de respecter les niveaux variables de culture générale des élèves et de surmonter les manques de culture générale au cours de l'école en poussant les élèves les plus faibles dans ce domaine.

Politzer pensait qu'il était particulièrement important de développer l'expression orale et écrite des élèves… Proposant dès le début de faire faire une dictée et une rédaction pour évaluer le niveau des élèves et repérer ceux qui auraient besoin d'un enseignement complémentaire.

Solomon fut choisi pour enseigner l'économie politique, Politzer la philosophie, Fajon le marxisme-léninisme et Bouthonnier, l'histoire.

Politzer insista fortement sur la nécessité d'une discipline très sévère, avec un emploi du temps très strict et l'obligation pour les élèves de prendre en note les points principaux [1].

Le bâtiment fut trouvé par Maï à Arcueil, une petite usine vide avec un pavillon attenant ; Maï fut chargée des liaisons entre le maire et l'école.

À leurs débuts, devant ce public nouveau d'adultes, d'ouvriers, ils ont un peu de mal à ajuster leur cours. Selon Glaubauf :

1. F. Glaubauf, « Mon travail à l'école d'Arcueil du parti communiste français », *Cahiers de l'Institut Maurice Thorez.*

Georges traitait les élèves avec une dureté extraordinaire et les rebutait parfois par ses exigences, surtout par son ironie. Mais il ne lui fallut pas longtemps pour s'imposer par sa rare intelligence et ses dons d'orateur. Jacques Solomon dont le langage scientifique abstrait désarçonne l'auditoire surmonta, lui aussi, toutes les difficultés [1].

Revenons quelques instants en arrière pour suivre Maï d'un peu plus près.

En 1932, mes parents déménagent à Bagnolet, où d'octobre 1932 à janvier 1933, Maï va être assistante sociale à la mairie, puis va tomber à nouveau très malade. Elle souffre de crises hépatiques ; elle aussi va devoir faire une cure dans les Landes pour soigner un début de tuberculose. Nous habitons maintenant dans un pavillon avec jardin, à Arcueil.

Une photo prise le 24 août 1934, jour de mon premier anniversaire, en témoigne, avec d'autres clichés,

1. *Ibid.*

bien conservés par ma grand-mère dans un album en cuir.

Maï se plonge dans l'étude de la littérature du mouvement ouvrier, puis reprend ses activités et collabore à *L'Ouvrière*, journal créé par Marthe Bigot, grande figure du mouvement ouvrier.

En juillet 1935, elle est secrétaire à la mairie d'Arcueil aux côtés du maire Marius Sidobre. Elle s'inscrit aussi à un cours d'urbanisme. Très vite, mes grands-parents maternels quittent Biarritz pour aider Maï complètement débordée et viennent s'installer quelque temps rue Denfert-Rochereau, non loin du Lion de Belfort, tout près du jardin du Luxembourg où je fais mes premiers pas. Ils rejoindront bientôt mes parents à Arcueil.

En 1936 est créée l'Union des jeunes filles de France. Maï va y militer activement aux côtés de Danielle Casanova, élue secrétaire générale, de Marie-Claude Vaillant-Couturier et de Claudine Chomat… 1936, c'est la victoire du Front populaire ; j'ai 3 ans, nous sommes toujours à Arcueil, banlieue rouge.

Les événements politiques sont bien connus : le PCF passant brusquement de la tactique « classe contre classe » à l'unité d'action avec les socialistes, sous le regard attentif et approbateur de Staline, les conditions de la réalisation d'un Front populaire sont alors réunies.

En mai 1936, le soir des élections qui donnent une belle majorité aux forces de gauche, j'imagine la liesse dans les rues, les bals improvisés… Photos, films m'ont construit une mémoire de ce temps en noir et blanc ; j'ai écouté sans jamais me lasser les souvenirs de ces moments exaltants que me racontait le père de ma femme, sympathisant socialiste, les chansons qu'il fredonnait.

Maï n'est pas longtemps de cette fête. C'est dans un sanatorium au pied des Alpes qu'elle annote quelques photos. Maï écrit : « Dans ma deuxième chambre (la cure) Août 1936 » ; « Ce jour-là, nous avions déjà 5° au-dessous de zéro Hauteville oct. 1936 ». Ce qui me confirme que mes grands-parents sont venus s'installer à Arcueil pour s'occuper de moi.

Georges, professeur au lycée d'Évreux, poursuit ses cours à l'Université ouvrière et à l'école du Parti, écrit des articles pour *Commune*... et dans la revue du Parti communiste, *Les Cahiers du bolchevisme*, il écrit entre juillet 1935 et juillet 1939 près d'une trentaine d'articles, traitant du budget, de la dévaluation, de la défense du franc... En mai 1938, Georges écrit un article : « À propos d'un livre sur l'URSS » de Georges Friedmann (j'y reviendrai).

En juin 1939, Georges écrit « Race, Nation, Peuple », et pour le cent cinquantième anniversaire de la révolution française de 1789 : « La philosophie des Lumières et la pensée moderne ». 1939 voit le titre des *Cahiers du bolchevisme* passer à celui de *Cahiers du communisme*. Je reste une fois de plus confondu devant la somme de travail que Georges déploie.

Georges, cette année 1936, au plein cœur des grèves qui éclatent partout en France – les conquêtes sociales en découlent –, est à Hennebont, dans le Morbihan, à quelques kilomètres de mon domicile actuel, où il apporte le soutien du Parti communiste aux ouvriers des Forges en lutte : ils vont obtenir deux semaines de congés payés et 12 % d'augmentation de salaire.

Je reçois un jour un coup de téléphone d'une dame, à la voix un peu cassée, lointaine, qui me demande si je suis Georges Politzer ? Stupeur… Je lui réponds que je suis le fils de Georges, que mon père est… mais elle me coupe et commence à me raconter un événement, pour elle inoubliable : elle se trouvait, toute jeune, le jour du meeting de soutien aux ouvriers des Forges en 1936, au pied de la tribune improvisée par les syndicats ; et Politzer haranguant la foule ne la quittait pas des yeux, me dit-elle, il parlait pour elle seule.

Elle me raconte par le menu la manifestation, me décrit l'orateur, sa chevelure, sa voix ; elle garde le souvenir de chaque détail. Elle m'appelle encore une fois Georges : « Pourrais-je vous voir afin que vous me racontiez ? » Je lui répète calmement qui je suis, qu'en aucun cas je ne puis remplacer mon père, je ne peux rien lui raconter, je n'ai pas de souvenir, je suis Michel, j'ai une vie à moi, je ne saurai rien lui dire qu'elle attende. « Soyez sûre qu'un jour viendra où, par hasard, nos chemins se croiseront », lui dis-je finalement.

Cela dure encore un long moment. Elle finit par raccrocher, mais le lendemain et bientôt presque chaque soir, puis une fois par semaine, elle m'appelle.

Son fils finit par apprendre cette situation. Il arrive à la calmer enfin ; il m'appelle, excuses. Les appels se font rares ; un coup de fil par trimestre maintient le lien…

Dans sa commune, non loin de la mienne, une kermesse antinucléaire ; à dix mètres de moi, devant un stand d'information, je vois une femme âgée, assise sur un pliant, qui me regarde droit dans les yeux ; c'est elle.

Elle me fixe longuement, son regard me traverse, voyant bien au-delà de moi l'homme à qui elle vouait une passion infinie. Elle se lève, nous n'échangeons pas trois mots, un sourire et une longue poignée de main chaleureuse nous réunissent un instant.

L'Europe depuis 1933 résonne de bruits et d'odeurs inquiétants ; les nazis ont pris le pouvoir par les urnes obtenant 43,9 % des suffrages et Hitler est nommé chancelier du Reich. Dès 1935, il viole le traité de Versailles en rétablissant le service militaire obligatoire et en multipliant par cinq les effectifs de l'armée allemande, puis en 1936 il militarise la Rhénanie sous les yeux des gouvernants européens et d'une grande partie de la bourgeoisie conservatrice qui voit en lui un rempart contre le bolchevisme : « plutôt brun que rouge… »

Le 12 mars 1938, Hitler envahit l'Autriche sans coup férir. C'est l'Anschluss… sous les applaudissements de la population. Tandis qu'au centre de l'Europe, l'Histoire s'accélère, Georges adresse le 4 avril 1938 une longue lettre à Maï, 103 avenue Paul-Doumer à Arcueil.

J'ai trouvé les six feuillets écrits recto verso dans une enveloppe marquée du sigle « Hôtel des Alpes » à Gap (Hautes-Alpes). C'est un témoignage d'amour vibrant d'une passion extrême. Jailli d'une traite, pas de repentir – un seul mot corrigé –, écriture impeccable, c'est aussi la tentative de justification des « fluctuations inévitables d'un bonhomme réel en chair et en os qui est plein de contradictions parce qu'il est réel ».

Hôtel des Alpes — Le 4 avril 1938

C. BERAUD
propriétaire
7, rue Carnot, 7
GAP
TÉLÉPHONE 1.09
R. C. GAP 1236

Ma petite Maï chérie,

j'ai reçu hier ta lettre impatiemment attendue. Mais j'ai été (et je reste) bien récompensé. Il y avait longtemps que la moumoute n'avait pas ouvert ainsi son cher petit cœur. Pourquoi vivre ainsi près de moi en s'entourant d'une cuirasse, alors que derrière la cuirasse il y a un petit cœur si tendre ?

Bien sûr, je suis un "gros lourd", mais tu es toujours restée pour moi précisément le coup de foudre terrible et énormément dramatique qui m'a absolument zigouillé dès que je t'ai aperçue dans la portière du compartiment.

La voici dans son intégralité :

Le 4 avril 1938

Ma petite Maï chérie,

J'ai reçu hier ta lettre impatiemment attendue, mais j'ai été (et je reste) bien récompensé.

Il y avait longtemps que la moumoute n'avait pas ouvert ainsi son cher petit cœur. Pourquoi vivre ainsi près de moi en s'entourant d'une cuirasse, alors que derrière la cuirasse il y a un petit cœur si tendre ?

Bien sûr, je suis un « gros lourd », mais tu es toujours restée pour moi précisément, le coup de foudre terrible et énormément dramatique qui m'a absolument zigouillé dès que je t'ai aperçue dans la portière du compartiment.

Tout ce que j'ai pu faire de mal vis-à-vis de toi, ce sont les fluctuations inévitables d'un bonhomme réel, en chair et en os, qui est plein de contradictions parce qu'il est réel.

Il est facile de comprendre d'une manière abstraite que le réel est fait de contradictions, mais quand on s'aperçoit que la réalité de la contradiction, c'est des pleurs et des injustices et des actions déloyales à l'égard d'une moumoute très pure, alors, peut-être on est parfois tenté, même quand on est une Maï très intelligente, de revenir à un point de vue métaphysique et de poser la question ainsi : « ou bien il m'aime, et il est pur à 100 %, ou il n'est pas pur à 100 % et cela veut dire qu'il ne m'aime pas ».

Ma chérie très aimée, je suis comme tu sais très loin d'être pur à 100 % et néanmoins je t'aime certainement autant qu'un homme a jamais aimé une femme. Et quand tu poses des questions comme celles-ci : « tu pourrais ne plus m'aimer » – je me demande si tu n'es pas hantée par la métaphysique qui ne voit qu'un aspect des êtres et des choses.

Toi aussi tu es toujours restée pour moi une petite fille radieuse et, en plus, mon grand contact avec la beauté humaine. Depuis la première seconde j'ai aimé en toi « l'éternel féminin » et en toi précisément, parce qu'il est en toi, dans une grande pureté. Tes cheveux sont pour moi les cheveux qui m'ont fait participer à la beauté magnifique des cheveux de femmes et il en est ainsi de tout ton corps. Et ton âme, c'est pour moi un corps magnifique ayant le rayonnement et l'animation qui m'a fait vivre et qui me fera toujours vivre ce qu'il y a de plus clair et de plus chaud humainement. Je n'ai jamais cessé de t'admirer et une partie du mal que je t'ai fait vient de ce qu'un bonhomme réel n'est pas assez pur pour n'être excitable que par « le vrai, le bien et le beau ». Et sois bien convaincue qu'il n'y a dans tout cela aucune exaspération.

C'est ainsi, beaucoup plus qu'on ne pourrait le croire. J'ai devant moi « des yeux d'acier dans un front d'acier ». Mais il me faudra encore m'élever davantage vers toi.

M'élever parce qu'avec toi qui es toute en « humanité », il faut sortir beaucoup plus des rapports grossiers au fond desquels il y a, selon ma célèbre théorie, les rapports de production capitalistes. Tu n'es pas une femme qu'on « possède » comme d'autres femmes se laissent posséder ; tu n'es pas une femme qui peut être un objet comme d'autres femmes peuvent l'être et ainsi de suite.

Et tu es dans tout cela, une tendre petite chérie, avec une grosse tête et un petit cœur très délicat. Dans tous les instants de la vie, je crois que tu peux te dire, que pour moi il n'y a et il n'y aura jamais personne d'autre que toi. « À toi seule et pour toujours ». Je suis bien trop (!) cousu à toi par les entrailles pour qu'il puisse en être autrement.

Nous avons quitté Castellane et les très nombreux Boniface de Castellane dont l'ombre plane sur la ville depuis le IXe siècle. Nous allons monter un peu plus haut.

J'ai l'intention de rentrer pour être vendredi à Évreux – veille du départ pour les vacances de Pâques. Je crois que c'est suffisant. Je t'enverrai par télégramme ma nouvelle adresse. Je vais très bien et je ne crois pas qu'il y ait lieu de prolonger davantage le séjour, à moins d'ordre impératif.

Il faut maintenant partir.

Quoi qu'il arrive, le Parti et notre amour, la clarté de nos idées et la fermeté de nos principes doit et devra toujours nous suffire pour être plus forts que l'attraction des plans inférieurs, comme celui du découragement ou des regrets. Dans les événements les plus graves, nous devons être comme à Boulogne, la main dans la main, et, en plus, des principes de pensée et d'action en « acier supérieur ».

Je t'embrasse ma très tendre petite Moumoute et je vous serre la main bien fort, grande amie, très aimée.

Ta Pepette

Et le Mimi ? Embrasse-le bien pour moi et ne pense pas que je m'inquiète inutilement.

Les convulsions de l'Histoire n'estompent pas les déchirements du cœur.

Revenons à cet article de Georges dans le numéro des *Cahiers du bolchevisme* de mai 1938. De retour d'URSS, Georges Friedmann, l'un des membres du groupe Philosophies, publie chez Gallimard, façon appuyée de prendre quelque distance avec les discours officiels dithyrambiques du communisme, *De la sainte Russie à l'URSS*. En sociologue, Friedmann jette un regard de sympathisant, il veut être passeur entre le monde intellectuel soviétique et le monde intellectuel français. Regard lucide, il se veut critique et constructif et souhaite servir à la compréhension de l'URSS : « Le marxisme s'il n'est lucidité et autocritique, est infidèle à lui-même. [...] L'URSS est désormais assez forte pour, à côté des éloges, entendre d'amicales critiques [1]. »

La réception de l'ouvrage est très positive ; autant Lucien Febvre [2] que Maurice Halbwachs [3] l'apprécient ; Célestin Bouglé [4], lui, est enthousiaste. Friedmann

1. Georges Friedmann, *De la sainte Russie à l'URSS*, Gallimard.

2. Lucien Febvre (1878-1956) : historien, fondateur avec Marc Bloch, en 1929, des *Annales d'histoire économique et sociale*.

3. Maurice Halbwachs (1877-1945) : sociologue, élève de Bergson et de Durkheim, il développe le concept de « mémoire collective ». Nommé président de l'Institut français de sociologie en 1938, il est élu à la chaire de psychologie collective du Collège de France le 10 mai 1944 ; il est arrêté par la Gestapo le 23 juillet suivant et déporté à Buchenwald, où il décède en 1945.

4. Célestin Bouglé (1870-1940) : sociologue durkheimien, défenseur de la laïcité et des idées démocratiques et libérales, il est nommé directeur de l'École normale supérieure en 1935.

endosse avec son ouvrage un nouveau rôle social de l'intellectuel dans le monde universitaire. Il va se heurter à la logique de fermeture qui, avec le stalinisme, travaille le PCF.

Paul Nizan, Jean Bruhat[1], Fernand Grenier[2] et Georges Politzer mobilisent leur plume dans la presse communiste tout entière contre cet ouvrage ; la direction du Parti signifie par là qu'il le considère comme une affaire importante à « traiter ». Il faut « prémunir l'élite ouvrière de la concurrence avec les intellectuels traditionnels[3] ».

Georges Politzer, lui, publie sa critique dans l'organe du Comité central du PCF, les *Cahiers du bolchevisme* ; elle engage donc la direction du Parti. La violence de l'attaque montre qu'une étape a été franchie dans la fermeture partisane ; c'est la première fois que l'accusation de trotskisme est utilisée contre un « intellectuel sympathisant ». Friedmann étant assimilé à la catégorie des

1. Jean Bruhat (1905-1983) : membre de la CGTU puis du PCF, il participe à la fondation du groupe Clarté. Approuvant les procès de Moscou et le Pacte germano-soviétique, il est fait prisonnier dès le 18 juin 1940 pour « propagandisme révolutionnaire ». Évadé en mars 1943, il prend ses distances avec le PCF et s'engage dans le Front national universitaire.

2. Fernand Grenier (1901-1992) : adhérent du PCF dès 1922, il est élu député de Saint-Denis en 1937. Avec trois autres députés, il refuse de rendre hommage aux armées en janvier 1940 et se voit déchu de son mandat. Arrêté en octobre 1940, il s'évade en juin 1941 et parvient à rejoindre l'appareil clandestin du PCF. À partir de 1943, il représente les communistes auprès de De Gaulle et des instances de la France libre.

3. Isabelle Gouarné, « Philosoviétisme et rationalisme moderne. L'introduction du marxisme dans les sciences humaines en France (1920-1939) », Thèse de doctorat en sociologie, Université de Nantes, 2010.

traîtres et ennemis de classe, Politzer dénonce ce que Friedmann appelle la « pause révolutionnaire » de l'URSS, c'est-à-dire un éloignement du socialisme, et accuse Friedmann de recréer un ersatz de la « révolution permanente » chère à Trotski. Et à propos des procès de Moscou que Friedmann examine : « Ce que Friedmann écrit, c'est une déformation des faits dont le but est de faire l'apologie de Trotski au moment où, devant tous les hommes honnêtes, il risque d'être à jamais brûlé [1]. »

Entre 1934 et 1938, Staline a fait du trotskisme « une bande sans principe et sans idéologie de saboteurs, d'agents de diversion et de renseignements, d'espions, d'assassins, une bande d'ennemis jurés de la classe ouvrière [2] ». Tout est dit.

Politzer rend opératoire la menace trotskiste ; c'est ici, sous sa plume, que se manifeste l'expression virulente de la méfiance des dirigeants envers les intellectuels ralliés au communisme et qui nécessite une vigilance de tous les instants.

La recension du livre de Friedmann donne à Georges l'occasion de certifier sa fiabilité politique. La lutte antitrotskiste lui sert de rite d'intégration à la communauté des « fidèles » et de « test de l'esprit de parti » [3].

Georges Friedmann, accablé, va tenter d'intervenir auprès de Thorez et Duclos directement puis par personnes interposées : Francis Jourdain [4], Romain

1. *Cahiers du bolchevisme*, mai 1938.

2. Isabelle Gouarné, « Philosoviétisme et rationalisme... », *op. cit.*

3. *Ibid.*

4. Francis Jourdain (1876-1958) : peintre, créateur de meubles et décorateur d'intérieur, il est un des fondateurs des Arts décoratifs en France. Adhérent au PCF dans les années trente, il est inquiété par la Gestapo pendant la guerre.

Rolland, René Maublanc [1]. Il va obtenir le soutien de Henri Wallon [2] et de Paul Langevin…

Après de longs échanges de lettres, de nombreuses rencontres de haut niveau, un accord entre le PCF représenté par Maurice Thorez d'une part, et les « Intellectuels » d'autre part, semble se dessiner. Friedmann est autorisé à publier la « Réponse à Politzer » dans les *Cahiers du bolchevisme…*

Thorez souhaite rencontrer Friedmann ; il ne viendra jamais au rendez-vous qu'il avait lui-même fixé le 12 octobre 1938. Friedmann rencontre en lieu et place de Thorez un interlocuteur à qui il dicte les notes qu'il a prises en vue de son entretien avec Thorez :

> Cet article [de Politzer] a constitué un fait nouveau. C'était un article d'une extrême violence qui voulait être infamante. J'en ai été indigné. J'ai senti, sous cette violence, des ressentiments personnels qui n'avaient rien à voir avec la défense de l'Union soviétique. P., à l'aide de citations tronquées, en faisant des rapprochements tendancieux, en utilisant notamment des extraits du *Bulletin du Comité des Forges*, a essayé de me présenter comme un homme au service de la réaction, comme un trotskiste masqué. Je repousse avec énergie cette accusation de trotskiste. Dès 1920, dès cette époque où je collaborais avec Barbusse qui m'avait confié un travail responsable dans la section universitaire Clarté, j'ai toujours été d'accord avec le Parti. Je me suis efforcé d'être un loyal compagnon de route. Tous les camarades qui ont pu juger de mon activité dans les organisations

1. René Maublanc entre en clandestinité au côté du PCF de 1942 à la Libération.

2. Henri Wallon (1879-1962) : philosophe, psychologue et pédagogue, révoqué de l'Enseignement pendant l'Occupation, il prend part à la Résistance.

antifascistes et culturelles savent, connaissent mon activité anti-trotskiste [1].

Les deux parties semblent toutefois se satisfaire des conditions imposées précédemment. Pourtant, la réponse de Friedmann à Politzer ne sera jamais publiée. Ni la mise au point de Thorez.

Georges voit son poste de responsable de la rubrique économique des *Cahiers du bolchevisme* confirmé. Friedmann est isolé au sein du Parti où interdiction lui est faite de répondre publiquement à Politzer. Considéré comme un « lépreux intellectuel », il conserve encore l'espoir d'assumer un rôle de conseiller dans le monde communiste.

J'essaye de comprendre pourquoi dans le monde intellectuel d'alors, Georges, et lui seul, a pu se déchaîner contre cet ouvrage, employant de telles armes, avec une volonté affichée d'éliminer un adversaire.

En 1938, Georges pressent peut-être plus que d'autres l'imminence du drame : au cœur de l'économie européenne, il sait le danger que constitue l'hitlérisme pour les peuples, il décortique les thèses nazies, en connaît toutes les perversités. Le premier (le seul ?), il va écrire un pamphlet contre la barbarie qu'il redoute. Jeune, il a vécu les armes à la main la contre-révolution sanglante en Hongrie, il connaît la violence. Le camp qu'il a choisi, l'URSS, est pour lui le seul rempart véritable contre le fascisme, d'une façon générale, politiquement, idéologiquement, mais plus encore, en ce moment précis de tous les dangers, l'URSS ne peut pas se voir soumise à la moindre critique, fût-elle « douce »,

1. Archives Maurice Thorez.

« délicate », « tempérée » et « nourrie de bonnes intentions ». Toute attaque contre ce rempart au nazisme, qui tendrait à fissurer un tant soi peu ce bloc tant admiré, loué, vénéré, devient pour Politzer un crime contre la raison. Politzer use ici du sarcasme, son arme favorite, avec une rare violence, même si elle doit entraîner la destruction d'un individu, quand bien même il eût été un de ses tout premiers compagnons de l'aventure philosophique des années 20. Il en use comme d'une arme de destruction totale face au péril nazi..

Je ne sache pas que son entourage le plus proche en ait soufflé mot. Sidéré par la violence de la charge, le silence est retombé sur le champ de bataille.

Le bruit des bottes et des chenilles de chars d'assaut va sans doute conforter Georges dans son entreprise de mise à l'index d'un livre et d'un homme, et rendre très vite ces déchirements obsolètes.

Le 30 septembre 1938, nous venons d'emménager dans le XIIe arrondissement de Paris, Georges prépare sa rentrée scolaire au lycée de Saint-Maur, quand Daladier et Chamberlain, en échange de vagues promesses de paix, signent les accords de Munich avec Hitler et Mussolini, livrant ainsi la Tchécoslovaquie à l'Allemagne nazie.

Édouard Daladier est accueilli comme un sauveur à sa descente d'avion, à sa propre stupéfaction. La France et l'Angleterre croient avoir gagné la paix. Lucide, Churchill commente : « Entre le déshonneur et la guerre, vous avez choisi le déshonneur. Et vous allez avoir la guerre. »

Et le dépeçage de la Tchécoslovaquie commence sans qu'aucun gouvernement ne bronche, de peur de provoquer le conflit. Bohême et Moravie entrent dans le giron de l'Allemagne.

En novembre 1938, dans les *Cahiers du bolchevisme*, Georges écrit « La facture de Munich ». En décembre 1938, *Commune* proclame : « C'est la civilisation française que l'on veut détruire. C'est elle qui est visée par Munich. » À la fin de l'année, l'Union des intellectuels français est créée « pour préserver ce qui fait notre raison de vivre et d'espérer dans l'avenir de l'humanité ».

En mars 1939, les troupes allemandes entrent à Prague. L'Union des intellectuels français crée des sections dans tout le pays et tente de contribuer à écarter la menace de guerre en distribuant résolutions et appels…

Les 13 et 14 mai se tient à Paris une conférence internationale consacrée à « la paix, la démocratie et le respect de la personne humaine », réunissant six cents intellectuels de vingt-huit pays : l'appel à « l'union antifasciste la plus large » lancé à ce congrès est publié dans *Commune.*

En juin 1939, Georges écrit dans *Commune* « Race, Nation, Peuple », qui est l'analyse d'un discours de Maurice Thorez prononcé à la conférence nationale du Parti en janvier de la même année. Georges, citant Thorez, rend un vibrant hommage à la nation, au peuple, à « la classe ouvrière qui a repris le rationalisme français en le vivifiant ». Thorez dit : « Hitler et Mussolini peuvent blasphémer contre la France de la Révolution, ils peuvent fulminer contre l'esprit de 1789. Sans la Révolution, sans la démocratie, que seraient-ils, eux, sinon de misérables manants écrasés par les seigneurs féodaux ? »

L'antifascisme est encore pour quelques semaines la ligne du monde communiste. En cette année 1939, mon portrait géant servira de symbole au Congrès national de l'enfance et de la famille française, ornant le mur derrière la tribune.

Ce que j'ignorais totalement, c'est que Georges Sadoul (le même qui décernait en 1927 avec ses amis surréalistes, la note « – 10 » à Politzer...), écrivain et historien du cinéma, ami de mes parents, assistait à ce rassemblement. Avant de prendre la parole pour parler de littérature enfantine en tant que rédacteur en chef de *Mon camarade*, il avait fait un dessin de la salle du congrès, croquant à la tribune un orateur prestigieux, le professeur Paul Langevin, et représentant du même coup mon portrait qui s'étalait sur le mur.

Je dois ce dessin de Georges Sadoul (reproduit page suivante) d'abord à l'attention portée par Daniel Bougnoux [1] lors d'une vente en avril 2011 à Drouot de correspondances de Sadoul, d'Elsa Triolet, d'Aragon et d'autres signatures prestigieuses. Daniel Bougnoux, dont j'avais fait la connaissance peu de temps auparavant, ayant repéré dans un des lots de manuscrits ce dessin où mon nom était mentionné, eut l'amabilité de me le faire savoir. J'entrepris alors auprès du commissaire-priseur des démarches afin de prendre contact avec l'acquéreur du lot en question. Je dois enfin le plaisir de cette découverte à l'extrême gentillesse de cet amateur passionné, M. Miguel Ruiz, qui m'a offert ce dessin. J'ai éprouvé en ouvrant l'enveloppe une joie enfantine devant ce dessin qui a fait irruption d'une façon si inattendue à travers le temps. Je vois ma mère et peut-être mon père choisir, avec tendresse et fierté, un portrait de moi parmi les photos

1. Il a notamment dirigé l'édition des romans d'Aragon dans la Bibliothèque de la Pléiade.

Congres de l'Enfance
Paris été 1939
Langevin parle
la grande photo est celle du
fils de Georges et Marie Politzer, morts en
1942 et 1943 pour la France.
Boverat

de « Mimi », digne de représenter à lui tout seul l'Enfance de son pays.

Ces vacances d'été 1939 sont riches en images avec de nombreux clichés de Georges et moi, de Maï et moi. Nous ne sommes jamais tous les trois ensemble sur la même photo, sauf une fois où Georges y est particulièrement lugubre… Georges, à une ou deux exceptions près, ne sourit jamais, il aurait plutôt tendance à foudroyer l'objectif du regard comme sur cette belle photo où Georges, assis, me tient contre lui, le regard de mon père semble explorer l'avenir avec une acuité particulière !

Je connais maintenant certaines raisons qui expliquent que mes parents n'aient pas été gais et heureux sur ces clichés, comme ils le furent si souvent et comme l'Histoire les a figés. À un ou deux jours près en ce mois d'août 1939, le sens des images peut changer. Mais je ne pourrai jamais faire la part exacte des drames qui assombrissent le regard de Georges en ces derniers jours de vacances à Biarritz, au Port-Vieux.

L'ombre de Daniel Decourdemanche plane-t-elle comme une légère gêne ? Mais j'ai beau scruter les images à la loupe, seul mon père semble porter le poids du monde en crise.

De cet été 1939, j'ai le souvenir d'avoir gravi la Rhune pour y manger un agneau grillé sous les étoiles. J'imagine que pour gravir les 905 mètres de cette belle montagne, je pris le petit train à crémaillère aux wagons en bois ; pas si sûr !

Le souvenir que j'ai de cet épisode m'a souvent été raconté par ma grand-mère, qui en profitait pour me rappeler ses aventures de contrebandière, à qui toute jeunette son père, passeur de gilets brodés et chemises en pilou, enfilait l'une au-dessus de l'autre, ainsi qu'à une ribambelle de cousines, huit à dix épaisseurs de vêtements qu'elles partaient livrer avec lui dans une cabane de berger. La cargaison franchissait la frontière espagnole « invisible », sur le dos des enfants rarement arrêtés par les douaniers très compréhensifs ; « toute chose portée sur soi est considérée comme t'appartenant et ne peut pas être qualifiée d'objet de contrebande », me disait-elle en riant malicieusement.

Le 23 août 1939, l'URSS et l'Allemagne nazie signent un pacte de non-agression. Georges apprend cette nouvelle brutale à Biarritz où nous sommes en vacances ; les vacances sont finies. L'ami Nizan, lui, à Piana, en vacances chez Danielle Casanova, était optimiste ; il pensait imminente la conclusion du pacte tripartite France-Angleterre-URSS ; il était convaincu que « l'Allemagne serait à genoux [1] ».

L'annonce du Pacte germano-soviétique lui arrive au moment d'embarquer pour le retour. Tout un pan de sa vie s'écroule ; les douze années de fraternité dans les rangs du Parti ne seraient donc que duperie ? Mais plus encore que le pacte, c'est surtout contre l'envahissement de la Pologne le 17 septembre par les

1. Pascal Ory, *Paul Nizan, destin d'un révolté*, Ramsay, 1980 ; réédition Complexe, 2005.

troupes de Staline que Nizan va se révolter [1]. Il adressera sa démission à Duclos le 25 septembre 1939 : cinq lignes parues dans le quotidien de la gauche indépendante *L'Œuvre*.

Une majorité de cadres et de militants communistes assommés se rallient à l'attitude des Soviétiques, tout en fustigeant les Anglais et les Français coupables à leurs yeux d'atermoiements dramatiques lors des négociations entreprises à Moscou d'avril à août… Mais de grands noms vont manifester leur désaccord : Langevin, Irène et Frédéric Joliot-Curie, Jean Zay, Romain Rolland. Gabriel Péri, député membre du Comité central du Parti, rédacteur du service de politique étrangère à *L'Humanité*, s'enferme dans un mutisme réprobateur. Vassart démissionne, tandis qu'Aragon, à l'opposé, écrit dans *Ce soir* le 24 août : « L'annonce du pacte de non-agression fait reculer la guerre. »

Vingt-deux parlementaires sur soixante-quatre rompent avec le Parti, ainsi que des syndicalistes. Georges, qui quelques semaine plus tôt, dans le numéro 70 de *Commune*, en juin, fustigeait les théories nazies, attaquait Hitler, Rosenberg et tous les chefs nazis, dans son article « Race, Nation, Peuple », doit changer brusquement de stratégie sous la pression du Grand Staline et, se ralliant au Pacte germano-soviétique, cesser toute attaque ou dénonciation de l'Allemagne nazie. Une période de flottement douloureux s'installe… sur laquelle je n'ai aucune précision concernant l'attitude de mon père.

En attendant des explications sur cette volte-face de Moscou, qui tarderont à venir, le Parti, par la voix

1. *Ibid.*

de Thorez, donne l'ordre de suivre les consignes, d'accomplir un virage idéologique et tactique à cent quatre-vingts degrés, et Georges, qui dans ce même article de *Commune* loue aussi la pensée claire et puissante de Maurice Thorez et cite abondamment ce champion de la lutte antiraciste, leader de l'antinazisme français, Georges doit se soumettre et accepter que Maurice qui disait « blanc » hier, avec raison, dise « noir » aujourd'hui... et ait toujours et encore raison. Les consignes qui tombent fin septembre définissent la nouvelle ligne : c'est la lutte « anti-impérialiste ». Les communistes déclarent la guerre à « la City ».

S'y opposer, c'est basculer irrémédiablement dans le clan des traîtres et des renégats.

Rien ne m'est parvenu, comme je l'ai dit, de cet instant où mes parents, comme tous les cadres et les militants de base du Parti, ont dû affronter les choix imposés par Moscou ; ni les discussions, ni les arguments avancés, ni les explications retenues, mais je me réfère à cette position qui traverse le mouvement communiste durant toutes ces années, position qu'ils s'imposent comme un garde-fou, qui les tient debout, qu'ils imposent à tous : l'URSS ne peut pas se tromper, c'est la patrie du communisme, Staline ne commet aucune erreur, lui seul a une vue d'ensemble de la situation en Europe... S'opposer de quelque façon et si peu que ce soit à une décision de l'URSS, c'est faire le jeu des ennemis du communisme, du prolétariat et de la liberté.

Georges, fidèle entre tous les fidèles, choisit son camp ; il rompt violemment avec Nizan. Il m'est tout de même parvenu un écho de ce moment dramatique. J'ai la trace, en creux, de cette rupture, dans un livre de

Nizan de 1932, *Les Chiens de garde*, à Georges dédicacé, dont la page de garde a été arrachée par le dédicataire. J'ai aussi le vague souvenir d'avoir entendu ma grand-mère me parler parfois de Nizan et du traître Gitton [1] en des termes assez tranchants.

Commence alors dans le Parti une entreprise de destruction visant à faire de Nizan un policier, une mouche, un traître ; les instigateurs en sont-ils Thorez, Duclos, Aragon et/ou Politzer ? Sous la houlette de Maurice Thorez, Georges n'est-il que le « complice » maladroit d'Aragon [2] ? J'apprends par Olivier Todd l'existence de Patrick Nizan, fils de Paul et Rirette ; je le rencontre quelques mois avant sa disparition. Nous sommes très émus, les fils de ces deux amis savourent l'instant ; je lui parle de cette affaire déplorable, mais il me rassure, me confirme que dans la famille on a toujours parlé de Georges et Maï avec beaucoup d'affection.

En souriant.

---

1. Marcel Gitton (1903-1941) : membre précoce du PCF auquel il adhère au moment du congrès de Tours en 1920, il quitte le parti avec fracas après l'annonce du Pacte germano-soviétique d'août 1939. Déchu de son mandat de député en janvier 1940, il s'attache après la démobilisation à rallier les déçus du PCF à la Révolution nationale. Proche du gouvernement de Vichy, participant à la presse collaborationniste, il est assassiné en septembre 1941 par un résistant communiste membre du détachement Valmy.

2. Pascal Ory, *Paul Nizan, destin d'un révolté.*, *op. cit.*

27.

1939 : *La Pensée*, « La philosophie et les mythes », « La fin de la psychanalyse »

Le 25 août 1939, *Commune*, de même que toute la presse communiste, est interdite par le gouvernement de Daladier. De nombreux militants sont arrêtés.

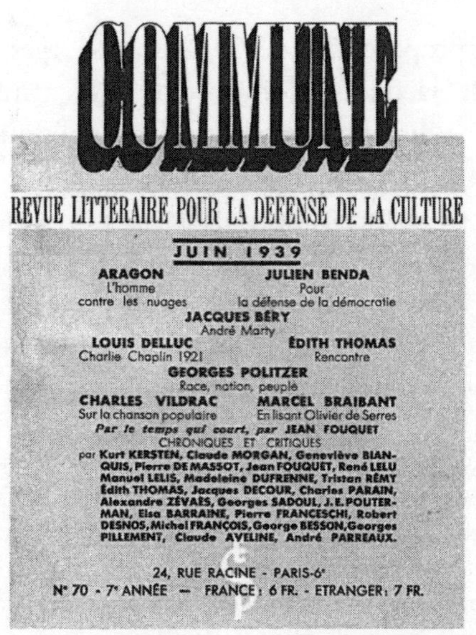

COMMUNE

REVUE LITTERAIRE POUR LA DEFENSE DE LA CULTURE

JUIN 1939

ARAGON
L'homme contre les nuages

JULIEN BENDA
Pour la défense de la démocratie

JACQUES BÉRY
André Marty

LOUIS DELLUC
Charlie Chaplin 1921

ÉDITH THOMAS
Rencontre

GEORGES POLITZER
Race, nation, peuple

CHARLES VILDRAC
Sur la chanson populaire

MARCEL BRAIBANT
En lisant Olivier de Serres

Par le temps qui court, par JEAN FOUQUET

CHRONIQUES ET CRITIQUES

par Kurt KERSTEN, Claude MORGAN, Geneviève BIANQUIS, Pierre DE MASSOT, Jean FOUQUET, René LELU Manuel LELIS, Madeleine DUFRENNE, Tristan RÉMY Édith THOMAS, Jacques DECOUR, Charles PARAIN, Alexandre ZÉVAÈS, Georges SADOUL, J. E. POUTERMAN, Elsa BARRAINE, Pierre FRANCESCHI, Robert DESNOS, Michel FRANÇOIS, George BESSON, Georges PILLEMENT, Claude AVELINE, André PARREAUX.

24, RUE RACINE - PARIS-6e

N° 70 - 7e ANNÉE — FRANCE : 6 FR. - ETRANGER : 7 FR.

Commune voit son ultime numéro paraître en septembre 1939 ; son dernier rédacteur en chef fut, comme on l'a vu, Jacques Decour. Dans un des ultimes numéros de *Commune*, André Parreaux annonce la création d'une nouvelle revue : *La Pensée*, dont il est le secrétaire de rédaction.

Georges Cogniot raconte :

> Politzer et moi avions bien des projets en commun. Souvent, les jours de séances du Parlement, il venait m'attendre à la sortie de la Chambre ; francs buveurs, tous les deux, nous prenions ensemble l'apéritif au café situé à l'angle de la place du Palais-Bourbon, et nous nous communiquions l'un à l'autre nos réflexions, nos remarques sur les hommes et les faits du jour ; nos rêves. L'un de ces rêves était de créer une revue marxiste de grande diffusion pour les intellectuels. Politzer avait trouvé la manchette : « Revue du rationalisme moderne » [1].

Cogniot propose le titre : *La Pensée*. Georges, par l'intermédiaire de Jacques Solomon, convainc Paul Langevin d'assurer une direction intellectuelle et politique. Cogniot présente le projet à Thorez qui se demande si cela ne risque pas de disperser les efforts… En mars, Cogniot, à Moscou, dîne un soir dans la datcha de Dimitrov [2]. Il évoque à la fin du repas le rôle possible des intellectuels dans le regroupement des énergies contre le fascisme. Il demande à Dimitrov son avis sur la création

1. Georges Cogniot, *Parti pris, 55 ans au service de l'humanisme réel*, vol. 1, Scanéditions-Éditions sociales, 1976.

2. Georges Dimitrov (1882-1949), révolutionnaire bulgare coaccusé de l'incendie du Reichstag en 1933. Il confond ses accusateurs et gagne une notoriété internationale. Il est secrétaire général du Komintern de 1934 à 1943.

d'une revue comme *La Pensée.* « Sa réponse fut une approbation immédiate et chaleureuse du projet. Dès lors mon parti était pris. Politzer fut enchanté [1]. »

Elle fut présentée ainsi : « Notre revue fera connaître à ses lecteurs les plus récents progrès de la connaissance dans tous les domaines les plus modernes de la pensée. Nous voulons défendre la raison et les valeurs humanistes contre les mystiques rétrogrades [2]. »

Un « groupe d'études matérialistes » constitué par le professeur Paul Langevin tenait ses assemblées dans sa bibliothèque de la rue Vauquelin ; Georges Politzer et Jacques Solomon exercèrent une influence déterminante pour le passage des discussions du « groupe » à l'édition d'une revue.

Le premier numéro d'avril-mai-juin 1939 de *La Pensée* voit paraître sous la plume de Langevin « La physique moderne et le déterminisme » ; par Charles Kœchlin, « La résurrection des modes anciens dans la musique moderne » ; par Jacques Solomon, « La nature et la technique », ainsi que « Problèmes d'économie politique » par Georges Politzer.

Georges publie aussi un texte combatif : « La philosophie et les mythes » ; c'est une première réponse aux thèses du théoricien nazi Rosenberg.

Au sommaire du numéro 2, juillet-août-septembre 1939, s'inscrit un autre texte attribué à Politzer, non signé : « Chez les barbares : ce que l'hitlérisme a fait de la science ». Au sommaire du numéro 3, d'octobre-novembre-décembre, figurait sous la signature de Th.W. Morris, pseudonyme de Politzer,

1. Georges Cogniot, *Parti pris, op. cit.*

2. *Ibid.*

« La fin de la psychanalyse », mais ce numéro ne parut pas, frappé par le décret du 27 août interdisant la presse communiste.

Ce texte, écrit peu de temps après la mort de Freud, relègue la psychanalyse au passé, conteste sa fécondité thérapeutique et ses applications dans le domaine pédagogique [1]. Dans le domaine théorique, Politzer dénonce une « dérive biologisante qui l'a de plus en plus éloignée de son inspiration première, si féconde au demeurant ».

Politzer taxe la pensée freudienne d'« éclectisme hétéroclite » et en tire alors comme conséquence que la psychanalyse est devenue une forme d'obscurantisme.

Indifférent au fait que la psychanalyse fut sans cesse attaquée par les forces réactionnaires de tous les pays, et violemment attaquée par les nazis, Politzer dénonce la collusion entre la psychanalyse et les « courants idéologiques rétrogrades ».

Par-delà une démarche assez tendancieuse, Politzer pose néanmoins un réel problème, celui-là même que nous retrouvons dans son examen du bergsonisme, ce que l'on peut nommer la critique externe de la psychanalyse : quelle aide peut-elle nous apporter pour comprendre et combattre le nazisme ?

> La bestialité nazie, avec la fréquence des thèmes érotiques, semble inviter très spécialement à ce genre d'explication (entendez : par la méthode psychanalytique). Cependant si l'on peut à la rigueur expliquer pourquoi un nazi X plutôt qu'un nazi Y accepte de jouer le rôle de tortionnaire dans un camp de concentration,

1. T.W. Morris (pseudonyme de Politzer), « La fin de la psychanalyse », *La Pensée*, n° 3, 1939, in *Écrits 2*.

cela n'explique pas le nazisme en tant que phénomène historique [1].

En quoi la psychanalyse nous aide-t-elle à trancher ce nœud de l'Histoire ? En quoi nous fortifie-t-elle pour triompher de ces forces-là ? Qu'est-ce qu'un savoir, que vaut une pensée qui nous laisse démunis face à la cruauté de l'ennemi ?

C'est là le fond de la critique que Politzer fait du bergsonisme.

1. T.W. Morris (pseudonyme de Politzer), « La fin de la psychanalyse », *op. cit.*

28.

1939-1940 : LA « DRÔLE DE GUERRE »

Jacques Decour, qui a quitté sa femme et sa fille, rompu avec sa famille, avait loué depuis 1939 une chambre à proximité de notre appartement. Durant les deux années qui précèdent l'entrée dans la clandestinité, Decour travaille régulièrement avec Georges, écrit des articles pour les revues du Parti. Il côtoie tous les jours Maï dans l'appartement de la rue Jules-Lemaître. Bientôt les allées et venues de plus en plus fréquentes des camarades commenceront à intriguer les voisins ; notre appartement deviendra vite, fin 1940, le lieu où va s'élaborer la résistance universitaire.

Ma voisine du dessous, Jeanne Courcelles, un peu plus âgée que moi, m'en a rapporté les échos ; elle se souvient de sa mère faisant sa couture derrière sa fenêtre du rez-de-chaussée, qui voyait « passer tous ces messieurs ». Le soir, elle écoutait les piétinements et les bruits feutrés qui la tenaient éveillée tard dans la nuit, sans jamais imaginer qu'une résistance à l'occupant prenait corps à quelques mètres d'elle.

Jacques, ce grand garçon dégingandé au regard malicieux, tombe éperdument amoureux de Maï. Elle reçoit l'amour fou d'un homme délicat, dont la douceur doit la combler. C'est sans doute au début de 1940, selon le témoignage de « Bébé », que Maï et Jacques Decour envisagent une vie commune.

Mes proches, le Parti, ont fabriqué pour la postérité l'image parfaite du couple de mes parents, résistants communistes que leur destin tragique ne pouvait pas séparer. Le lien qui les unissait ne s'est pas rompu. Mais Maï a aimé Georges et Jacques, qui l'ont aimée tous les deux avec passion : me viennent à l'esprit les personnages du roman d'Henri-Pierre Roché : *Jules et Jim*.

Mais c'est seuls dans cette petite auberge de la vallée de Chevreuse que Maï et Jacques se sont photographiés un petit matin d'hiver, qu'ils se sont souri puis, reprenant leurs vélos, qu'ils ont fini leur balade. Maï est heureuse sur toutes ces photos, aucun nuage sur le front.

De cette année de la « drôle de guerre », ma mémoire d'enfant de 6 ans n'a retenu de l'exode massif, que l'épisode de la gare d'Austerlitz. Je dois plonger dans le très beau roman d'Irène Némirovsky [1] pour essayer de retrouver les bruits et les odeurs, les images, en noir et blanc, de ces instants exceptionnels.

Rien de ce que mes parents ont vécu chez nous, chez moi, ne s'est gravé dans ma mémoire. Mes proches, qui ont pourtant été les témoins de cette tourmente, n'ont jamais évoqué devant moi la moindre anecdote, le plus petit récit de ce chambardement ; à croire que le seul événement à retenir de tout cela était l'épisode du soldat et des bonbons à Bayonne, et on ne s'est pas gêné pour me le répéter en boucle.

1. Irène Némirovsky, *Suite française*, Denoël, 2004.

Des événements historiques eux-mêmes, j'ai en tête les images de quelques films, et surtout la prose de Julien Gracq dans *Un balcon en forêt*, que j'affectionne.

Quant aux poteaux indicateurs en lettres gothiques et autres sinistres drapeaux à croix gammée, qui vont oblitérer pendant quatre ans le paysage urbain, ils seront concentrés au centre de Paris. Ils ne fleuriront guère dans mon quartier Picpus, avenue Courteline et avenue de Saint-Mandé.

L'histoire de l'Europe bascule en quelques semaines, voire en quelques jours, entraînant ma famille au cœur d'un maelström. J'ai abordé plus haut quelques-uns de ces événements : je vais y revenir pour certains.

Le 21 août 1939, Maï, Georges et moi avons rejoint les Duclos dans les Landes (comment expliquer l'amitié que Georges conserve à ce responsable, alors qu'il fallut, cette même année, une intervention personnelle de Maurice Thorez pour lui dire : « j'exige que Politzer en finisse d'être ton larbin [1] » ?). La radio annonce l'imminence d'un pacte de non-agression entre l'Allemagne nazie et l'URSS. Tempête sous les crânes…

Nous mangeons au restaurant à Bagnères-de-Bigorre. La grande comédienne Hélène Perdrière y est attablée et au passage de Jacques Duclos, elle lui fait le salut hitlérien, geste de dérision visant à stigmatiser le communiste devenu l'allié d'Hitler. Maï, en bon petit soldat communiste, offusquée, gifle sans hésiter la sociétaire de la Comédie française.

Le 23 août 1939 se confirme la signature du Pacte germano-soviétique. Le lendemain, Gilberte Duclos

1. Annie Cohen Solal ; entretien avec Jean Bruhat.

nous ramène tous à Paris en voiture, Jacques et Hélène Solomon nous suivent dans une autre voiture ; tard dans la nuit nous arrivons enfin dans la capitale. Le 24 août 1939, un décret est prononcé qui permet d'interdire la parution du journal *L'Humanité*.

Le 26 août 1939, *L'Humanité* (saisie) titre « Union de la nation française contre l'agression hitlérienne ». Les communistes qui, depuis cinq ans, mènent un combat antifasciste et antinazi sont d'abord plongés dans la stupeur par la signature du Pacte ; les députés communistes votent à l'Assemblée, le 2 septembre, les 70 milliards de crédits extraordinaires pour mener la guerre à l'Allemagne.

Le 27 août, Georges reçoit son ordre de mobilisation. Il est affecté à l'École militaire à Paris au moment même où la presse communiste est interdite et où la répression contre les militants s'intensifie. Les événements se bousculent : le 1er septembre 1939, Hitler envahit la Pologne ; la France et la Grande-Bretagne mobilisent ; le 3 septembre, la guerre est déclarée : elle se terminera neuf mois plus tard.

Le 9 septembre, forte du nouvel accord entre Hitler et Staline, l'Internationale communiste impose un changement radical de politique : les communistes doivent renoncer à la politique du Parti, l'antifascisme, défendue par tous les militants avec passion. Mise au placard, elle est remplacée par une nouvelle ligne : « la dénonciation de la guerre impérialiste que mène la France ».

Acceptant cette volte-face, non sans tiraillements pour certains, Gabriel Péri, Paul Nizan, entre autres, les communistes obéissants réclameront donc la paix avec l'Allemagne pendant toute la « drôle de guerre ».

Le 17, l'Armée rouge entre en Pologne. Le 26, le Parti communiste français est interdit par le gouvernement Daladier. Le 28, l'Allemagne et l'URSS signent un traité de « délimitation et d'amitié ». Le 4 octobre 1939, Maurice Thorez déserte sur ordre de l'Internationale et gagne la Belgique puis l'URSS, Jacques Duclos est à Bruxelles, Benoît Frachon est à Paris ; environs cent quatre-vingts à deux cents communistes sont restés dans la capitale.

Le 20 février 1940, des députés communistes sont arrêtés et déchus de leur mandat. C'est au printemps 1940 que Jacques Decour est mobilisé et affecté à Fontainebleau, où il devient chauffeur du général de Lattre de Tassigny.

Le 10 mai 1940, l'Allemagne est victorieuse.

Le 13 mai, les chars allemands franchissent la Meuse, poussant devant eux, dans un désordre et une détresse tragiques, près de huit millions de Français qui fuient l'envahisseur : le pays est en pleine décomposition.

J'entre maintenant dans la relation d'une turbulence qui soulève bien des problèmes. C'est celle de l'affaire dite de l'appel du 6 juin 1940. Au cours de la campagne de France, le ministre Anatole de Monzie aurait demandé à un proche du professeur Langevin quelle position préconisaient les communistes dans le cas où Paris serait attaqué. L'information parvient à Georges Politzer, alors mobilisé à l'École militaire. Il la transmet à Benoît Frachon [1], seul dirigeant communiste de

1. Benoît Frachon (1893-1975) : syndicaliste, membre du PCF, il en fut l'un des principaux dirigeants dans la clandestinité et la Résistance.

haut niveau alors dans la capitale, par l'intermédiaire de Mounette Dutilleul [1].

Politzer, Frachon et Arthur Dallidet [2] se réunissent et rédigent, le 5 juin, l'appel baptisé « du 6 juin », indiquant les propositions du Parti. Ce document, personne ne sait ce qu'il est devenu ; après le remaniement ministériel du 5 juin, Monzie n'est plus ministre et le 10 juin, le gouvernement quitte Paris pour Tours. Ces propositions auraient été au nombre de cinq :

> 1) Transformer le caractère de la guerre ; en faire une guerre nationale pour l'indépendance et la liberté.
>
> 2) Libérer les députés et les militants communistes ainsi que les dizaines de milliers d'ouvriers emprisonnés ou internés.
>
> 3) Arrêter immédiatement les agents de l'ennemi qui grouillent dans les Chambres, dans les ministères et jusque dans l'état-major, et leur appliquer un châtiment exemplaire.
>
> 4) Les premières mesures créeraient l'enthousiasme populaire et permettraient une levée en masse qu'il faut décréter sans délai.
>
> 5) Il faut armer le peuple et faire de Paris une citadelle inexpugnable.

L'existence et le contenu de cet appel sont très discutés par certains historiens [3], voire aujourd'hui tout

---

1. J.-P. Besse et C. Pennetier, *Juin 40, la négociation secrète : les communistes français et les autorités allemandes*, L'Atelier, 2006.

2. Mounette Dutilleul (1910-1996) : militante communiste, elle entre en Résistance dès septembre 1939 et sert d'agent de liaison entre les dirigeants communistes passés en clandestinité. Arrêtée en mai 1941, elle est internée à Fresnes au moment où son compagnon Arthur Dallidet y est torturé avant d'être fusillé au Mont-Valérien. Déportée à Ravensbrück en 1943, elle en revient à la Libération.

3. Denis Peschanski, *L'Histoire*, n° 60.

à fait contestés. Pour les historiens, le fait qu'aucun texte de quelque sorte que ce soit n'ait jamais été retrouvé ne permet pas d'accréditer cette démarche politique ; mais il y a sans doute à l'origine de cet appel une petite flamme, un élément déclencheur, aussi ténu soit-il, dont on ne saura sans doute jamais qui est l'initiateur et dont pour l'instant on ne peux pas valider la teneur.

Cet « appel » a pu servir, selon certains historiens, de contre-feu aux tractations honteuses avec l'occupant nazi menées durant l'été en vue de faire reparaître *L'Humanité*. Et surtout de prouver que le PCF était en droit de s'ériger en défenseur du territoire contre l'occupant.

Je retiens de cette polémique le témoignage de Charles Tillon dans ses mémoires, *On chantait rouge*, qui relate qu'arrivées à Bordeaux au milieu du mois de juin 1940, Claudine Chomat et Danielle Casanova lui présentèrent un tract ronéoté appelant à la défense de Paris. Rédigé la veille par Politzer, il n'avait pu, disaient-elles, être distribué. Charles Tillon ne m'en a pas soufflé mot lors de notre rencontre.

J'imagine pourtant assez bien Georges rédigeant ces cinq points d'appel au combat, j'y vois sa radicalité, son enthousiasme, prêt à refaire la Commune de 1870, la révolution de Budapest, la révolution de 1789, la révolution bolchevique. En outre, il va prouver très vite, trois mois plus tard, que la lutte antinazie pour lui ne faisait aucun doute. Avec d'autres armes, les siennes : les mots.

Le 14 juin, les troupes allemandes entrent dans Paris, amenant dans leurs bagages Otto Abetz, l'homme que Hitler veut voir contrôler Paris. Il s'installe à l'ambassade d'Allemagne, rue de Lille.

Le 17, Charles Tillon [1] lance son appel à lutter contre le fascisme hitlérien, appelant le peuple français « à s'unir, à refuser l'esclavage, la misère et le fascisme ». Le 17 juin, pour mémoire, à Cosne-sur-Loire, Mme Lemaire, fille du président Doumer, exécute un sous-officier allemand...

Le 18 et le 23 juin 1940, Hitler visite Paris. Le 22 juin, l'armistice entre la France et l'Allemagne est signé.

C'est donc en ce mois de juin 1940, le 17, que commence un moment critique de l'histoire du Parti communiste français. Dans une sorte de jeu du chat et de la souris s'instaure une négociation [2] entre les autorités d'occupation et une poignée de représentants du PCF [3] décidés à faire reparaître *L'Humanité* au grand jour, sous la botte allemande, et à « faire libérer les militants emprisonnés, récupérer les locaux et les mairies d'où les communistes avaient été expulsés pendant la "drôle de guerre" par le gouvernement français [4] ».

---

1. Charles Tillon (1897-1993) : membre du comité central et du bureau politique du PCF, il est condamné par contumace après la rédaction d'un tract, le 17 juin 1940, appelant à la résistance au fascisme hitlérien et signé du « Parti communiste » (« appel du 17 juin »). Il participe à la Résistance en tant que fondateur et commandant en chef des Francs-tireurs et partisans français (FTPF) ; voir aussi p. 20 et 245.

2. Jean-Pierre Besse et Claude Pennetier, *Juin 40. La négociation secrète, op. cit.*

3. Jacques Duclos, Maurice Tréand et Denise Ginollin.

4. Jean-Pierre Besse et Claude Pennetier, *Juin 40. La négociation secrète, op. cit.*

Gabriel Péri [1] refuse courageusement de s'associer à ces tractations. Georges Politzer, pourtant présent à Paris, n'y participe pas ; en eut-il des échos, c'est vraisemblable ; s'en est-il inquiété, c'est également vraisemblable, mais aucun élément ne permet de le préciser.

Les dirigeants communistes qui s'engagent dans ces négociations sont principalement Jacques Duclos, Maurice Tréand, Jean Catelas, Denise Ginollin, secondés par l'avocat Robert Foissin. Ils vont tenter d'obtenir d'Otto Abetz la reparution légale des organes de presse du Parti afin de rassembler ses militants dispersés et traumatisés, et de renouer avec la classe ouvrière désarçonnée.

« S'engageant plus avant jusqu'à l'absurde, dans la ligne de dénonciation de la guerre impérialiste suivie depuis septembre 1939 [2] », rappelant leur adhésion au pacte entre Hitler et l'URSS, ils développent une logique nouvelle qui tourne le dos radicalement à l'antinazisme qui guidait il y a peu leurs actions. Ils envisagent de toute évidence qu'alliés de l'URSS, les nazis occupant le sol national puissent être tolérants envers les communistes français – « les amis de mes (nouveaux) amis sont mes amis » – et puissent accepter que les communistes participent au redressement de la France…

L'Allemagne, elle, devant la France décomposée, voit durant un instant en les communistes une carte à jouer, même à court terme, le temps d'évaluer la désorganisation politique et administrative.

---

1. *Ibid.*
2. *Ibid.*

Maurice Thorez, à Moscou, averti en juillet, condamne ces démarches qui, selon l'aveu de Tréand, furent lancées sous l'impulsion de l'Internationale communiste. Le 9 août, celle-ci ordonne de mettre fin « immédiatement aux pourparlers avec Abetz et ses agents ». La négociation reprend toutefois le 22 août, mais Duclos comprend enfin qu'il est allé trop loin et, le 27, il annule le dernier rendez-vous entre Catelas et Abetz. La négociation aura duré un peu plus de deux mois. « Les errements de quelques-uns guidés par le pouvoir stalinien n'effaceront pas le courage et le sacrifice de milliers d'autres [1]. »

Le 22 juin 1940, l'armistice est signé à Rethondes. Le 10 juillet, à Vichy, l'Assemblée nationale se saborde et vote les pleins pouvoirs à Pétain. Mobilisé à l'École militaire à Paris, au terme de quelles pérégrinations Georges est-il démobilisé le 8 août 1940 à Aire-sur-l'Adour, à quelques dizaines de kilomètres de Bayonne où nous l'attendons ? Je ne le saurai jamais.

De cette courte période de calme au milieu de la tempête, de ce dernier mois de « vacances » avec mes parents, je n'ai aucune photo pour me fabriquer des souvenirs. Mon oncle Robert, le jeune frère de Maï, photographe assidu des faits et gestes de sa sœur, est sans doute démobilisé à l'autre bout de la France. Nous rentrons à Paris.

Georges et Maï, en ce premier jour de septembre, prennent leur vélo et vont humer l'air de Paris. En remontant la rue des Feuillantines, au débouché de la rue Claude-Bernard, ils se trouvent nez à nez avec

1. *Ibid.*

Jacques Solomon et son épouse Hélène [1] qui sont venus voir ce qui se passe au « Quartier ». On file vers la porte Saint-Mandé, on roule en peloton jusqu'à la rue Jules-Lemaître, en discutant de la situation et surtout des actions à entreprendre. C'est là que le 1er septembre 1940 naît l'idée d'organiser la résistance universitaire. Jacques Decour se joint très vite à eux.

La discussion durera tard dans la soirée dans notre appartement. Ils prévoient la création d'un périodique qui s'appellera *L'Université libre*... Georges a repris son poste au lycée de Saint-Maur à la rentrée d'octobre 1940. Il a laissé de ses deux années d'enseignement à Marcellin-Berthelot un souvenir ineffaçable auprès de tous ses élèves, celui d'un homme passionné hors du commun, excellent professeur, d'une clarté rare.

Grâce au journal des anciens de Marcellin-Berthelot, je recueille des témoignages élogieux de plusieurs de ses élèves sur cette brève et dernière année scolaire de Georges. Cette lettre, parmi de nombreuses autres, résume parfaitement le souvenir qu'ils ont de leur professeur :

1. Hélène Solomon (1909-1995) et Jacques Solomon (1908-1942) : Hélène Solomon, membre du PCF et résistante au sein du Front national de lutte pour l'indépendance de la France, est déportée à Auschwitz après son arrestation. De retour après la Libération, elle est élue députée communiste de Paris à l'Assemblée constituante. Jacques Solomon (1908-1942), membre du PCF et organisateur de la résistance universitaire avec Georges Politzer, est comme lui fusillé au Mont-Valérien le 23 mai 1942. Hélène Solomon est la fille de Paul Langevin, arrêté et détenu par la Gestapo fin 1940, avant d'être libéré et assigné à résidence à Troyes, d'où il fuit pour la Suisse en 1944.

J'ai été marqué tant par sa personnalité que par son enseignement. Il eût été impensable de le chahuter. Il parlait lentement, souvent il s'asseyait sur un pupitre et l'on avait l'impression d'un aîné discutant familièrement avec des jeunes camarades. Souvent aussi il s'efforçait de nous faire trouver nous-mêmes ce qu'il voulait nous faire comprendre, et cette maïeutique, inhabituelle, était très efficace. – Sa façon d'enseigner avec aisance, sans note ni livre, était séduisante ; il piquait notre curiosité. – Sa voix incisive ne nous portait guère à la somnolence, mais nous sollicitait en permanence dans un dialogue… – Avenant, mince à la chevelure blonde tirant sur le roux, il nous a initiés aux joies du syllogisme… et j'ai retenu cette phrase d'un de ses cours : « Un tel qui est crétois, dit que tous les Crétois sont menteurs. » Il nous semblait alors participer à l'enthousiasme qui animait le professeur Politzer, car son dynamisme s'avérait contagieux. – Brusquement, au bout de quelques semaines, il n'est plus venu au lycée. Personne ne nous a dit pourquoi.

En effet, mi-novembre, ses élèves voient arriver en classe un professeur de philosophie remplaçant sans qu'aucune explication leur soit donnée. Georges Politzer est entré dans la clandestinité.

29.

La Résistance
L'Université libre

En ce mois de novembre 1940, Georges et Maï Politzer sont entrés totalement dans la résistance à l'occupant et dans la clandestinité. Ils quittent notre domicile en hâte pour des planques discrètes et changeantes.

Ils me confient en toute tranquillité aux soins de mes grands-parents dans cet appartement qu'ils ne reverront jamais.

Les armes, pour Solomon et Politzer, c'est l'écrit, le texte, les tracts, le pamphlet, les journaux clandestins. Jacques Decour les a rejoints et ils mettent donc en chantier *L'Université libre*. Il faut trouver du papier, des stencils, des copains pour écrire des articles, les taper…

Le premier numéro était presque bouclé quand, le 30 octobre, deux officiers allemands se présentent à l'École de physique et chimie, rue Vauquelin, pour interpeller le professeur Paul Langevin qui en est le directeur. Indigné, tout le personnel de l'école lui fait escorte, prêt à en découdre… C'est Langevin qui les calme. Digne, entre les deux uniformes, il monte dans une voiture et disparaît [1].

Sur un toit, en face de l'École, des couvreurs sont au travail et voient la scène. Une heure après, tout le quartier est au courant, ouvriers, commerçants, communistes, sympathisants…

Le 8 novembre 1940, une manifestation organisée par les étudiants contre les menaces que faisaient planer sur l'université les nazis et la police de Vichy mettent sens dessus dessous le Quartier latin. La Sorbonne est fermée, et l'université aussi, pendant cinq semaines.

Le 11 novembre, une manifestation massive, la première de cette ampleur, rassemble sur les Champs-Élysées gaullistes et communistes, trotskistes, royalistes et près de dix mille étudiants et des centaines de gens non organisés, de nombreux groupes divers chantant la Marseillaise et criant « Vive de Gaulle » et « Libérez Langevin »… La police et la Wehrmacht dispersent avec violence les manifestants, à coups de crosse, tirent à balles réelles dans les jambes et blessent de nombreuses personnes. Cent cinquante manifestants sont arrêtés, dont le jeune Guy Môquet, qui sera transféré à Châteaubriant et fusillé avec les quarante-sept otages en représailles à l'attentat qui coûta la vie à Karl Hotz, responsable des troupes d'occupation en Loire-Inférieure.

Sous la pression de ces événements, Jacques et Georges décident de changer le contenu du premier

1. On ne saura pas tout de suite qu'il a été emmené à la Santé. Après quarante jours de prison, il sera assigné à résidence à Troyes.

numéro de *L'Université libre* pour le consacrer presque entièrement à l'arrestation de Paul Langevin.

Daté de novembre 1940, ce numéro 1 paraît sur quatre pages ronéotypées. Il sera tiré à mille exemplaires par un instituteur communiste, Pierre Maucherat [1]. C'est lui qui, durant toute la guerre, assurera l'impression des journaux clandestins : *L'École laïque*, *Le Médecin français*, *L'Art français*, *L'Action*, *La Pensée libre* et *Les Lettres françaises*. Sa femme tapait les articles et tirait elle-même. Ce n'était pas une petite affaire : la machine à ronéoter n'imprimait que feuille par feuille et il fallait deux jours pour sortir un numéro.

L'éditorial donne le ton : « L'Université reprend conscience d'elle-même, de sa force, de son rôle historique dans la Nation », et dénonce les autorités allemandes qui veulent mettre au pas l'« intelligence française ». Il en appelle à l'unité de tous les professeurs et de tous les étudiants et conclut : « Au pays de Descartes, la raison restera victorieuse. Vive l'Université française libre ! » Bien entendu, aucune signature n'apparaît, et pour cause, mais Politzer comme Decour ont pu l'écrire, voire Politzer et Decour, à quatre mains. En effet, dès 1937, dans le numéro 23 de *La Correspondance internationale*, Georges écrivait un hommage à Descartes pour le tricentenaire du *Discours de la méthode*, et dans le numéro 2 de *La Pensée* de juillet-août-septembre 1939, un autre texte, « Dans la cave de l'aveugle », qu'il introduit par une longue citation de Descartes ; à Tours, Decour en 1937

1. Voir Pierre Favre, *Jacques Decour, l'oublié des lettres françaises. 1910-1942*, Farrago, 2002.

écrivait pour *La Voix du peuple* : « Célébrons Descartes, enfant de la Touraine » ; tous les deux défendaient, avec le grand homme, la raison contre l'obscurantisme.

Dans ce premier numéro, un long article intitulé « Après la révocation de Paul Langevin » s'indigne avec force contre l'arrestation du célèbre professeur par les autorités allemandes et sa révocation par le gouvernement de Vichy, et fait une large part à la répression de la manifestation de la jeunesse à l'Arc de triomphe le 11 novembre et de la chape qui s'abat sur les lycéens. Le « Rektor Carcopino [1], l'homme à poigne nommé par Vichy pour mater professeurs et étudiants », est dénoncé dès ce premier numéro. On le retrouvera brocardé tout au long des parutions...

Ce premier numéro de *L'Université libre* est immédiatement accusé par le pouvoir en place et par la presse collaborationniste d'être l'œuvre de la judéo-maçonnerie. Ont déjà circulé dans Paris, en juin et juillet, des lettres-tracts d'Edmond Michelet, de Jean Cassou, quelques feuilles comme *La Vérité* (trotskiste), *Pantagruel* ou *Résistance* (du réseau du musée de l'Homme avec Boris Vildé, Paul Rivet et Germaine Tillion), mais *L'Université libre* de Solomon, Decour et Politzer est le premier périodique clandestin à parution régulière. Quatre ou cinq fois par mois, ses feuilles jaune pâle appellent à la résistance des intellectuels.

L'Université libre fustige la presse autorisée par l'occupant – *L'Œuvre, Aujourd'hui* –, muette sur l'arrestation

1. Jérôme Carcopino (1881-1970) : collaborationniste autoritaire, il dirige l'École normale supérieure de 1940 à 1942 et exerce temporairement les fonctions de recteur de l'Académie de Paris.

de Paul Langevin, mais qui se déchaîne sur la manifestation des étudiants « trublions », « galopins », « dangereux gamins », « exaltés inconscients », « bande de provocateurs »...

Les trois amis mènent la charge contre les laquais collaborationnistes, « Philippe Pétain le Feldmarschall », « Déat-le-rageur », « Darlan le traître », Von Carcopino... et leur Révolution nationale, poursuivent leurs analyses sur des sujets économiques et politiques, commentant toutes les péripéties européennes au jour le jour.

Lequel des trois amis signe l'article mordant qui démonte la « science biologique nazie » du professeur Reiter, qui propose de rationaliser la rentabilité de chaque individu (susceptible de rapporter *x* milliers de marks) en sélectionnant les plus performants et en se débarrassant des personnes inutiles (stérilisation...) ? Aucun sujet ne leur échappe, de l'administration de Paris par l'occupant jusqu'au traitement des instituteurs... Dès le premier numéro, l'antisémitisme est dénoncé et la laïcité défendue.

Le numéro spécial du 25 juin 1941 publie le document de Molotov annonçant l'attaque de l'URSS par les troupes de Hitler qui rompt le Pacte de non-agression germano-soviétique. L'équipe de rédaction, dans un papier d'une pleine page, appelle à soutenir l'URSS et à accentuer la lutte contre les « traîtres de Paris et de Vichy ». « Chaque difficulté créée aux hommes de Vichy est un échec à Hitler. »

Le 14 juillet 1941, une grande manifestation d'étudiants du Quartier latin à Richelieu-Drouot mobilise des milliers de personnes : violence des forces de répression, incidents, bagarres, arrestations, émaillent la journée de « la France libre ». Un compte rendu épique et flamboyant paraît dans *L'Université libre.*

En mars 1941 a été avancée par certains cadres du Parti, Jacques Duclos et Pierre Villon, l'idée de créer un « Front national pour l'indépendance de la France » ouvert à toutes les tendances, qui représenterait politiquement les groupes de Francs-tireurs et partisans.

Dans son numéro 27 du 25 juillet 1941, *L'Université libre* consacre ses deux premières pages à un « événement politique d'une importance capitale pour l'avenir de la France » : début juillet, « des dirigeants qualifiés des organisations ouvrières et des groupements politiques français ; des mandataires autorisés de milieux paysans des diverses régions ; des délégués des classes moyennes ; des personnalités éminentes de l'Université, de la Science et de l'Art français – libres-penseurs, personnalités catholiques bien connues, membres du clergé, fidèles de l'Église réformée, communistes –, se sont réunis quelque part en zone occupée pour fonder le FRONT NATIONAL DE LUTTE POUR L'INDÉPENDANCE DE LA FRANCE ».

S'ensuit l'énoncé des mots d'ordre du Front national, véritable appel à lutter contre l'hitlérisme, et un appel à « tous les Français et Françaises à s'unir, à constituer des comités de FRONT NATIONAL dans les villes, dans les villages, dans les usines, dans les magasins, dans les bureaux, dans les administrations, dans les universités, à l'armée, dans les escadrilles d'aviation, sur les bateaux de guerre ».

L'Université libre devient l'organe de la section universitaire du Front. De novembre au 16 décembre 1941, elle aura publié quarante numéros. Jacques Solomon est

25 JUILLET 1941 N° 27

l'Université libre

TOUS UNIS DANS
LE FRONT NATIONAL
DE L'INDEPENDANCE
DE LA FRANCE.
-:-:-:-:-

Organe de la Section Universitaire du Front National pour l'indépendance de la France

le Front National.

Un évènement politique d'une importance capitale pour l'avenir de la France s'est produit au début de juillet: des dirigeants qualifiés des organisations ouvrières et des groupements politiques français; des mandataires autorisés des milieux paysans des diverses régions; des délégués des classes moyennes, des personnalités éminentes de l'Université, de la Science et de l'Art Français,- libre-penseurs, personnalités catholiques bien connues, membres du clergé, fidèles de l'Eglise réformée, communistes - se sont réunis quelque part en zone occupée pour fonder le FRONT NATIONAL DE LUTTE POUR L'INDEPENDANCE DE LA FRANCE. Ils ont nommé un Comité d'organisation qui a adressé un appel au pays. L'Université Libre, certaine d'interpréter les sentiments de tous les universitaires et intellectuels français, salue avec une joie immense la naissance du FRONT NATIONAL.

Toutes les personnalités présentes à la réunion constitutive du FRONT NATIONAL de l'INDEPENDANCE de la FRANCE ont été unanimes à considérer que la guerre nationale menée par le peuple soviétique sous l'énergique impulsion de son gouvernement ainsi que la guerre menée par l'Angleterre intéressent l'humanité entière et en premier lieu notre pays qui ne peut se libérer que par la défaite hitlérienne.

Tous les Français dignes de ce nom doivent être aux côtés de l'URSS de l'Angleterre et de tous les ennemi

(Suite Page 2)

Formez partout des Comités

Les mots d'ordre du Front National.

Nous appelons tous les Français et Françaises à agir en commun par tous les moyens:

1°- pour empêcher que les ressources de la France servent à la machine de guerre allemande;

2°- pour empêcher les usines françaises de travailler pour HITLER, en soutenant les luttes revendicatives des ouvriers qui, en défendant leur pain et celui de leurs enfants, servent la cause de la France;

3°- pour empêcher que nos chemins de fer transportent en Allemagne nos richesses nationales et les produits de notre industrie;

4°- pour organiser la résistance des paysans à la livraison de produits aux oppresseurs de la patrie;

5°- pour organiser la lutte contre la répression hitléro-vichyssoise, chaque militant du Front National, qu'il soit athée ou croyant, radical ou communiste, devant bénéficier de la solidarité de tous;

6°- pour diffuser les écrits, appels et documents du Front National et dénoncer systématiquement les mensonges de l'ennemi

7°- pour propager et exalter, face à l'envahisseur et à ses séides, les sentiments patriotiques, la volonté de lutte pour libérer la France.

(Appel du Comité d'Organisation du Front National pour l'Indépendance de la France.

Au nom des intérêts supérieurs de la Patrie, Nous appelons tous les Français et Françaises à utiliser au maximum toutes les possibilités qui s'offrent à eux pour constituer des Comités du Front National; nous les appelons à utiliser pour la bonne cause les réunions de famille, les réunions d'amis, les réunions culturelles, les assemblées syndicales et autres, de façon à ce que partout soit présente l'âme de la France.

(Appel du Comité d'organisation du FRONT NATIONAL pour l'INDEPENDANCE de la FRANCE.

du Front National.

le rédacteur en chef, Georges assure la liaison avec un membre de la direction du Parti. Decour et ses camarades passent au crible tous les événements, critiquent, dénoncent avec véhémence la politique de l'État français. Des amis comme Pol et Jeanne Gaillard [1] viendront épauler l'équipe. En 1940, Jeanne héberge Jacques Solomon, entré en clandestinité, dans son appartement du XVIIe arrondissement, qui devait rester pendant toute la guerre une des plaques tournantes du journal clandestin : dépôt de numéros, cache des archives… Jeanne participa aussi, activement et dès le début, à sa diffusion auprès de ses collègues enseignants [2].

Ce sont souvent les femmes, Maï Politzer, Danielle Casanova, Hélène Solomon-Langevin, Claudine Michaut, Marie-Claude Vaillant-Couturier et d'autres militants qui en assurent la diffusion.

La vie clandestine s'organise avec difficulté. Le groupe Politzer doit changer souvent d'appartement, trouver des planques sûres : Maï les baptise « Victoire I », « Victoire II »… Je sais qu'une de ces planques était située près de la place des Ternes, non loin de l'appartement d'André, frère aîné de Maï.

Il faut maintenir les liens avec le Parti, assurer le tirage des éditions clandestines ; nécessaire donc d'établir des contacts furtifs pour échanger une brève information avec un « copain », marcher, faire quelques pas

1. Pol Gaillard et Jeanne Gaillard : militants communistes et résistants, les Gaillard hébergent Jacques Solomon et participent sous l'Occupation à la rédaction et à la diffusion de *L'Université libre*. Ils prennent part à la libération de Paris en août 1944.

2. *Dictionnaire biographique, mouvement ouvrier, mouvement social, 1940-1968*, vol. 7, dir. C. Pennetier, L'Atelier, coll. Jean Maitron, 2011 ; article « Jeanne Gaillard » par Alain Faure.

sur un trottoir à côté d'une camarade qui disparaît au coin de la rue, ou plus rarement boire un verre dans une arrière-salle de café, jamais le même ; veiller à n'être pas suivi, encore qu'au début de l'Occupation, cela ne soit pas une obsession de chaque instant. Et, prosaïquement, il faut s'approvisionner. Georges est doté d'un appétit d'ogre et Maï doit faire des prouesses pour le rassasier. Des amis de la campagne font parfois passer une livre de beurre, d'autres un seau de charbon. L'hiver s'annonce rude. Georges et Maï ne travaillant plus, comme beaucoup de clandestins, le Parti a conservé les moyens de leur faire passer l'argent nécessaire à la survie.

En novembre 1940, le théoricien nazi Rosenberg vient à Paris tenir une conférence dans la salle des séances de la Chambre des députés, devant tout un parterre de dignitaires nazis. Le texte de son discours est immédiatement publié sous les titres « Sang et Or » et « Règlement de comptes avec les idées de 1789 », où s'étalent des assertions comme : « L'année 1789 signifie pour nous tous l'affranchissement des Juifs ; c'est l'heure de la naissance de l'esprit destructeur dans la culture européenne. » Ou encore à propos des mots Liberté, Égalité, Fraternité : « Ces mots, paroles incendiaires, n'ont jamais manqué d'agir sur les masses ; néanmoins, avec leur fond confus, ils ont accumulé désastres sur désastres… Égalité ! Ce n'est autre chose que l'appel à tous les sentiments grossiers des hommes. La révolution est morte, elle n'aura été qu'une explosion sans pensée créatrice ; et c'est pourquoi nous assistons aujourd'hui à sa décomposition. Si l'on parle de meurtres juifs, en série, il ne faut pas oublier la Révolution française qui commence, en 1789, par la prise de la Bastille. Elle a été en premier lieu l'œuvre de la franc-maçonnerie. Des experts compétents ont eu raison de qualifier la franc-maçonnerie de judaïsme artificiel. »

En février 1941, Decour, Solomon et Politzer créent *La Pensée libre*, version clandestine de *La Pensée*. Dans le numéro 1, sous le pseudonyme de Rameau, Georges Politzer, en réponse au « Sang et Or » de Rosenberg, publie « L'obscurantisme au XXe siècle ».

C'est la première version d'un texte, non signé, qui va, dans les semaines qui suivent, être diffusé sous le manteau sous le titre : « Révolution et contre-révolution au XXe siècle ». Ce texte a un grand retentissement, il est très vite traduit en allemand par Jacques Decour.

Comme il l'a déjà fait avec son texte « La philosophie et les mythes », c'est en philosophe que Politzer combat l'idéologue nazi Rosenberg qui pérore sur le sol français. L'édito de *La Pensée libre*, dont on peut penser qu'il a été écrit en grande partie par Politzer, intitulé « Notre combat », est d'entrée de jeu un appel à la lutte des Lumières contre l'obscurantisme, contre les mythes de l'idéologie nazie.

Le style de la réponse à Rosenberg s'inscrit dans la lignée de Voltaire ou Diderot. Ce qui fait la force de ce texte c'est le style, c'est-à-dire la manière de maintenir la pensée face à ce qui l'écrase, face à ce qui la mystifie. Penser c'est s'opposer.

Face aux laudateurs de Rosenberg dans la presse de collaboration, Georges oppose l'ironie qui démasque les contradictions et déséquilibre l'adversaire. Il débusque le mythe : « Ce n'est pas par amour de la poésie que le nazisme fabrique des mythes. Ces mythes sont des instruments politiques et la lutte mondiale de "Sang et

Or" est, comme nous l'avons vu, le slogan de l'impérialisme allemand, pour sa deuxième guerre en vue d'un nouveau partage du monde. » Il dénonce le mythe fondamental du national-socialisme, le « mythe du sang, symbole de toutes les illusions que l'on utilise pour faire croire au peuple allemand que, dans cette guerre, ses intérêts sont solidaires de sa ploutocratie ».

Et Politzer, en philosophe combattant, marque le lien entre la révolution des idées commencée cent cinquante ans plus tôt, et le marxisme qui selon Georges en est la continuation sur le plan pratique, et un approfondissement sur le plan théorique de la philosophie des Lumières. C'est avec Diderot, d'Alembert et Descartes que Politzer démontre l'originalité et la force du matérialisme d'aujourd'hui. Ce ne sont pour Politzer ni le bergsonisme ni le néokantisme ni la phénoménologie qui peuvent nous préparer à combattre le nazisme, mais la philosophie des lumières et le marxisme qui la continue.

Politzer a pris la mesure des combats idéologiques dans les années noires. Il est le seul penseur qui, bien avant l'entrée en guerre de l'URSS, ait combattu philosophiquement, et pas seulement politiquement, la puissance occupante, au nom de l'indépendance de la nation et de la liberté des individus, à commencer par la liberté de penser, c'est-à-dire de s'exprimer. Il a mené, lui, une action ferme et résolue. Jusqu'au bout [1].

En effet, c'est avec l'invasion de l'URSS par les troupes nazies le 22 juin 1941, rompant ainsi le Pacte

1. R. Bruyeron, « Combattre en philosophie : les écrits clandestins de Georges Politzer », *Revue philosophique de la France et de l'étranger*, t. 127, PUF, 2002, p. 303-314.

germano-soviétique, que la direction communiste bascule à nouveau dans le camp de l'antifascisme. Politzer, Decour et Solomon avaient anticipé en faisant de la lutte antinazie la priorité.

Le 4 janvier 1941, Henri Bergson meurt. Dans ce même numéro 1 de *La Pensée libre*, Georges écrit à ce propos un très court article : « Après la mort de monsieur Bergson ». Ce texte détruit avec une rare violence non seulement l'œuvre de Bergson, accusée d'avoir facilité le retour de la philosophie à la théologie ainsi que la pénétration en France de l'obscurantisme, de nourrir les thèses du fascisme, mais il attaque l'homme avec une férocité confondante et une mauvaise foi surprenante.

Mais nous sommes en guerre ; pour Politzer, il importe peu que Bergson, « qui tombait sous les lois antijuives, eût été révoqué s'il avait encore enseigné au Collège de France », ce qu'il faut dénoncer c'est le bergsonisme « qui a créé un terrain propice pour la pénétration des idées qui ont servi directement à la préparation idéologique des fascismes [1] ».

À travers le bergsonisme, Politzer fait le procès de la philosophie française envahie par l'obscurantisme qui déferle en ces années. Se conduire en philosophe sous l'Occupation, c'est choisir la clandestinité, c'est-à-dire la lutte qui elle-même ne peut être simplement théorique. « Mais elle ne peut être non plus simplement pratique. La lutte pratique doit être soutenue par une lutte sur le terrain des idées [2]. »

Dans ce même numéro, dans l'édito « Notre combat », Decour, Politzer et Solomon décrètent que :

1. R. Bruyeron, « Combattre en philosophie... », *op. cit.*
2. *Ibid.*

« Aujourd'hui en France, littérature légale veut dire : littérature de trahison. » Et plus loin :

> La Littérature française est réduite au silence ou à l'illégalité. Nous choisissons l'illégalité, qui est la fière tradition des écrivains, des penseurs, des savants, des poètes, de notre pays sous les régimes d'oppression, la tradition des Encyclopédistes, sous la royauté, des pamphlétaires et des journalistes républicains sous la Restauration et l'Empire [1].

Jacques Debû-Bridel dressera le constat en quelques mots :

> Ce fut un scandale de l'époque que de trouver au sommaire des revues et des périodiques au service de l'ennemi tant de signatures réputée honorables. Ecrire aux côtés de agents nazis, c'était sinon trahir du moins couvrir et achalander la trahison [2].

Cette position, en clair : refuser de publier sous l'Occupation va mettre nos trois amis en situation délicate avec le Parti, en la personne de son poète emblématique, Aragon.

Aragon est à Nice, dans la zone Sud, non occupée, où il travaille aux côtés d'Elsa. Aragon prône une littérature de résistance subreptice, qui consiste à dire des choses interdites avec des mots « autorisés », qu'il qualifie de « littérature de contrebande ». Mais apparemment aucun de ces ouvrages publiés sous la botte et la censure nazies ne porte en soi l'équivalent romanesque d'un ferment de révolte contre l'occupant que développent Politzer, Decour et Solomon dans *La Pensée libre.*

---

1. *La Pensée libre*, n° 1.
2. Jacques Debû-Bridel, *Les Éditions de Minuit*, Minuit, 1945.

Le grand poète français René Char, lui, dès l'entrée des nazis en France, fit un autre choix ; il troqua sa plume contre une mitraillette et prit le maquis.

Aragon va entrer dans la lutte contre les Allemands avec sa poésie : en 1939-1941, *Le Crève-cœur* connaît un grand succès ; en 1942, *Brocéliande*, qui me semble être une longue déploration égotique sur l'état de la France, la « drôle de guerre », l'exode et les premières victimes de la guerre. Un vers m'interpelle : « *Je* n'ai pas perdu ta mémoire à toi non plus philosophe aux cheveux roux », voici peut-être le seul vers d'Aragon mal foutu, à la limite pas français... Dans ce vers où il évoque Georges, le poète se met surtout en scène avec un *Je* monumental. On perçoit plus l'olifant du héraut que son souffle... plus le procédé narratif que l'épopée du héros... Celui qui ne chante pas l'Histoire, mais qui la fait. Puis en 1943 Aragon écrit *Le Musée Grévin*...

Je garde une grande admiration pour certains de ses romans, torrents de pages écrites dans une langue française d'une rare beauté.

En janvier 1941, à Nice, Aragon reçoit donc la visite de Georges Dudach, jeune homme qui a suivi les cours de l'Université ouvrière. Devenu le secrétaire de Politzer, il assure ce jour-là le contact avec le poète et, répondant aux questions qui fusent, il fait part à Aragon, avec une certaine réticence, du contenu de *La Pensée libre* en cours d'élaboration où l'injonction est faite aux écrivains de ne pas publier sous la botte nazie. Dudach retourne dans la capitale ; il doit revenir bientôt chercher Elsa et Aragon qui, en tant que porte-parole du Parti, va monter à Paris pour faire cesser cette orientation de *La Pensée libre*, qui le vise lui aussi parmi tant d'autres écrivains.

Le voyage vers la capitale a lieu à la mi-juin. Au poste « douanier » de La Haye-Descartes, les Allemands sont en effervescence ; leur armée est entrée en Russie la veille. Les trois voyageurs, sans être reconnus, sont arrêtés, transférés et emprisonnés à Tours durant trois semaines.

C'est le 20 juillet, dans l'atelier du sculpteur Lipchitz, occupé par le peintre Édouard Pignon, que la rencontre a lieu. Elle réunit Politzer, Decour, Dudach, Danielle Casanova, Aragon et peut-être un ou deux autres témoins, disparus aujourd'hui et qui n'ont laissé aucun témoignage de cette entrevue. Édouard Pignon et son épouse Hélène Parmelin sont gentiment priés de disparaître.

La réunion est orageuse, Aragon, au nom du Parti, met en cause la « ligne politique » de *La Pensée libre*. Il lui oppose sa « littérature de contrebande ». L'affrontement est très rude. Des échos glanés plus tard, çà et là, au fil de correspondances variées, ont donné le ton de cette bataille politique.

Lors de cette réunion, Aragon semble obtenir que soit stoppée la rédaction du numéro 2 de *La Pensée libre*. L'idée d'un nouveau journal est lancé : *Les Lettres françaises*. Ce journal, Jacques Decour en mûrit, lui, le projet depuis quelque temps : hélas, il ne verra jamais naître ses *Lettres françaises*.

Il me semble qu'Aragon aura la rancune tenace envers Georges ; en 1943, dans un texte écrit pour *Les Étoiles* [1],

1. *Les Étoiles*, l'équivalent dans la zone Sud des *Lettres françaises*, est créé fin 1942. Dirigée par Prévost, Aragon, Sadoul et d'autres écrivains, cette revue clandestine dénonce les crimes de Vichy et du nazisme.

Aragon cite comme exemple de philosophe victime du nazisme Bergson. Bergson, pourtant très attiré par le catholicisme, a refusé de se convertir afin de « rester parmi ceux qui seront demain des persécutés [1] ». Il a été en effet inquiété par les nazis, qui l'ont convoqué au siège de la Gestapo, afin sans doute de lui infliger le port de l'étoile jaune, convocation à laquelle il a refusé de se rendre. Les nazis n'ont pas osé arrêter le vieil homme considéré comme le plus grand philosophe européen : celui-ci a vu alors se détourner de lui tous ses collègues de l'Académie française. À sa mort à 81 ans, en janvier 1941, seul académicien, Paul Valéry a suivi son cercueil. Bergson, homme courageux hissé au rang des victimes du nazisme par Aragon, est le philosophe dont les idées furent combattues par Georges Politzer, victime, lui, de la barbarie nazie, qu'Aragon, ce jour-là, laisse dans l'oubli.

En octobre 1941, Pierre Lescure et Vercors sont chargés de préparer une nouvelle formule de *La Pensée libre*, moins « partisane et militante », qui réunirait un texte de Jacques Debû-Bridel, monarchiste, un de Jean Blanzat sur Montherlant, un poème d'Aragon, et un de Jean Bruller (Vercors) qui écrit « Le silence de la mer ». Une descente de la Gestapo à l'imprimerie London anéantit l'entreprise.

Politzer, Decour et Solomon, eux, ne renoncent pas à publier le numéro 2 de « leur » *Pensée libre* qui paraîtra le mois même de leur arrestation. Il comporte plus de cent pages, des articles radicaux sur des positions très éloignées des « souhaits » d'Aragon. Il passe inaperçu ; il est

1. Cité par Henri Gouhier dans *Bergson et le Christ des Évangiles*, Vrin, 1999.

tiré à deux cents exemplaires. Le Parti communiste étouffera cette édition oubliée de tous. Ce numéro 2 de *La Pensée libre* est constitué de quatre parties : « La lutte pour la liberté », « Mythes et ersatz dans la littérature », « Études et chroniques » et « En Union soviétique ».

Un appel aux intellectuels de tous bords précède les articles. L'éditorial titré « Témoignage » dénonce l'assassinat par les nazis du poète Saint-Pol Roux [1], les massacres d'otages, la poignée de main de Montoire, mais encore l'arrestation de Paul Langevin et la répression de la manifestation du 11 novembre, l'annexion de l'Alsace et de la Lorraine, les fusillades, la mort de Lucien Sampaix, de Gabriel Péri au Mont-Valérien, et clame : Hitler ne vaincra ni par les armes, ni par le mensonge, ni par la peur. Politzer, Decour et Solomon exaltent dans ce même article la résistance des troupes soviétiques aux « barbares » nazis qui déferlent sur le sol russe. Un autre article de *La Pensée libre* rendra hommage aux fusillés de Châteaubriant du 22 octobre 1941.

Le second chapitre, intitulé « Mythes et ersatz dans la littérature », est composé de deux articles, signés Joseph Delorme et Sorbon. Il semble bien que le premier, consacré à la littérature française, domaine que connaît particulièrement bien Jacques Decour, soit de sa plume [2]. Politzer, lui, rédige « L'unification de l'Europe et la théorie des grands espaces économiques ». Il combat à nouveau Rosenberg et fustige

1. Poète symboliste admiré des surréalistes.

2. Pierre Favre, *Jacques Decour, l'oublié des lettres françaises*, *op. cit.*

son art de truquer les mots… et démonte la toute-puissance de la démagogie, avec le même ton cinglant qu'on lui connaît.

Le numéro se poursuit en débusquant, dans « Études et chroniques », la « faune de la collaboration », article signé par un « Philippe le Bel » qui ne peut être que de Decour. Puis dans un article bref, « Chez les barbares », non signé bien sûr, Jacques Solomon s'attaque à ce que « l'hitlérisme a fait de la science », « aidé par quelques professeurs de Berlin, mathématiciens plagiaires et charlatans ».

L'Union soviétique occupe le dernier quart de la revue. C'est à une présentation des hommes de ce vaste pays que se livrent les auteurs, répondant en cela à un désir exprimé ailleurs de connaître ce nouvel allié que l'attaque de Hitler sur le front de l'Est vient de faire entrer dans la lutte contre le nazisme.

Decour, Solomon et Politzer, avec obstination, ont retrouvé leurs marques, enfoncé le clou, envers et contre tout. Cela force le respect.

30.

La mort

Le piège s'est refermé sur le groupe Politzer-Pican. La planque « Victoire III », investie par la police française, devient une souricière entre le 15 février et le 2 mars 1942.

Parmi tous les résistants arrêtés, les hommes sont transférés à la Santé ; entre les mains de la Gestapo : Georges Politzer, Jacques Decour, puis Jacques Solomon... Maï, Marie-Claude Vaillant-Couturier, Hélène Langevin ainsi que Danielle Casanova partent pour la prison du Cherche-Midi, boulevard Raspail, aujourd'hui disparue, puis pour le dépôt et sont enfin conduites à la Santé.

Jean Cocteau, écrivain poète mondain, demandera à Drieu La Rochelle d'intervenir auprès des autorités d'occupation qu'il fréquente afin que Georges Politzer soit sauvé : il sera sèchement éconduit.

À la Santé, Jacques Decour marque ses gamelles d'un poussin, « gravé » dans la tôle ; un jour il y en eu deux : Maï était arrivée à la Santé. Pierre Daix [1],

1. Pierre Daix (né en 1922) : membre du PCF à l'âge de 17 ans, il crée en juillet 1940 une association étudiante qui sert de paravent à l'Union des étudiants communistes, clandestine.

étudiant communiste emprisonné, surnommé « Kalfator », auxiliaire d'étage parce qu'il parle allemand, sert de liaison, transmet des messages à Maï, donne à Georges des nouvelles du front russe qu'il glane sur le *Pariser Zeitung* que le sous-officier laisse traîner... Il demande à Politzer s'il doit dire aux femmes la vérité sur l'avance foudroyante des armées nazies vers Kharkov en URSS. « Les camarades ont droit en toutes circonstances à la vérité [1]. » Un SS aimait à provoquer Politzer ; Georges, après avoir expliqué au SS comment Hitler perdrait la guerre à coup sûr, éclatait d'un rire tonitruant qui se répercutait dans les couloirs.

Georges, entravé jour et nuit, attaché à son lit par des menottes trop serrées, voit ses membres se couvrir d'anthrax. Il communique par les tuyaux des cabinets avec ses camarades, « fait passer des messages, nous explique des problèmes philosophiques, avec son intelligence claire et lucide ».

> Une fois, une vive et belle discussion s'engagea entre Danielle Casanova et le catholique que nous appelions Cincinnatus. Politzer entendait la discussion. Ce fut encore par le trou des waters que montèrent jusqu'à moi ses idées, ses conceptions, sa pensée. [...] Un autre jour, pour nous secouer et remonter notre moral, Politzer eut une idée géniale. Il me fit demander à Danielle Casanova de chanter ; Danielle – jamais personne ne chanta aussi faux – entonna « La Bergère Francinette » et du haut en bas de la Santé, ce ne fut plus qu'un éclat de rire d'écolier [2].

Arrêté, il est envoyé dans le camp de Mauthausen, au sein duquel il participe à la résistance internationale clandestine.

1. Pierre Daix, *J'ai cru au matin*, Robert Laffont, 1976.

2. Camille Samson, cité par Pierre Durand, *Danielle Casanova. L'indomptable*, Le temps des cerises, « Fonds Messidor », 1997.

Puis vint le temps des tortures.

À l'officier nazi qui lui demande s'il connaît les noms des responsables du terrorisme, Politzer répond : « Oui, les deux plus grands terroristes qui agissent en France sont Stülpnagel et Pétain [1]. »

C'est par une curieuse rencontre racontée par un ami commun de Georges et de Gyula Illyés que nous est parvenu le témoignage qui suit. Cet ami du poète Illyés rencontre en 1942 dans la région de Marseille un inspecteur de police en route pour sa Corse natale qui vient de donner sa démission.

Ses nerfs par ailleurs solides ne supportaient plus le spectacle des tortures infligées aux hommes de gauche et aux résistants, auxquelles ses fonctions l'obligeaient à assister. C'est tout particulièrement le supplice d'un intellectuel, un professeur aux cheveux flamboyants, qui avait déterminé sa décision :

> – Le prisonnier avait supporté les souffrances les plus inhumaines sans fléchir. Ses bourreaux n'étaient pas parvenus à lui tirer un seul mot ; il était évident pourtant qu'il en savait long. À plusieurs reprises il avait perdu connaissance sous les coups. Mais chaque fois qu'il reprenait ses esprits, ses yeux au milieu de son visage ensanglanté reflétaient la même volonté, le même mépris. Ce regard était insoutenable, même pour le bourreau. C'était vraiment un homme extraordinaire.
>
> – Comment s'appelait ce professeur ? avait demandé l'ami.
>
> – Georges Politzer [2].

---

1. Rapporté par J.-F. Revel.

2. Gyula Illyés, « Le chemin d'un philosophe », *Les Lettres françaises*, 13 mai 1947.

Gyula Illyés se rappelait alors une curieuse discussion qu'il avait eue avec Politzer :

> Nous nous demandions si une philosophie digne de ce nom pouvait être autre chose qu'une doctrine qui confère une sécurité intellectuelle pour la vie, qui détermine une attitude digne de l'homme jusqu'à la mort et peut-être au delà. Politzer avait commencé par l'ironie et le scepticisme, critiquant toutes les valeurs, méprisant les lieux communs [1].

Gyula Illyés conclut : « C'est grâce à la force de sa philosophie qu'il est devenu un héros auréolé de légende. »

LA MORT avant la mort
Douceur/douleur, peau
Fulgurance, écrasement, os, bris, terreur,
Visage, plaies, crâne, bosses,
Yeux, fusillent, bleu,
Terre, terreau, poussière,
Feuer !
Quitter la terre.
Douleur :

D'abord la peau, caressée, palpée ; lien premier au monde, nature, amour, baisers, chaud, froid ;

douleur/douceur, douleur car douceur ; tentation d'énoncer les mots qui font mal : déchirure… non ! simplement mémoriser le couple douceur/douleur, dans cet ordre.

Peau. Rouée de coups, boursouflée, tuméfiée, lacérée. Couleurs, sales : blanc, rouge, noir.

Os, dans sa gangue de chair douleur/fulgurance, à perdre la raison et le souffle, chocs, écrasement

1. *Ibid.*

– écrasement, mot sonore, prononcer lentement en séparant les syllabes – bruit mat, brusque irruption de ce qui n'est jamais vu, le blanc polarisé de l'Os brisé : terreur, bris, le « r » qui se casse net ; au-delà du dicible. Folie

Puis le visage.

Masque parcheminé, bouche édentée, ouverte, cherche l'air à grandes goulées… Le crâne, l'intelligence, le siège de la révolte, de ce qui se bat et s'oppose, ce que le bourreau doit soumettre, ou anéantir. Ce qui profère, refuse, insulte ; ce qui ne se taira jamais. Plaies et bosses, plaies, c'est un mot qui s'ouvre béant ; bosse, mot qui se boursoufle, gonfle et se multiplie.

Et les yeux.

Au creux sombres, la vie brûle sa dernière énergie ; calots gris bleus, ils pétillent encore, méprisent, bravent, provoquent encore, fusillent ; pour le bourreau le regard qui le traverse est le segment brûlant de sa défaite : inacceptable.

La mort.

Une petite chapelle posée sur la crête d'un amphithéâtre boisé ; un mauvais chemin descend dans la clairière ; humide la chapelle, un enduit de plâtre sur les murs, une ouverture au pignon, face à la porte en bois ; terre battue au sol.

Terre battue ; deux mots qui vrillent hors du discours, et se chargent en une fraction de seconde de tous leurs sens : terre, terreau, poussière ; mourir debout, derniers instants – je ne peux pas – *Feuer !* – rien que de l'écrire on en frissonne – dernier mot entendu avant de s'affaler sur cette couche…

Quitter la terre, humus, dernière litière. « […] Je me considère un peu comme une feuille morte qui tombe de l'arbre pour faire du terreau. La qualité du terreau dépendra de celle des feuilles ; je veux parler de la jeunesse française en qui je mets tout mon espoir [1] », écrit une dernière fois Decour.

La mort au creux de cette clairière ; j'en ai reconstitué chaque menu moment, j'en vois chaque micro-détail qui s'enchaîne au suivant – vous n'imaginez pas à quel point je les perçois – et qui forme le récit d'une violence absolue que j'habite.

Couleurs sombres, cuir noir, reflets, ordres aboyés, secs ; images, images… Non ! Ici je perçois les odeurs, les souffles, les mécanismes des cerveaux sous le casque, le frémissement des mains sur la crosse, le vide de l'âme, abyssal durant un instant. Mais pour montrer le contrechamp, le récit s'esquive.

Durant des jours, j'ai laissé la peinture, les griffures de l'encre de Chine, prendre la place des mots ; de grands dessins aquarellés à déchiffrer, images sans image ; là, j'entends les blancs soupirs de douleur, les chants, les derniers cris, d'amour, de haine ; le « Je vous fusille tous ! » hurlé par Georges à ses bourreaux sous la torture a-t-il claqué sous les balles avec la Marseillaise dernière ?

Cela a eu lieu à telle heure, tel jour, à tel endroit.

Rien ne peut changer, ce moment d'éternité existe en dehors de toute expression.

La fin d'une étoile.

Les millions de neurones explosent, projetant des éclats d'intelligence qui s'éteignent brusquement ; le froid se répand, l'étoile s'affaisse. La lumière de l'astre mort brille dans son œuvre, à notre portée.

1. Dernière lettre de Jacques Decour.

« TOMBE DE GEORGES POLITZER »

Le vent qui souffle, la graine qui germe, le doux
 murmure
De la vie des feuilles étreinte par la vie de l'azur,
Et ces vers luisants sur les prés qui disputent aux
 étoiles
Le brûlant velours d'une nuit de septembre, et cette
 voile
Latine sur une barque au large aimée d'un goéland.
Tu n'as pu, tu n'as pu passer tout à fait ni pour
 longtemps
Tu vis. Tu n'es mort que pour tes bourreaux. Tes
multiples tombes
L'étoile, la voile sont autant de victoires sur l'ombre
De la lumière reine – déjà elle les a ouvertes !
Tu renaîtras au gré de tes amis en frondaisons vertes,
En montagnes, en prairies constellées, en jardin où
 l'or
De midi chauffe le miel des calices d'été, en port
Tranquille où la barque à la voile latine jette l'ancre.
Ici repose… Mais à ton nom le ciel glisse dans l'encre.
Puis-je appeler des mots ces grandes silhouettes bleues
 et blanches
Agenouillées ?

Loys MASSON

Qui m'a donné ce texte imprimé, sans commentaire, ce poème dédié à Georges par Loys Masson, poète mauricien, chrétien, communiste, engagé dans la Résistance ?

Seule *L'Université libre* dans ses numéros 50 et 51 d'avril 1942 mentionna que Georges Politzer « a été torturé sur l'ordre et sous les yeux de l'abject Pucheu ». Georges Politzer est mort le 23 mai 1942 ; ce n'est qu'en octobre 1942 que *L'Université libre* apprend son exécution et publie dans le numéro 70 ce texte court :

Nous venons d'apprendre que notre ami Georges Politzer a été livré au bourreau nazi après avoir été sollicité à plusieurs reprises par des officiers de la Gestapo, pour travailler avec eux à réformer la jeunesse française ; ils lui promettaient la libération pour lui et pour sa femme et une vie large et heureuse. Et afin que les promesses soient encore plus désirables, il a été enchaîné du premier jusqu'au dernier jour de détention les mains dans le dos avec les menottes nuit et jour ! Ses réponses lui valurent la mort.

31.

De Romainville à Auschwitz Matricule 31681

Le 9 juin 1942, Maï et ses compagnes quittent la Santé pour la rue des Saussaies ; au numéro 11 se trouve le siège de la Gestapo, police politique des nazis, où le commissaire David, chef de la BS1, a son bureau. Elles vont être mises en cellule durant un mois et demi puis transférées au fort de Romainville. Situé sur la commune des Lilas, il fait partie des mêmes fortifications que celles qui s'étendaient devant chez moi, rue Jules-Lemaître. L'occupant l'a transformé en pénitencier : miradors, barbelés… mais au loin on voit Paris, et il y a des arbres, le ciel est vaste et les détenues ont droit de se « promener » quelques heures. Elles peuvent apercevoir au loin les familles qui montent au camp leur apporter des colis. Je suis vêtu de mon habit de marin anglais, tout blanc, afin que Maï puisse me distinguer parmi les « promeneurs » qui arpentent les talus des fossés.

C'est de Romainville que Maï a réussi a faire passer cette lettre ; d'autres l'avaient précédée, que nous n'avions pas reçues :

Mes grands chéris,

Je crois que cette fois-ci vous allez recevoir ce mot. Je vous ai envoyé de la Santé des petites lettres clandestines, mais je vais vous redire ce que je vous disais dans la précédente lettre.

Notre Georges avant d'être fusillé a pu passer vingt minutes environ dans ma cellule. Il était sublime, jamais son visage n'avait été aussi lumineux, une grandeur que je ne puis traduire l'élevait au-dessus des hommes. Un calme rayonnant se dégageait de lui, et toute son attitude était impressionnante, même pour ses bourreaux. Il m'a dit tout son bonheur de mourir pour son Parti et pour la France, il était particulièrement heureux de mourir sur le sol français, vous savez combien cela comptait pour lui. Surtout que dès le premier jour on lui avait dit qu'il serait jugé et fusillé en Allemagne.

Vous savez sans doute qu'il n'a pas été jugé mais fusillé comme otage à la suite d'un « attentat » contre un lieutenant allemand, disaient-ils. Au fait, ils avaient peur de n'avoir pas suffisamment de preuves pour le condamner à mort, car chez nous ils n'ont rien trouvé de sa main. À plusieurs reprises les officiers de la Gestapo lui ont demandé d'accepter de travailler à réformer l'intelligence de la jeunesse française, lui promettant notre libération immédiate et une vie longue et heureuse « pour notre famille » ; ils ajoutèrent qu'un autre savant français n'avait jamais eu à le regretter. Vous imaginez sa réponse puisqu'il est mort. Ils lui ont donné huit jours pour réfléchir. Puis un jour il a été appelé et ayant maintenu sa position, on lui a répondu qu'il serait fusillé dans les jours qui suivaient.

Trois jours après il a été fusillé au Mont-Valérien. On est venu le chercher dans sa cellule à six heures du matin.

De ma vie je n'oublierai le bruit des bottes qui m'ont réveillée en sursaut. Sa cellule était presque face à la mienne et par les W.C. nous parlions depuis le premier mai toute la journée. Malheureusement j'ai passé huit jours au cachot pendant ce mois à la suite de mon interrogatoire. J'y avais déjà passé trois jours. Le 23 mai à 7 heures il a été amené dans ma cellule, je croyais que tout était fini. Vous imaginez ce qu'a été ce moment. Merveilleusement grand et calme. J'ai su qu'il n'a été fusillé que vers deux heures de l'après-midi, ils ont chanté la Marseillaise jusqu'au bout.

Pendant qu'il était dans ma cellule l'aumônier est venu lui demander s'il désirait quelque chose, Georges a demandé qu'on lui donne à manger. J'ai su depuis qu'on leur a donné un repas et qu'ils ont fumé toute la matinée.

Le 30 mai c'était le tour du pauvre Daniel Decourdemanche. J'ai pu aussi lui parler un peu par les W.C. Ils ont tous été sublimes. Malheureusement j'ai vu partir beaucoup des nôtres, dont certains qui étaient encore des enfants de 17, 18 et 19 ans. Ils étaient tous des héros – notre parti peut être fier de ses fils, ils meurent tous en héros. Georges a été enchaîné dès le premier jour jusqu'au dernier moment, les mains au dos avec les menottes nuit et jour. Ses menottes lui ont provoqué une infection, il a eu des anthrax qui l'ont fait souffrir pendant deux mois.

Il a été sauvagement battu au nerf de bœuf et à la matraque, sur tout le corps et en particulier sur les parties. Il a certainement eu le bras cassé par les coups car il avait le jour où je l'ai vu, un os au poignet qui déformait complètement son bras.

J'ai pour mon compte été particulièrement ennuyée par les sauvages. J'ai été gardée seule en cellule à la Santé, sans livre, sans colis, sans promenade, pendant cinq mois. Après la mort de Georges on m'a mise un mois avec une femme de droit commun puis on m'a remise seule. Pour des riens on me punissait. J'ai été privée de soupe trois fois, pour cinq jours chaque fois. J'ai été en même temps privée de lit chaque fois pendant cinq jours. Puis envoyée deux fois au cachot ; le cachot est une toute petite pièce absolument noire, sans fenêtre aucune et totalement nue, sans paillasse sans couverture et avec des souris. J'ai très bien supporté tout cela, mais le manque d'air faisait qu'on me trouvait presque chaque matin évanouie. Le docteur m'a enfin examinée et m'a dit que j'ai quelque chose au poumon, mais ce doit être pour me faire parler qu'il m'a dit cela, car il a ajouté, si vous parliez je pourrai faire quelque chose pour vous. À la Santé j'ai eu une crise de foie et une autre ici. Ici cela m'a valu qu'on me donne un régime, au lieu de l'horrible soupe aux choux, on me fait des légumes. Le soir nous n'avons qu'un sixième ou un cinquième de boule de pain suivant les jours, et une cuillérée de confiture. On crève de faim, mais n'envoyez rien pour le moment car le secret n'étant pas levé, nous ne recevons absolument rien des familles.

Mon amie Danielle Casanova me propose de vous envoyer tous les trois en Corse chez sa mère. Si on vous le propose acceptez car la Gestapo nous a menacés Georges et moi d'envoyer Michel en Allemagne où ils l'élèveront jusqu'à 21 ans. S'ils ne le font pas encore, ils risquent de le faire un jour. Nous commençons à savoir qu'ils tiennent beaucoup de leurs promesses. Aussi n'hésitez pas à mettre le petit à l'abri et même vous-mêmes à l'abri si c'est possible.

Ici au Fort de Romainville nous sommes beaucoup mieux qu'à la Santé à cause de l'air. Nous sortons dans la cour deux heures par jours. Nous sommes quarante dans un dortoir. Je suis avec Hélène, Danielle et Marie-Claude ; nous faisons des causeries, des conférences, des leçons d'allemand, de chant, de danse, de diction.

En ce moment j'apprends le Fandango aux autres.

Le moral est chez toutes, magnifique.

Mon seul souci est vous trois, que devenez-vous ? mes anges, que mangez-vous ? avez-vous de l'argent ?

Je croyais avoir un mot de vous hier. Je vais l'avoir peut-être ce soir.

J'ai reçu les affaires de Georges, le chandail bleu, ma jupe plissée et une robe noire.

Je n'ai pas eu froid sauf au cachot, ils me faisaient faire de la gymnastique pour me réchauffer. Mes chéris ayez beaucoup de confiance. « Nous nous retrouverons bientôt ». Nous ne nous quitterons que si nous partons en Allemagne. En tous cas je vous reviendrai.

Je vous embrasse de tout mon cœur.

Avant cette lettre, nous avions reçu deux précieux cadeaux : un sou troué transformé en chapeau de marin à pompon rouge confectionné avec des laines de couleurs et une poupée de chiffon, cousue, bourrée de paille. Je reparlerai de la destinée de ce précieux cadeau, dernier lien qui me rattachait à ma mère, et dont le souvenir m'obsède toujours.

Le 24 janvier 1943, le fort de Romainville est entièrement vidé et les deux cent trente détenues sont dirigées vers Compiègne où, après quarante-huit heures, elles sont emmenées en camion vers la gare.

Voyage vers le blanc.

Odeur de grésil des ballasts.

Wagons couleur brique lettres blanches au pochoir, chiffres énigmatiques, repère du cheminot, marquage typographique sur le bois du cercueil roulant.

Wagons à bestiaux, bruns plombés, le capo compte, les femmes se tassent, serrées, la page du bloc se remplit de soixante bâtonnets, tourne la page, bruit du papier, léger, la porte glisse lourde, grince, choque le montant, le noir se fait. Entrevue la tinette au milieu du wagon.

Soixante femmes,

Je regarde le visage de Maï, cette douceur rare, cette peau blanche dont Henriette Nizan disait qu'elle n'en avait jamais rencontré d'aussi exceptionnelle que chez Lana Turner… à Hollywood.

Ce que la prison, le cachot, les brimades, les coups le deuil et les privations n'ont pas pu réussir à briser en elles, les salauds avec ces wagons ont trouvé le moyen de l'anéantir en instaurant le premier maillon de la chaîne de déshumanisation.

Bestiaux vous serez !

Trois jours, sans boire, ni manger, trois jours dans un froid glacial, trois jours dans ses excréments, dans sa peur, toute dignité abolie, bête mise à nu, déjà la mort se faufile, libère les plus faibles de l'horreur.

« Comme nous demandions aux soldats lorrains enrôlés dans la Wehrmacht qui nous gardaient si l'on arrivait bientôt, ils nous ont répondu : si vous saviez où vous allez, vous ne seriez pas pressées d'arriver », témoigna Marie-Claude Vaillant-Couturier au cours du procès de Nuremberg [1].

Soixante-treize jours après leur arrivée à destination, le camp d'Auschwitz, les deux cent trente femmes ne seront plus que soixante-dix survivantes. Seules quarante-neuf en reviendront.

Arrivée

Un petit matin, 27 janvier 1943,

les crissements du convoi sur les rails gelés déchirent les tympans,

1. Le 20 novembre 1945 s'ouvre le procès qui juge 23 des principaux chefs nazis. Il va durer 10 mois et 10 jours. Verdict : 12 condamnations à mort, 3 peines de prison à vie, 4 peines de 10 à 20 ans, 3 acquittements. Marie-Claude Vaillant-Couturier, résistante, amie de Maï et rescapée, témoignera à ce procès.

wagons déplombés, bruit des pinces coupantes, les portes glissent enfin,

lumière blanche, ou grise, clignement des yeux, égarés,

coups de crosses, témoigne Marie-Claude, sur les épaules, les reins, sans nous frapper, se souvient Hélène, « *Schnell, schnell !* », ordres hurlés,

poussée à travers l'immense plaine glacée qui sépare Auschwitz de Birkenau, la file s'étire,

chacune traîne son bagage dit Marie-Claude

Moi, je vois pour toujours cette image breughélienne, ces silhouettes sur le blanc du sol gelé

« Vernichtungslager » camp d'anéantissement, sur un écriteau

« La Marseillaise ! » explose sous le porche d'entrée

panique dans le rang des nazis, la révolution arrive

Maï, à qui Hélène a confié un bout de pain, pendant la séance de tatouage du matricule, l'échange contre un chandail, à une fille affamée ; Hélène n'a pas dit à Maï qu'elle avait caché son alliance en platine dans le quignon de pain…

Maï : matricule 31681

Marie-Claude égrène la longue litanie de l'horreur devant ses bourreaux :

« […] On nous a rasé la tête, on nous a tatoué sur l'avant-bras gauche le numéro de matricule… nous étions nues sous le regard des SS [1]. »

« Nous habitons dans le bloc, dormons sur un batflanc de deux mètres sur deux, neuf femmes côte à côte »

Sans paillasse ni couverture la première nuit

1. Témoignage de Marie-Claude Vaillant-Couturier au procès de Nuremberg.

Dysenterie, lever recoucher lever recoucher toute la nuit

Nuit blanches

Appel

Debout ! les coups de gourdin pleuvent à 3 heures et demie du matin jetées dehors pour l'appel

Impossible de s'y soustraire

En rang par cinq debout durant plus de quatre heures

« les *Aufseherinnen* nous comptent et frappent, fendent les crânes »

Travail

« Nous construisons des routes, assainissons les marais, nous enlisons

sous les crocs des chiens ; femmes et hommes SS, qui nous battent à coups de gourdin, ont des chiens qui déchirent nos jambes ; un chien dévore une femme sous les rires de son maître SS

le seul accès au seul robinet d'eau, non potable, pour mille deux cents détenues nous fait passer devant une garde des détenues de droit commun qui nous bat effroyablement.

À la matraque »

« Nous sommes sales, notre linge est sale

durant trois mois sans pouvoir le laver

dans une poignée de neige ; nous nous lavons

puis « [...] quand nous allions au travail, dans la même flaque d'eau sur le bord de la route, nous buvions, nous lavions notre chemise ou notre culotte [1] ».

Je dois continuer à donner la parole à Marie-Claude, elle témoigne, elle parle au nom de toutes ses

1. *Ibid.*

compagnes, au nom de tous. Cette grande dame que j'ai croisée parfois au cours de commémorations m'intimidait un peu, avec ses grands yeux bleus ; je l'entends encore prononcer simplement « Michel » en penchant la tête ; son sourire était plein de tendresse pour moi.

Ce témoin au front immense sous une chevelure blanchie se dresse dans ce tribunal, devant ses bourreaux réduits. Elle assène les faits, rien que les faits ; elle dit l'horreur absolue infligée par des hommes à d'autres hommes, par des femmes à d'autres femmes.

C'est elle qui doit parler, sœur de Maï, de Danielle, elle a tout enduré, elle a tenu pour, à cet instant, être là :

> Ce 5 février 1943 à 3 heures et demie tout le camp a été réveillé et envoyé dans la plaine jusqu'à 5 heures du soir sous la neige sans recevoir aucune nourriture, puis, lorsque le signal a été donné, nous devions passer par la porte une à une, et l'on donnait un coup de gourdin dans le dos, à chaque détenue, en passant, pour la faire courir. Celle qui ne pouvait pas courir parce qu'elle était trop vieille ou trop malade était happée par un crochet et conduite au bloc 25, le bloc d'attente pour le gaz. Ce jour-là, dix Françaises dans notre transport ont été happées ainsi et conduites au bloc 25 [1].

Le 2 février 1943, les Allemands perdent la bataille de Stalingrad.

On m'a volé mes chaussures.

Sans chaussures c'était des plaies parfois incurables, c'était la mort.

---

1. *Ibid.*

« Les internées juives qui allaient à l'appel sans chaussures étaient immédiatement conduites au bloc 25… on les gazait pour n'importe quoi [1]. »

Le Revier

Le bloc où l'on met les malades, avec autorisation du chef de bloc… on attend en colonne devant la porte… si un SS juge, en passant, que la colonne est trop longue, il peut ramasser toutes les femmes qui attendent et les envoyer au bloc 25… c'est-à-dire à la chambre à gaz.

Revier, ne pas imaginer Hôpital

Couchée dispensée d'appel, les malades sont à quatre dans un lit de moins d'un mètre… paillasses souillées, pourries… le trajet le plus court : Revier, bloc 25

Entrée au Revier pour ses compétences médicales ainsi que Danielle Casanova, Maï attrape le typhus et meurt le 6 mars 1943.

J'ai refusé des années durant d'associer l'image de Maï à cet enfer. Tout en moi s'y refuse encore.

1. *Ibid.*

32.

Michel a survécu

Juin, peut-être, 1943 sûrement, le curé de la paroisse de mon quartier de la porte de Saint-Mandé, église de la rue du Rendez-Vous, accompagné d'un autre prélat, vient un soir sonner à notre porte.

Mon lit est dans la salle à manger contiguë à l'entrée. Dans un demi-sommeil, j'entends les voix ronronnantes de ces hommes en noir que j'aperçois à travers le voilage de la porte vitrée. Ils demandent à ma grand-mère avec une insistance perverse et des sourires confits de les laisser m'accueillir au plus tôt dans le giron de l'Église, en bref de me baptiser, maintenant que mes suppôts de Satan de parents ne sont plus là pour s'y opposer.

Ma petite grand-mère basque, croyante convaincue, s'arc-boute, têtue, inébranlable, sur la promesse qu'elle a faite à Georges et à Maï de me laisser ma totale liberté de conscience. Ils insistent, argumentent. Elle les éconduit sèchement. Nous n'entendrons plus jamais parler d'eux.

Les nazis ont menacé Georges de m'enrôler dans les Jeunesses hitlériennes (révélé par la dernière lettre de Maï). On commence à me protéger puis on me retire de l'école ; je suis accueilli par des militants, de 1943 à 1944, dans l'Yonne, puis en Belgique, enfin départ pour Montoire avec les grands-parents, oncle et tante, où j'assisterai à la Libération, à l'entrée des chars américains, et des camions GMC sous lesquels on se glisse, à l'arrêt, pour attraper les étuis de cinq cigarettes, les rations de soldats, boîtes de corned-beef, chocolat et biscuits… que nous jettent les GI.

En attendant, dans l'Yonne, réfugié, planqué, sous le soleil de l'été 1943, bouteille à la main, je récolte des colonies de doryphores qui menacent de destruction massive tous les plants de patates du pays. J'apprends l'ombre trompeuse du noyer. Je fais avec délice, sans m'attarder sur mon sort, l'apprentissage de la campagne. De la méchanceté des gosses aussi : « Parigot tête de veau, poil de balais de chiottes », cheveux roux obligent…

Montoire, sinistre télescopage de l'Histoire et de ma propre histoire. Le hasard a fait naître ma tante Jeannette, épouse d'André, frère aîné de Maï, dans la ville où Pétain va serrer la main de Hitler en signe de capitulation de la France le 24 octobre 1940 ; nous y passerons les derniers mois de la guerre.

L'instituteur n'a pas voulu prendre le risque de m'accueillir en classe ; livré à moi-même, libre comme jamais, je construis des cabanes, je navigue en radeau sur le Loir, j'y rejoue la guerre des boutons dans les souterrains du château avec les gosses de Brest, réfugiés après les bombardements qui ont dévasté leur ville.

Moment insolite : les troupes allemandes vont faire sauter des trains de munitions en gare de triage ; ordre a été donné à tous de rejoindre les caves du château de Philippe Auguste perché sur la colline qui longe la rivière. Mlle Huppenoire, notre logeuse, vieille fille droit sortie d'un roman de Balzac, affolée, s'est obstinée à remonter chercher son bien le plus précieux, un énorme bocal de sucre. Nous l'attendons, ma grand-mère s'impatiente, grommelle en patois ; pâle figure tragique, la pauvre demoiselle apparaît, tache blanche silhouette noire, nous courons tous vers les caves creusées dans la falaise, traversons la place déserte. Les façades, le kiosque à musique, l'ombre portée des maisons et du clocher pointu dessinent dans ma mémoire une toile de Chirico ; nous franchissons le pont sur le Loir et brusquement la déflagration énorme ébranle le sol de la ville vidée de tout habitant. Mlle Huppenoire lâche son bocal, les blancs morceaux jonchent le sol ; Mlle Huppenoire toute petite, à quatre pattes, rassemblant son trésor, apporte une touche dérisoire à ce tableau surréaliste.

Libération. Le Parti communiste est à son apogée, il partage la gloire de la Résistance avec de Gaulle. De Gaulle qui, dans son discours d'Alger du 31 octobre 1943, a cité le nom de Politzer parmi « les plus grands », qui sauvèrent la « dignité de l'esprit ».

Des manifestations populaires de grande ampleur, commémorations et hommages aux héros du Parti morts pour la France se succèdent.

En ce jour dont j'ai oublié la date, dans des haut-parleurs puissants j'entends la voix blanche de l'enfant lisant un discours dans un Vel'd'Hiv plein comme un œuf. Cette voix, c'est la mienne. Moments de détresse : la tribune est dressée au milieu du vélodrome, grande, immense, elle accueille autour de Maurice Thorez, Jacques Duclos, Étienne Fajon, tout le bureau politique du Parti communiste, tous ses plus hauts cadres.

Les drapeaux forment un écrin au pupitre où se relayent des orateurs vibrants, qui déchaînent des applaudissements nourris, des cris de joie. Mon tour vient, je tremble de peur dans cette arène rendue au sport cycliste après avoir offert ses murs les 16 et 17 juillet 1942 à la grande rafle des Juifs. Les drapeaux rouges me cachent heureusement une partie de l'assistance ; dans un silence absolu je parle, gorge sèche, j'égrène des mots que l'on m'a prêtés pour la circonstance, j'entends cette voix qui me revient, légèrement décalée, la mienne, je suis tétanisé. Plus aucun autre souvenir de cette journée ; finalement mon cerveau a géré à merveille les connexions : je n'ai gardé de cet instant que ce qui renforce ma révolte. Je ne peux plus voir sans un malaise réel des enfants manipulés au service de combats d'adultes.

Après la guerre, ma grand-mère a trouvé un moyen éclatant de rendre hommage au sacrifice de mes parents tout en honorant la prise de la Bastille. Chaque 14 juillet, elle accrochait au balcon, en faisceaux, le drapeau rouge de la révolution communiste et le drapeau tricolore. Peut-être d'ailleurs les drapeaux anglais et américain faisaient-ils partie du lot, mais je ne me souviens que du malaise que je ressentais à être, dans tout le quartier, le seul enfant dont la famille affichait avec ostentation tout à la fois son amour de la République et son attachement au communisme. Je vivais mal cette distinction que m'infligeait ma petite grand-mère, qui me projetait durant une journée hors de mon sillon, à la vue de tous, orphelin, fils de héros communistes, résistants morts pour la France.

Je n'en voulais pas à la digne dépositaire de la mémoire de mes parents, je ne reniais rien de leurs combats, de tous leurs titres de gloire, j'en ai toujours eu une grande fierté, mais je n'appréciais pas d'offrir à tout le quartier ces moments de commémoration.

Je demandais avant tout du silence.

Dans l'atelier d'Édouard Pignon, je suis assis, tout jeune adolescent, fin des années 1940, sans doute, dans un fauteuil confortable, devant l'un de ses « oliviers ». C'est une toile verticale, pour moi gigantesque, elle dépasse d'un bon mètre la rambarde de la mezzanine ; je regarde travailler le peintre pendant tout un après-midi. Il ne me dit mot. Je suis écrasé de timidité, incapable de prononcer une parole. Hélène Parmelin me donne à goûter, je bois mon chocolat en regardant naître les formes rondes, balancées des cueilleuses d'olives, traits noirs, nerveux, sur fond vert cru, ciel bleu pur, je sais que j'assiste à un moment unique. De temps en temps, Pignon recule de quelques pas, se rapproche de moi, penche sa crinière blanche, regarde longuement sa toile et reprend son travail, la journée passe. Je dis au revoir, je pars sur la pointe des pieds des images plein la tête. J'ai assisté à l'empoignade violente d'un artiste du Nord avec le soleil de la Provence ; cet homme familier des combats de coqs, des corons, des puits de mines et par-dessus tout des gueules noires a soumis devant moi à sa vision la nature torturée, éblouissante, du pays de Mistral. J'apprendrai ensuite que dans un atelier du sculpteur Lipchitz occupé par Édouard Pignon, Georges Politzer et Aragon s'empoignèrent en 1942 à propos du pamphlet de Georges contre Bergson, mais surtout autour des positions défendues par Politzer et Decour dans le premier numéro de *La Pensée libre*, contre les parutions littéraires sous la botte ennemie.

Année 1946, au Père-Lachaise, lors d'une de ces grandes commémorations, je découvre les tombes provisoires des héros de la Résistance, un simple monticule de terre. Je lis les noms Decour, Solomon, Politzer, inscrits sur des petits panneaux de bois marqués aux angles d'un ruban tricolore. C'est la première manifestation d'après guerre, elle rassemble une foule impressionnante. Au milieu de cette forêt de monuments funéraires exubérants, le Carré des Fusillés est à l'image du drame qui l'a généré : désolé.

Par dizaines, des gerbes de fleurs vont s'accumuler et le faire accéder au statut de tombeau national.

Le cortège se dissout, les drapeaux rouges et tricolores sont roulés, les banderoles repliées. Je monte dans la voiture de Laurent Casanova, dirigeant du Parti qui veille sur la culture des masses. Je suis face à Pablo Picasso : Casanova lui a sans doute dit que j'aimais plus le dessin que les études, j'entends l'accent du Catalan qui me prodigue des conseils, dont j'ai retenu celui-ci : « Dessine, dessine, peins le plus tard possible. »

J'ai sous les yeux, chaque fois que je me remémore cet instant, le visage souriant et le regard brillant de ce génie dont je ne connais pas encore l'œuvre.

Autre rencontre, autre rendez-vous manqué, dans une petite galerie de l'avenue de l'Opéra, au printemps 1956, se tient une exposition du peintre Édouard Pignon. Au fond de la salle, derrière une table trône un aède aux cheveux blancs : le philosophe Henri Lefebvre dédicace son ouvrage consacré au peintre des oliviers et des combats de coqs.

J'achète un livre, Pignon me le dédicace en dessinant une chèvre. Lefebvre, à l'énoncé de mon nom, se fige un bref instant, hoche la tête imperceptiblement en murmurant quelques mots inaudibles, et me dispense chichement – intimidé – sa sympathie du bout du stylo.

33.

La clairière du mont Valérien

Nichée en contrebas, la clairière des fusillés du mont Valérien est toujours plongée dans l'ombre des grands arbres qui la ceinturent. Seule une petite zone de lumière se déplace sur le sol, selon la course du soleil.

À quelques dizaines de mètres au-dessus de cette arène, un jour de mai 1946, j'ai 13 ans, je suis à l'intérieur de la chapelle où les condamnés attendant la mort ont gravé sur les murs leurs derniers mots. Je me fraye un passage au milieu des gens qui se recueillent sans un mot devant ces cris brefs, d'amour, d'espoir, d'appel à la lutte, ultime graphie testamentaire ; je cherche à ma hauteur, obstinément, un message de Georges ; en vain.

Au centre de la chapelle, des pièces de bois, parallèles, gisent sur le sol en terre battue. Mon regard les survole, se fixe sur un ailleurs, flou, s'engloutit dans un trou noir, à côté de ces poteaux.

Très loin, au tréfonds de moi, s'inscrit cette image effleurée.

Ce même jour, nous sommes dans la clairière. Je suis entouré des principaux dirigeants communistes ; je revois les veuves sous leurs voiles noirs, Hélène

Solomon-Langevin, Mathilde Gabriel-Péri, Denise Decourdemanche, la sœur de Jacques Decour. J'entends le crissement des graviers sous mes pas, le silence est déchiré par une sonnerie de clairon. Roulements de tambour, le drapeau monte lentement au faîte du mât. On me mène au milieu de la clairière à quelques pas à peine du lieu de supplice, où une estrade minuscule est dressée, étroite, marches en bois blanc, sinistres : je les gravis, je m'appuie sur un pupitre entouré de drapeaux qui pendent, tristes dans cet amphithéâtre sans vent.

La gorge nouée, ravagé par la proximité du drame, je commence la lecture d'un texte que l'on a écrit pour moi. Je ne sais toujours pas aujourd'hui comment j'ai pu aller au bout de ce discours dont aucun mot n'affleure ma mémoire ; pourtant ces mots parlaient de mon père, impossible de me les remémorer, je n'entends même pas ma voix ; j'ai toujours du mal à imaginer ce que l'on a pu faire dire à un orphelin de 13 ans à l'endroit où son père a été fusillé quatre ans plus tôt. J'ai chassé de mon souvenir la fin de cette cérémonie, par contre j'en ai gardé longtemps une rage, une détestation profonde, une violente indignation rentrée, pour les metteurs en scène de cette cérémonie qui ont osé se servir de moi, en ce lieu, sans se soucier le moins du monde des ravages que cela provoquait sur l'enfant que j'étais ; fils de héros, ils m'ont mis sans l'ombre d'une hésitation au service du parti des fusillés. Je n'étais qu'un enfant pleurant son père.

Ce jour là, j'en ai beaucoup voulu à ma grand-mère.

Je suis retourné en ces lieux récemment avec Francis, mon fils aîné, et Brigitte, la fille de Jacques

Decour, pour la mise en place et l'inauguration d'une stèle, une cloche en bronze sur laquelle sont inscrits les noms de tous les fusillés, communistes résistants, otages, Juifs, de toutes nationalités, les oubliés de l'Histoire[1].

Ce monument est placé devant la chapelle ; quelques discours sont prononcés avant que nous nous rendions dans la clairière.

Cette chapelle, je lui tourne le dos, j'ai vu sa porte béante, ce trou noir. Ma raison y fait obstacle, je n'intègre pas ce triste bâtiment. Les discours s'achèvent et la foule entre lentement dans la chapelle, Francis m'interroge du regard, me montre la bâtisse d'un mouvement de tête et suit le mouvement. La tête vide, je le suis comme un zombie. Sur le seuil, pâle, défaite, Brigitte refuse d'y entrer, je crispe un sourire triste, je franchis le seuil sans un mot. Je fais le tour des lieux, les inscriptions sont en partie effacées par le temps, quelques-unes ont été sauvées et protégées par des grandes vitres ; je regarde sans voir.

Nous descendons sur le chemin malaisé qui mène à la clairière, tête baissée, attentifs à ne pas trébucher. Je jette un sourire pâle à Francis et je lis tout à coup sur son visage une douleur qui me frappe brutalement, qui déchire le voile que je me suis imposé il y a quelques instants. Il a vu, lui, sur la terre battue, les poteaux d'exécution ; il en est bouleversé et moi, une fois de plus, je ne les ai pas vus, à soixante ans de distance. Les ai-je survolés du regard, en sortant, à peine aperçu une esquive, un mouvement de tête, en tout cas j'en suis sûr, j'ai refusé aujourd'hui comme

1. Œuvre du sculpteur Pascal Convert.

je l'ai fait hier, de voir ce qu'ils sont pour moi : une part de mon père.

Ces poteaux qui portent la trace cachée, infime, du dernier contact tactile de ces hommes, de l'ultime lien avec la vie, avec de la matière, dans le moment où se géométrise la mort, ligne droite de la trajectoire de la balle, du fusil au torse ; verticalité du bois, arbre sans racine ; corps droit, poteau : exécution.

Le réel est là, dans les yeux de Francis, je mesure alors que je ne ferai jamais le deuil de mon père, de ma mère ; si faire son deuil c'est accepter enfin un jour la disparition, je refuse net.

Je sais qu'en ces lieux, j'aurais à affronter cette opacité, cette terreur profonde, je devrais m'arracher à l'ombre et me réveiller, toujours, avec la même douleur ineffaçable.

J'enrage de leur mort !

Brigitte est tétanisée, pâle, défaite – « je n'aurais jamais dû venir », sanglote-t-elle, elle va tomber, s'effondrer, je la soutiens, elle se redresse. Le Premier ministre prend la parole, nous ramène d'un mot dans le temps présent.

Robert Badinter, initiateur de cet hommage coulé dans le bronze, quelques minutes plus tard va prononcer dans cette clairière un superbe discours. Très ému, j'aurai l'honneur de lui serrer la main et la grande joie de lui témoigner notre reconnaissance.

34.

« La poupée de Staline »

On dit communément des objets qu'ils sont porteurs de mémoire. Il en était un, doté du pouvoir de faire naître à mes côtés la présence silencieuse de ma mère : c'était sa fonction. Il avait été réalisé par Maï pour moi, pour m'accompagner toujours. Maï emprisonnée au fort de Romainville m'avait confectionné une poupée de chiffons qu'elle avait réussi à faire sortir de l'enceinte de la prison grâce à la complicité d'un gardien complaisant.

Cette petite poupée faite de morceaux de tissu coupés dans des couvertures de l'armée, dans des bouts de torchons ou de vêtements usés jusqu'à la corde, cet objet était le lien absolu avec ma mère ; il devenait son double.

Je lui parlais, je lui confiais sans doute tous mes secrets ; cet objet était doué de la parole, j'en suis sûr.

Ma poupée de chiffons avait, me semble-t-il, avait servi de cache à la dernière lettre de Maï.

Le jour du soixante-dixième anniversaire de Staline, en 1949, dans tous les pays du monde, chaque communiste, pour honorer le « petit père des peuples », envoya en URSS un cadeau au grand homme. Rassemblés par les cellules de quartier, ces monceaux d'offrandes prirent la direction de Moscou où un musée devait les accueillir.

Je n'ai aucun souvenir de la façon dont ma grand-mère s'y est prise pour me voler mon talisman, ma poupée. Elle l'envoya comme cadeau à Staline. Des dizaines de wagons arrivèrent de tous les coins d'Europe dans une immense gare de triage ; là, ils furent consciencieusement arrosés d'essence ; les cadeaux au « vainqueur de Stalingrad » finirent dans un gigantesque brasier. Un récent documentaire télévisé a montré ces images tournées par les Soviétiques.

La poupée de Maï, cadeau de ma grand-mère au « grand Staline », partit en noirs tourbillons de fumée.

Je perdis ma mère une seconde fois le jour où ma poupée de chiffon me fut enlevée.

Je me souviens, depuis très peu de temps, que je partis ce jour-là en courant me réfugier au pied d'un arbre de la cour, le plus loin de mon immeuble. Je restai adossé là, ratatiné, durant des heures ; je ne me souviens pas des mots, des pensées qui m'agitèrent ; j'entrepris lentement de refouler, d'enfouir au tréfonds de mon cerveau cet incompréhensible arrachement, cette violence inouïe que m'a infligée ma grand-mère pétrie de bonne conscience et de sentiment du devoir accompli. J'ai réussi très longtemps à laisser l'oubli régner en maître.

Accompagner les objets de mots, d'odeurs et de sons, faire naître des images.

« L'Internationale sera le genre humain. »

Le souvenir d'être plongé, immergé dans la foule énorme des camarades, masse chaleureuse, unie dans une même utopie, qui m'entourait, gamin, aux premières fêtes de l'Huma d'après guerre, poussière, frites, gaufres, sueur… et l'impression de s'élever du sol dès les premiers accents de l'Internationale que j'entonnais à tue-tête avec un million de voix. Une forêt de poings levés, des visages souriants ou graves, des yeux brillants, des larmes, ces sensations, ces images me reviennent en mémoire chaque fois, de plus en plus rarement, que j'entends ce chant superbe.

Chaque meeting, chaque défilé, les échos de cette Internationale résonnaient sur les pavés.

Je scrute toujours attentivement toutes les photos de manifestation à la recherche de Georges et Maï, pensant les trouver au milieu de la foule, chantant l'espoir en une vie meilleure.

J'ai trouvé en 1996 dans un numéro d'*Art Press* une photo de Willy Ronis. Point de chant ni de poings levés : un rassemblement de membres de l'Association des écrivains et artistes révolutionnaires, titre qui s'étale sur une banderole déployée au pied du Panthéon, en 1934, lors de la commémoration de la mort de Jaurès.

Le premier rang de la foule n'est pas frontal mais offre une perspective accentuée qui rend difficile la lecture de certains visages. Dans cette ligne de fuite des personnages aux vêtements sombres, une robe blanche se détache et le visage de Maï, sévère, m'apparaît avec à ses côtés, à demi caché par un inconnu, le profil de Georges.

Il s'en est fallu de peu que je tourne la page sans prêter attention à cette photo.

Je me précipite sur le téléphone et j'obtiens assez facilement Willy Ronis à qui je demande s'il a, ce même jour, fait d'autres clichés de mes parents. Il se remémore parfaitement l'événement, se souvient très bien de Georges et de Maï, mais malheureusement il n'a fait, il en est sûr, qu'une seule photo sur laquelle ils apparaissent.

Après la Libération, depuis notre retour rue Jules-Lemaître dans l'appartement de famille, je passe des journées entières dans les ministères avec ma grand-mère pour l'aider à remplir des dossiers de demandes de pensions, des formulaires d'homologations de titres de résistants, etc. J'en attrape un dégoût de la paperasserie…

Je l'ai déjà dit, dans son discours d'Alger du 31 octobre 1943, de Gaulle cite Georges Politzer parmi « les plus grands » qui sauvèrent la « dignité de l'esprit ». La mention « Mort pour la France » est accordée dès 1945 à mes parents. Mais le ministre des Anciens combattants du gouvernement de René Pleven, Max Lejeune, décrétant que l'engagement de Georges et Maï est « politique » donc communiste, refuse d'abord de leur accorder le titre de résistant. Il faudra une action conjuguée des associations de résistants, de rescapés et de députés communistes à la Chambre pour que le certificat d'appartenance à la Résistance intérieure française leur soit accordé le 4 octobre 1950. Suivra une cérémonie nationale qui va faire résonner sous les voûtes du grand amphithéâtre de la Sorbonne les noms de Georges et Maï Politzer. Dehors, rue des Écoles, la Garde républicaine sabre au clair, policiers en tenues rutilantes fourragères éclatantes. Le grand amphithéâtre est plein. Il accueille la cérémonie de remise des médailles de la Résistance par le général de Gaulle en personne. Il remet lui-même cette décoration aux rescapés ou aux « ayants droit », comme nous nomme l'administration. Je me sens pour le coup très petit dans ce décor, mais surtout devant le grand homme qui me sourit, se penche, m'embrasse et me serre la main chaleureusement. Durant ce bref instant je reçois, très fier, l'hommage de la nation à mes parents.

MV.JV.

NOTIFICATION.

Références : *Décret n° 47-1956*, du 9-9-1947 ;
— *I. M. n° 437-CAB/CIV*, du 17-10-1947 ;
CC
— *I. M. n° 449-CAB/CIV*, du 21-10-1947
CC
— *C. M. n° 235 CAB-FA/FFCI*, du 5-2-1948.

N° 4861 /RIF/M.

Par arrêté en date du 5 DEC 1950
Le Secrétaire d'Etat aux FORCES ARMEES "Guerre"
sur proposition de la Commission Nationale d'Homologation, a prononcé l'homologation au grade de CAPITAINE

au titre de la Résistance intérieure française,
en faveur de Monsieur POLITZER Georges,
Né le 3 Mai 1903,
Mort pour la France, le (1) 23 Mai 1942,

Date de prise de rang : 14 Février 1942,

Fait à Paris, le 18 DEC 1950 194
Pour le Secrétaire d'Etat et par délégation,
Pour le Général, Directeur.
P.O. Le Colonel DE BELENET,
Chef du 6e BUREAU

La nomination a paru au *J. O.* du 12 DEC 1950

(1) En cas de disparition, la date de décès est remplacée par la mention « *Disparu* ».

MV.JV.

NOTIFICATION.

Références : *Décret n° 47-1956*, du 9-9-1947 ;
— *I. M. n° 437-CAB/CIV*, du 17-10-1947 ;
CC
— *I. M. n° 449-CAB/CIV*, du 21-10-1947
CC
— *C. M. n° 235 CAB-FA/FFCI*, du 5-2-1948.

N° 4866 /RIF/M.

Par arrêté en date du 5 DEC 1950
Le Secrétaire d'Etat aux FORCES ARMEES "Guerre"
sur proposition de la Commission Nationale d'Homologation, a prononcé l'homologation au grade de SOUS-LIEUTENANT

au titre de la Résistance intérieure française,
en faveur de Madame POLITZER Marie,
Né le 15 Août 1906,
Mort pour la France, le (1) 6 Mars 1943,

Date de prise de rang : 14 Février 1942,

Fait à Paris, le 18 DEC 1950 194
Pour le Secrétaire d'Etat et par délégation,
Pour le Général, Directeur.
P.O. Le Colonel DE BELENET,
Chef du 6e BUREAU

La nomination a paru au *J. O.* du 12 DEC 1950

(1) En cas de disparition, la date de décès est remplacée par la mention « *Disparu* ».

En 1957, à l'initiative du Parti communiste et de la Jeunesse communiste, une quinzaine de fils de fusillés et de déportés refusent de faire leur service militaire sous les ordres du général allemand Speidel – nommé l'année précédente commandant en chef des armées terrestres de l'OTAN –, qui fut un des assassins de leurs pères. Leur appel sera suivi par cent cinquante fils de résistants.

Je milite avec eux. Cette lutte, qui envoie en prison vingt-deux jeunes gens, aboutit à la décision du ministère des Armées d'envoyer les fils de fusillés faire leur service militaire sur des territoires d'outre-mer qui échappent à l'autorité de Speidel... Étudiant sursitaire, je n'ai pas eu à me présenter à la caserne et risquer l'emprisonnement pour refus de servir sous Speidel.

Quelques mois plus tard, une loi fut votée qui exemptait de service national les fils de père et de mère résistants morts pour la France : ce que je suis.

Je n'ai gardé aucun souvenir précis de cette période.

Installé en Bretagne dans les années 1970, j'eus encore à croiser, outre la dame des forges d'Hennebont qui admirait tant Georges, quelques militants communistes, ceux-là franchement vindicatifs.

Ayant mené à Erdeven et au-delà une lutte antinucléaire qui mobilisa pratiquement toute la population, j'eus à subir – en l'occurrence ce fut mon épouse qui reçut la charge – les foudres de représentants du Parti communiste, dont je n'ai été membre fantomatique que quelques mois.

Ils firent irruption chez moi pour s'indigner de voir le fils de Politzer s'engager dans un combat contre le progrès et la science au service du peuple, et surtout pour me reprocher mon infidélité au Parti, « lui qui avait tant fait pour moi ». Cette même accusation d'ingratitude à l'égard du Parti fut aussi développée dans mon dos par quelques personnes au demeurant peu informées des rapports « économiques » que j'ai entretenus avec le Parti communiste, à savoir : ma grand-mère a cédé au Parti les droits d'auteur de toutes les éditions des *Principes élémentaires de philosophie*, véritable manuel du parfait militant, ainsi que ceux des œuvres complètes de Georges, *Écrits 1 et 2*, éditées par les Éditions sociales et rassemblées sous la direction de Jacques Debouzy, auquel je rends ici un hommage et des remerciements sincères.

Les *Principes élémentaires de philosophie* de Georges Politzer, devenus dans des rééditions successives *Principes fondamentaux...*, furent tirés à des milliers d'exemplaires et traduits dans un nombre impressionnant de langues. Les droits d'auteur, assez considérables, que j'étais autorisé à percevoir, furent donc touchés par le Parti.

Je n'ai jamais mis en doute ni critiqué le moins du monde les accords passés entre ma grand-mère et le Parti ; mais j'ai toujours considéré que l'aide que j'ai reçue pour mes trois années d'études de professorat de dessin avait été largement couverte par les sommes perçues par le PCF, au titre de droits d'auteur des œuvres citées ci-dessus.

J'ai perçu et je perçois toujours les droits de l'ouvrage philosophique *Critique des fondements de la psychologie* paru aux Presses universitaires de France. Cet ouvrage destiné à un public restreint d'étudiants en philosophie, ou de spécialistes, m'a bon an mal an apporté quelques centaines de francs.

Fin de la polémique.

Quant au nucléaire, le débat que nous avions lancé en 1974 reste d'actualité. Je ne sache pas que l'on puisse opposer à cet engagement écologique la mémoire bafouée de mon père.

J'ai participé à cette époque, avec quelques amis, René Commandeur, Didier Angers, Solange Fernex, Claude-Marie Vadrot, le professeur Mollo-Mollo, etc., à la création du Mouvement d'écologie politique, le MEP, qui a donné naissance aux « Verts ».

Après mon très rapide passage au Parti communiste, dans ma jeunesse, je m'étais toujours promis de ne plus jamais adhérer à quelque parti que ce soit, « à moins de le fonder moi-même », disais-je en riant… ce qui fut fait avec le MEP et les Verts.

Récente irruption, très forte, de la « présence » de Georges et de Maï, à Mayence, en Allemagne, où j'expose mes peintures, une vingtaine d'œuvres présentées dans les salles somptueuses de l'Institut français.

La foule est dense ; les longs discours qui présentent le peintre au public attentif font bien évidemment allusion à mon passé douloureux. Le docteur Hans Siepé, dans son discours, évoque durant de longues minutes la vie, l'œuvre et le combat de mes parents, n'épargnant aucun détail tragique.

Quelques instants plus tard, je commence à recueillir des réactions fortes, inattendues devant mes tableaux.

Une dame me serre très fort le bras et, des larmes plein les yeux, balayant l'espace de l'exposition, me parle longuement en allemand, que je ne comprends pas. Je devine que mon histoire, celle de mes parents, les traces que la guerre a laissées dans la vie de cette femme âgée, pèsent sans doute très lourd dans sa mémoire et, par voie de conséquence, ici, aujourd'hui, face à ma peinture. Je vais vivre des scènes semblables à trois reprises durant ce vernissage.

Impossible en ce lieu de discerner la part qui revient à l'appréciation de ma peinture ou à l'émotion qu'a suscitée la mise en perspective historique de mon passé douloureux.

Je reçois des témoignages élogieux, je ne tente pas sur l'instant de les décrypter ; mais je privilégie entre tous l'enthousiasme de deux jeunes gens, plasticiens, qui m'invitent avec beaucoup de cordialité, dans leur atelier : la peinture reprend ses droits.

Une autre « présence à moi » de Georges, c'est une des rencontres les plus belles qu'il m'ait été donné de faire. J'ai le bonheur d'avoir rencontré Roger Eskenazi, artiste peintre, qui fut le très jeune élève de Georges à l'Université ouvrière. Cette amitié profonde, trop brève, naquit en Bretagne où nous passâmes plusieurs jours ensemble… Cet homme hanté par la Shoah, par la souffrance, la violence faite aux corps, leur dégradation, a construit son œuvre comme une épopée des corps meurtris. Apprenant un jour qu'en une crypte espagnole, me semble-t-il, on venait de découvrir des morts conservés depuis quelques siècles comme des momies grâce à l'air sec et chaud qui les entourait, Roger obtint l'autorisation exceptionnelle des prélats de s'enfermer avec les défunts et de leur tirer le portrait. Ce qui donna lieu à une série de superbes tableaux. Il obtint de la même façon l'autorisation de dessiner tous les « morts » durant le tournage du film *Le Hussard sur le toit*.

À Paris, nous passâmes une journée ensemble à visiter des galeries, rue de Seine, à parler de peinture, d'André Lothe, son maître, à nous enthousiasmer, à nous construire une mémoire commune.

Hélas, la maladie l'emporta au seuil de cette camaraderie nouvelle.

Il est dur de se faire des amis d'enfance, passé soixante ans, disait en riant un de mes bons copains ; avec Roger, ce fut très facile.

ÉPILOGUE

Je me suis construit une mémoire avec celle des autres à défaut d'avoir retrouvé la mienne.

J'ai croisé des gens chaleureux qui m'ont accompagné amicalement, qui m'ont offert leur savoir, permis de consulter des documents précieux, journaux, dessins, lettres, photos, souvenirs... j'ai écouté des voix parfois lointaines m'ouvrant des pistes inattendues qui devaient m'emmener vers mes êtres chers...

Mais toujours les

Hors champ

Manquent, perdus ou à jamais inaccessibles :

La voix de Maï le timbre, le souffle, la tiédeur de son haleine, la douceur de sa joue, la caresse de sa main sur ma joue...

L'ogre roux des Carpates, sa voix qui roulait dans la Pusta, qui envahissait de son écho rebelle les couloirs du lycée de Szeged

Les mots qui accompagnent le sourire malicieux qu'il m'adresse en frôlant mes cheveux

Le Cid sévère entre en scène, Chimène sous le charme manque sa réplique ; éclats de rire des jeunes filles

Les moulins des vendeurs de gaufres sur la Grande plage à Biarritz

La nuée d'admirateurs en canotier

La cigarette de Maï, le briquet qui tremble dans la main d'un bellâtre

Les cours à la Salpetrière

Breton Aragon Soupault Politzer, face à face grinçant

Manifestations

La couleur des banquettes du wagon dans le Paris-Hendaye

Sous son béret basque le curé Larre ferraille avec Marx

Le café refroidi de Georges, les cercles bruns de la tasse

Les nuits de travail

Les ratures sur la feuille froissée

Le casque ailé sur le paquet de Gauloises, paquet blanc devenu bleu sous le Front Populaire

Les énormes colères, vraies ou feintes

L'éclair de génie

Les mots du quotidien, anodins, sans génie, périssables

La maison des Landes des Duclos

La lueur de rage froide

L'appel sous les drapeaux, Georges en uniforme

Les balbutiements de l'Histoire, les zones d'ombres jamais levées

L'appel à la Commune de Paris ?

La tempête sous le crâne des Parisiens devant l'armée allemande sur les Champs-Élysées

L'écho perdu, envolé de la réunion fondatrice de la résistance universitaire, à quelques pas de moi, enfant qui dessine sur la table de la cuisine

Le chocolat qu'Hélène Solomon-Langevin me prépare ce jour-là ?

Le départ du logis, l'entrée en clandestinité ; les derniers baisers, gorge serrée, les jupes de bonne-maman…

Le doute qui rôde, les planques, Victoire I

L'ami suspecté

La peur qui taraude l'esprit dans la rue brune, les regards furtifs, Victoire II

Le rendez-vous manqué, l'imprimerie découverte

on ne se retourne pas, on ne pense pas, deux fois le tour du pâté de maisons, changer de trottoir

La goutte d'eau…

Le sourire de Maï se figeant sous la blessure

La rupture

Les moments de bonheur de Decour et Maï, est-ce vraiment dans la vallée de Chevreuse ou pas ?

Le silence absolu de la Résistance

La porte de Victoire III, leur dernière planque me reste close

Mise à distance obligée, les images deviennent floues, le souvenir se dissipe, s'efface

Paris, XIIe arrondissement. Mon territoire.

Ce jour de juin 42…

M. Politzer, *Ombralithos*, acrylique sur bois, 45 × 40 cm.

Remerciements

Je remercie vivement les personnes suivantes. Roger Bruyeron pour ses travaux sur l'œuvre philosophique de Georges Politzer et l'aide amicale et précieuse qu'il m'a apportée dans ce domaine ; Claude Pennetier pour les connaissances historiques qu'il a mises à ma disposition et les conseils dont il a accompagné mon travail ; Julien Papp qui m'a permis de découvrir la Hongrie, son histoire, et d'aller à la rencontre de la jeunesse de Georges.

Nicole Racine, Frédéric Worms, Giuseppe Bianco, Denis Guénoun, Thierry Marchaisse qui ont mis à ma disposition leur savoir et ont enrichi mon travail.

Michel Onfray qui a fidèlement accompagné ce travail, et contribué à la mise en lumière de l'œuvre de Politzer.

Danielle Tartakowski, Pierre Favre, Isabelle Gouarné, Claude Le Goas, qui m'ont fait profiter de leurs travaux et de leurs archives.

Claude Papp, Denis Peschanski, Anne Mathieu, Frank Venaille, Antoine Perraud, Jeanne Courcelles, Françoise et Gérard Weil, Andréa Kozary, Bertenyi Ivan, qui m'ont apporté leur concours.

Brigitte Decourdemanche, Giselle Lévêque, Patrick Nizan, les éditions de la Pléiade, Daniel Bougnoux, Miguel Ruiz, la mairie d'Arcueil, Tiapa Langevin, qui m'ont donné des photos et des documents de grande qualité.

Je remercie le musée de la Résistance nationale à Champigny-sur-Marne, le musée de l'Histoire vivante à Montreuil, la BDCI de Nanterre, l'espace Marx, les archives Maurice Thorez, les archives du Parti communiste français à Bobigny, l'Institut du temps présent, l'Institut d'histoire sociale à Nanterre, la BNF, la mairie d'Évreux, qui m'ont tous aimablement donné accès à leurs archives.

Table

Achevé d'imprimer en mars 2013
dans les ateliers de Normandie Roto Impression s.a.s.
61250 Lonrai
N° d'impression : 131027
N° d'édition : L.01EHBN000552.N001
Dépôt légal : avril 2013

Imprimé en France